JN494315

미증유의 사상 혁명가

정여립의 생애와 사상

배동수 지음

나무

나무미디어

미증유의 사상 혁명가
미증유의 사상 혁명가

초판 인쇄 / 2017년 7월 10일
초판 발행 / 2017년 7월 15일
지은이 / 배동수
발행자 / 박재린
펴낸곳 / 도서출판 나무미디어
주소 / 경기 성남시 분당구 정자1로 30길 107-1002
전화 / (031) 712-9489
팩스 / (031) 602-9489
이메일 / injae8005@hanmail.net
신고등록 / 제2016-000031호
ISBN 979-11-86756-09-6 03900
정가 / 16,000원

왜 정여립인가?

서기 1392년에 건국한 조선은 태종 조에 창업기를 끝내고 세종 조에 이르러 정치·경제·사회·문화 등 다방면에 걸쳐 업적을 쌓아 상당한 중흥기를 맞이한다. 특히 서양인들이 자랑하는 과학기술 분야에 있어서도 당시로서는 세계 최고 수준이라고 할 수 있을 정도로 괄목할 만한 발전을 하였다. 그러나 성종 이후 조선은, 서양 사람들이 시민의 인권을 향상시키며 신대륙을 발견하고 과학기술문명을 계속 진흥시키는 등 발전을 거듭하고 있을 때에, 시야를 세계로 넓히지 못한 채 주야로 공맹孔孟을 해석하고 군자와 소인을 논하며 가문의 이익을 지키는데 열중하였다. 그러다가 임진왜란과 병자호란 같은 미증유의 국난을 당하고 만다.

그래서 조선정치사를 연구함에 있어 임진壬辰·병자丙子 양란을 빼놓을 수가 없다. 종래의 학술논문들이 이 전쟁을 가리켜 '승리한 전쟁,' '발전의 계기가 된 전쟁,' '최선을 다한 전쟁'이라고 미화하기도 하지만, 그 피해가 막대하기 때문에 여러 면에서 충분한 연구가 더 필요하다. 그 중에서도 양란 전에 있었던 시대적 상황을 이해하면서 당시 정치 지도층에 있었던 사람들이 무엇을 고민하며 어떻게 대처하였는지를 알아보는 일이야말로 정치학을 공부하는 사람들의 책무라고 할 수 있겠다.

특히 임진왜란이 일어나기 3년 전인 선조 22년(1589) 무렵에는 지도층에 있는 사람들이 이른바 '동인'과 '서인'으로 나누어 정쟁을 하고 있는 가운데, 탐관오리가 날뛰고 나라 경제가 파탄에 이르러 많은 백성들이 유랑

생활을 하며 초근목피로 연명하고 있었다. 또 나라 밖으로는 전국시대를 마감하고 통일을 이룬 일본이 미구에 조선을 통해 명나라를 침략할 것이라고 협박을 해 왔으며, 북쪽 국경 너머 여진족들도 조선 국경을 쉼 없이 침범하더니 누르하치奴兒哈赤를 중심으로 5부족을 통일하고 조선은 물론 명나라까지 진격하겠다고 공언하고 있었다. 이처럼 국내외적으로 위기상황이 고조 된데다가 유례없는 가뭄이 드는 등 각종 자연재해가 잇달아 발생하고 참설이 성행하여 민심이 극도로 어수선한 시기였다.

이러한 모순의 시기를 극복하고자 많은 지식인들이 고뇌를 거듭하였는데, 보다 적극적인 방법으로 세상을 바꾸어보려고 시도한 사람이 바로 정여립鄭汝立이다. 조정에서 관직까지 지낸 정여립은 전라도와 황해도 지역을 중심으로 양반·상민·천민·승려 등 모든 신분이 함께 참여한 대동계를 조직하여 왕권에 도전하는 거사를 준비하였다. 이 계획은 사전에 발각되어, '대명률大明律'에 따라 본인은 이미 죽은 목숨이 다시 능지처참陵遲處斬 되고, 가족과 친척들은 죽임을 당하거나 노복으로 전락하였다. 또한 조정에서는 약 3년간에 걸쳐 정여립 사건 관련자들에 대한 옥사를 진행하여 수많은 사람들이 희생되는 참극이 발생하였다. 이 사건은 조선사에서 유례를 찾아보기가 힘들만큼 많은 희생자를 낸 큰 사건이며, 임진왜란과 같은 대란이 예견되는 시대적 특수 상황 하에서 발생하여 그 후 왕조실록을 다시 쓸 만큼 100여 년간 정쟁의 주제가 되었던 매우 의미 있는 역사적 사건이었다.

해방 이후 여러 학자들이 많은 자료를 발굴하여 한국사를 새롭게 해석하고 기록해 왔지만, 정여립 사건에 대해서는 대부분 일개 역모사건으로 치부하여 전례대로 답습하거나 아예 무시해 버렸다. 겨우 정여립 사건이 동·서 분당으로 인해 발생한 당쟁의 부산물에 불과하다는 정도이다. 더구나 현행 고등학교 국사 교과서에는 '정여립'이라는 단어조차도 찾아볼 수가 없는 것이 현실이다.

그러나 일찍이 단재丹齋 신채호申采浩는 "정여립은 4백 년 전에 군신강상설君臣綱常說을 타파하려 한 동양의 위인이지만, 이를 민약론을 저술한 루소와 동등한 역사적 인물이라 할 수 없음은, 당시의 다소간 정설鄭說의 영향을 입은 검계劍契나 양반살륙계兩班殺戮契 등의 전광일섬電光一閃의 거동이 없지 않으나, 이를 루소 이후의 파도 장활한 프랑스혁명에 비길 수 없는 까닭이다."라고 하여 프랑스혁명과 같은 대변혁이 뒤따르지 못하였을 뿐 정여립을 Rousseau에 버금가는 인물로 보았다.

국가적 위기가 예상되는 시기에 발생하여 장기간에 걸쳐 국론분열의 변수로 작용한 정여립 사건이 가지는 정치적 의미는 자못 크리라고 본다. 이 정여립 사건으로 인해 진행된 옥사는 조선사를 통틀어 가장 많은 희생자와 가장 오랜 기간 동안 정치적 갈등을 빚었고, 이 옥사로 인해 주로 호남지방 사람들이 희생을 당한 특징을 가지고 있다. 그리고 한층 진보성향을 가지고 있던 세력들이 대부분 제거됨으로써 그 후 정치사 대부분을 수구세력이 오로지 하는 결과를 가져와 세계적 변화 대열에서 낙오됨은 물론 외세에 의한 시달림에서 벗어날 수가 없었던 것이다. 이와 같은 사실에 주목하여 정여립 사건이 가지는 조선 정치사에서의 의미를 찾아보는 일은 매우 중요한 것이기 때문에 이 책을 다시 내 놓았다.

이 글은 필자의 박사학위 논문을 2000년에 책으로 출간한 '정여립 연구'를 일부 수정하고 편집한 것이다. 서론부분과 각주 같은 것을 빼고, 목차를 변형시키는 등 학술논문의 냄새를 줄여 독자가 읽기에 편하도록 하였다. 보다 더 많은 사람들이 정여립에 대해 한층 깊이 이해하고 연구도 할 수 있기를 기대해 본다.

2017년 7월

맹물 **배 동 수**

정여립 사건의 시기 구분

구분		사건명	내용
간접적인 영향을 받은 시기		정치적 혼돈기	○ 연산 조에서 명종 조까지 정치·경제·사회적 혼란으로 선조 조에까지 영양을 미친 시기
전반기 (시대적 배경)	起	선조의 즉위	○ 선조 즉위년(1567)부터 많은 사람들이 선조로 하여금 성군이 되기를 기대하고 개혁의 필요성을 역설하였으며, 이준경 등이 당쟁의 발생을 우려한 시기
	承	동서분당과 이이의 죽음	○ 선조 8년(1575)부터 김효원과 심의겸을 중심으로 동인과 서인으로 분당되고, 삼윤 사건·계미삼찬 사건 등이 발생하였으며, 여진족의 침입이 계속되는 가운데 이이의 행동에 대한 동인의 공격이 강화된 시기 ○ 선조 17년(1584) 1월부터 이이가 죽은 후 동인 우위의 정국 속에서 이이에 대한 비판이 계속되고, 곽사원의 송사 사건·송익필가에 대한 환천조치 등이 이루어지는 시기
후반기 (사건의 전개)	轉	정여립 사건의 발생	○ 선조 22년(1589) 10월 2일부터 동인 주도하에 옥사를 진행하여 일단 종결한 후, 10월 27일 선조가 종묘에 고하고 교서를 반포함과 동시에 사면령을 내린 시기까지
		양천회의 상소	○ 선조 22년(1589) 10월 28일부터 양천회의 상소에서 많은 동인 측 인사가 역모 관련자로 거론되고, 정철이 우의정이 되어 이발·정개청·최영경 등의 옥사를 주도한 시기
		정철의 실각	○ 선조 24년(1591) 3월부터 정철이 기축옥사의 무리한 처결로 탄핵을 받아 변지로 유배되는 등 서인들이 실각하고 다시 동인들이 조정의 공론을 주도하는 시기
사건 발생 이후	結	임진왜란의 발발	○ 선조 25년(1592) 5월부터 임진왜란의 발발로 일단 정쟁은 중단되었으나, 그 후 시비가 계속되는 숙종조 및 그 후까지

차례

정여립이 살았던 세상

1. 사회 지도층의 분열
2. 극심한 브정과 부패
3. 주변 국가의 성장과 위협
4. 민심의 동요

정여립이 살았던 세상

성호 이익星湖 李瀷 : 1681-1763은 "......당시에 훌륭한 계책이었는데도 이뤄지지 못했고, 졸렬한 계획이었는데도 우연히 화를 피했으며, 선한 가운데 악이 있었고 악한 가운데 선이 있었다는 것을 모른다."고 하며, "천하의 일에는 처한 바의 형세가 제일 중요하고, 행운의 여부가 그 다음이며, 옳고 그름이 제일 아래다."라고 하였다.[1] 여기에서 '처한 바의 형세'라 함은 곧 시대적인 배경을 의미하는 것이라고 할 수 있다. 정여립이 살았던 세상은 과연 어떤 세상이었을까?

정여립 사건이 발생할 즈음의 시대상에 대해 선조수정실록은 다음과 같이 설명하고 있다.

> **이때 국가의 군정이 문란하고 재력이 탕갈 되었는데, 해마다 흉년과 재변이 들고 도적이 간간이 일어났으며, 민간에서 항상 일족과 이웃의 군포를 징수하는 것을 괴롭게 여기고, 또 북계北界 백성을 쇄환刷還하는 소요가 있었다. 여립은 백성들이 반란을 생각하는 조짐이 있는 것을 보고 드디어 그들과 반란을 도모하기로 결의하였다.**

1 星湖全書(六), "僿說: 經史門(讀史料成敗)"(서울: 여강출판사, 1984), p. 718. : 不知 當時自有嘉謨不成 拙計偶避 善中有惡 惡中有善也 ......天下之事 所値之勢爲上 幸不幸次之 是非爲下.

임진왜란이 일어나기 얼마 되지 않은 이때의 조선 사회는 지도층의 무능과 분열, 제 계층 간의 갈등 증폭, 공권력의 무력화와 나아가 사회적 불안이 고조되었고, 여진과 일본의 움직임이 심상치 않은 상황이었다.

1. 사회 지도층의 분열

일반적으로 조선왕조의 정치구조 내지 행태는 성종 대에 대거 정계에 진출한 사림士林들로 인해 큰 변화를 이루었다고 보고 있다. 이들 사림들은 연산군에서 명종 대에 걸쳐 있었던 크고 작은 사화에 연루되어 진퇴를 거듭하는 동안 점차적으로 중앙 정치무대에 자리를 잡아 '당쟁黨爭'이니 '붕당정치朋黨政治'이니 하는 모습으로 실물정치의 주역이 되었다.

이 같은 사림들과 관련하여 선조 조를 전후한 시기의 유자儒子사회를 분석하여 보면 대개 세 가지 경향이 생겨났다. 하나는 절대 은둔자로 벼슬을 전혀 단념하고 산림에 들어앉아 오로지 학문과 행실을 닦는 부류, 둘은 상대적 은일주의자로서 가끔 나아가 벼슬을 하되 본심은 산림에 있어 형편을 보아 자주 물러와 학행에 힘쓰는 부류, 셋은 시류에 따르는 출세주의자로서 이름은 산림에 두고 뜻은 정계에 있어 기틀을 보아 나아가 벼슬자리를 노리는 부류이었다.

그런데, 당시 김성일金誠一은 다음과 같이 말하였다.

"지금 비록 조정에 사람이 없다고 할 수는 없으나, 한 사람도 국사를 담당할 자가 없습니다. 국계國計와 민생에 관해서는 다시 말씀드리지 않더라도 주상께서 이미 아시는 바와 같습니다. 그런즉 이대로 가면 10년이 못 가서 위망危亡의 화가 닥칠 것입니다. 조정의 명령은 막히어 행하지 못하고, 상하의 형세는 흩어지고 통일이 안

되어 있습니다. 경석에서 비록 한두 가지의 건의가 있어도 그것을 시행하려고 조목條目이 서면 다른 폐단이 따라 생깁니다. 이러고서도 능히 나라를 다스릴 수 있는 일은 드뭅니다."

이것은 당시 어려운 시기를 감당해 나갈 인재가 조정에 많지 않았음을 말하는 것이며, "인재가 모자라서 뭇 벼슬자리를 채우지 못하여 동쪽으로 옮겨서 서쪽에 채우는 식으로 하여 천전遷轉이 무상하기 때문에 일을 할 수가 없다."는 정도였다. 그래서 남달리 조정 일에 적극적이었던 이이도 "오늘에 있어 가장 걱정되는 것은 나라 일을 같이할 사람이 없다는 것이다"라고 개탄하였다.

이처럼 선조 조 당시 조정에 일할 인재가 부족한 가운데 정여립 사건이 있기까지 지도층의 분열양태는 크게 이이가 살아있는 시기와 죽은 후로 나누어 생각해 볼 수 있다. 이이가 살아있는 시기는 동·서 분당을 분기점으로 하여 그 이전과 이후를 나누어 보고, 이이가 죽고 난 뒤 정여립 사건이 있기까지 동인과 서인 간에 대립으로 지도층이 분열되는 양상을 살펴보기로 하자.

동·서 분당 이전 선조 즉위 초의 정국은 명종 조 때 사화의 경험자인 구신들과 신진 사류들이 대립하고 있었다. 구신들은 영의정 이준경李浚慶, 좌의정 권철權轍, 우의정 홍진洪暹, 특진관 김개金鎧 등을 중심으로 한 사람들이고, 신진 사류들은 기묘년의 시비를 거론하며 비교적 개혁 성향의 이탁李鐸·박순朴淳·기대승奇大升·윤두수尹斗壽·윤근수尹根壽·정철鄭澈 등이다. 구신들이 무언가 새로운 것을 해 보려는 사람들을 '소기묘小己卯'라고 지목하고 이들이 조정을 소요시키려 한다며 탄핵하려 하자, 신진 사류의 대표 격인 좌승지 기대승奇大升은 구신들이 류언流言을 만들어 모함한다고 맞섰고, 홍문관에서도 상소를 올려 구신들을 공격하였다. 이때부터 이미 당파의 형색이 뚜렷이 구분되었으므로 정치 세력들 간에는 노당老黨·소당小黨으로 지목하여 부르게 되었다.

이 같은 당파의 형색은 선조 5년(1572) 7월 7일 이준경李浚慶이 죽음에 임박하여 올린 상소 내용 중에서도 볼 수가 있는데, 이준경은 붕당朋黨의 사私를 일소하지 않으면 국가의 구하기 어려운 근심이 될 것이라고 경고하였다.[2] 이준경이 올린 상소에 대하여 신진 사류들은 상소를 통해 이준경을 비난하였고, 이이도 "옛 사람이 죽을 때에는 그 말이 선善했지만 오늘날은 죽을 때에도 악惡하다."라고 까지 비판하였다. 이에 삼사三司까지 모두 함께 일어나서 이준경을 비난하였다.

저마다 "국가의 안위와 흥망은 군자와 소인의 진퇴에 달려있다."라고 외치는 가운데 선조 8년(1575)에 조정은 이른바 동인東人과 서인西人으로 갈렸다. 일반적으로 이것을 '을해분당乙亥分黨'이라 이름 하여 조선에서의 당쟁의 시발로 보고 있는데, 당시 김효원金孝元과 심의겸沈義謙이 이조 전랑직銓郎職을 둘러싸고 갈등을 빚어 비롯되었다고 한다. 이때 김효원[3]의 집이 대궐 동쪽에 건천동乾川洞에 있어 그와 가까운 무리들을 동인東人이라 칭하였고, 심의겸[4]의 집이 대궐 서쪽 정릉동貞陵洞에 있어 함께 하는 무리들을 서인西人이라고 불러졌다. 김효원을 따르는 무리들은 허엽許曄을 영수로 삼았고, 심의겸을 따르는 무리들은 박순朴淳을 영수로 삼았다. 이를 계기로 나중에 남인이 생기고 북인이 생기고 대북과 소북이 생겨나 파벌을 이루어 갔다.

2 大明律 奸黨條(吏律 姦黨 第60條) : 붕당을 이룬 자는 사형에 처하며, 그 재산은 몰수하고 처와 자식은 노비로 삼는다.

3 金孝元(1532~1590)은 본관이 선산이고 자는 仁伯이며, 호는 省庵이다. 현감 弘遇의 아들로 曺植과 李滉의 문인이다. 동인이라고 지목되는 사람은 許曄·柳成龍·金誠一·金宇顒·李山海·洪可臣·宋應溉·鄭仁弘·朴大立·李潑·鄭惟吉·鄭芝衍 등이다.

4 沈義謙(1535~1587)은 본관이 청송이고 자는 方叔, 호는 艮菴, 巽菴, 黃齊라 하였고 영의정을 지낸 連原의 손자이며, 父는 綱이였는데 泓에게 입양되었으니 仁順王后의 동생이다. 서인이라고 지목되는 사람들은 朴淳·成渾·鄭澈·金繼輝·洪誠民·李海壽·尹根壽·尹斗壽·具鳳齡·具思孟·辛應時·李貴 등이다.

김효원과 심의겸의 대립은 김효원이 선조 5년(1572)에 조식의 문인인 오건吳健 등에 의해 인사 요직인 이조 전랑에 추천되었으나, 사림으로 척신 윤원형의 문객이었다는 이유 때문에 당시 이조참의였던 심의겸의 반대로 좌절되었다. 김효원은 선조 7년(1574) 이정기李廷機의 천거로 이조 전랑이 되었지만, 심의겸과 사이가 나빠져서 항상 말하기를 "심은 미련하고 성질이 거치니 크게 쓸 수 없다." 하였다. 마침 심의겸의 동생 충겸忠謙이 장원급제하여 전랑에 천거되자, "어째서 외척 집안의 물건인가. 심씨 문중에서 반드시 차지해야 한단 말이냐."하며 반대하여 지난날의 수모를 갚아주는 모습을 보였다.

김효원과 심의겸은 같은 이황의 문정에 출입하면서도 김효원은 전형적인 사림 출신이라고 할 수 있는 반면에, 심의겸은 외척이라는 큰 차이가 있다. 그런데 정작 갈등을 빚은 것은 서로를 척신과 관련이 있다고 문제화 한 특징을 가지고 있다. 즉 당시에는 폐해가 많았던 척신 정치를 배제하려는 것이 조정의 공론이었던 분위기 속에서 먼저 외척 출신인 심의겸은 김효원이 척신 윤원형의 문객이라는 점을 가지고 시비 삼았고, 김효원은 심의겸이 외척이라는 그 사실을 시비의 대상으로 삼았던 것이다. 김효원은 전형적인 사림 출신이었고, 심의겸도 비록 척신이라고는 하나 이황이 "척리 중에 어진 이가 있음은 국가의 복이다." 하였으며, 이이가 "의겸은 외척 중에 아름다운 사람이다." 하였을 만큼 그다지 흠이 없었음에도 서로 시비의 대상이 되었던 것이다. 어쩌면 지금의 장관과 같은 고위공직자 임명을 두고 여당과 야당이 청문회 등에서 다투는 행태와 유사하다.

이것은 점차적으로 척신들은 물러나고 사림들이 정국의 주도권을 장악해 가는 과정의 하나였던 것이라고 할 수 있고, 김효원과 심의겸의 사사로운 감정싸움이 불씨가 된 것이지 서로가 파당을 만들어 정쟁을 벌인 것은 아니었다. 그래서 을해분당乙亥分黨의 원인에 대해 유성룡은

"당론이 일어난 것은 전랑銓郞의 천거에서 시작되어 대신을 추심 하자는 데 걷잡을 수 없이 터진 것으로 각박한 풍속이 경조輕躁하여 서로 선동한 것이지 두 사람이 각자 당을 만들어 알력이 생긴데서 이루어진 것이 아니다."라고 하였다. 그러나 김효원이 이황에 문정에 출입하기도 했지만 조식의 문하에도 출입하였으며, 동인의 영수로 지목된 허엽이 서경덕의 문인이라는 점은 간과할 수가 없는 사항이다. 조식의 문인과 서경덕의 문인들은 후에 형성되는 기호학파와는 전혀 다르며, 남인들을 중심으로 형성되는 영남학파와도 구별된다. 물론 정치적으로도 서로 다른 입장에 서기 때문에 학문적 경향뿐만 아니라 정치적 이념 또한 달리하게 된다.

김효원과 심의겸의 무리들 간에 대립이 날로 심해지자 뜻 있는 사람들마다 앞으로의 일을 걱정하였지만, 양파간의 분열은 점차 더해 갔다. 그래서 불화의 장본인 격인 김효원과 심의겸을 외직으로 내보내는 방안을 강구하게 되었고, 논란 끝에 김효원을 삼척부사에 심의겸을 전주부윤으로 발령하였다. 이러는 과정에서 파당이 진정 되기는커녕 점점 심해져만 갔다. 그래서 조정에 있는 선비 중에서 특별히 인망이 두터운 사람이나 아니면 아주 이름이 없는 자를 제외하고는 모두 동·서당이라고 지목하는 중에 들었다. 이것은 단순히 작은 무리만을 이루어 서로를 시기하고 배척하는 차원을 넘어 지방 유생들까지 참여함으로써 조정의 공론을 서로 다투는 단계에 이르렀음을 뜻한다.

선조 9년(1576) 3월 유희춘柳希春(1513~1577)은 그의 일기에서 "어제 들으니 심沈·김金의 두 당이 서로 원수처럼 공격한다고 한다. 당초 심이 김을 나무라고 김이 심을 흉보아 분당이 되고 서로 모함하였다. 김과 심이 비록 외직에 나갔지만, 김 쪽이 이겨 당하 문사로서 유명한 사람이 많이 배격 당하였으니……, 붕당이 나누어져 서로 공격함이 마치 당의 우牛·이李의 당과 같다. 사림이 안정되지 않음이 이에 이르니 국가를 위하여 우려와 탄식을 마지않는다.” 하였다.

이 같은 동인과 서인 간에 대립은 ‘삼윤 사건三尹事件’으로 한층 악화되었다. ‘삼윤三尹’이란 윤두수尹斗壽·윤근수尹根壽·윤현尹睍을 말하는 것으로 김성일이 경연에서 관료들이 재물을 탐하고 어지러운 짓을 제 맘대로 하고 있다고 하자, 허엽이 나서 승지 윤두수가 진도군수 이수李銖로부터 쌀을 뇌물로 받았다고 말하였다. 그 후 이발 등은 장세량張世良을 윤두수의 쌀을 받아 감춘 죄목으로 잡아 가두었다. 그러나 장세량은 20여 차례나 형신을 당하여 거의 죽게 된 지경에 이르러서도 끝내 자복을 하지 않아 석방하게 되었고, 석방을 반대한 동인 측의 김우굉金宇宏과 송응개宋應漑는 파직되고, 이산해李山海는 다른 직책으로 자리를 옮겨야 했다. 관여된 증인에게 장형을 내리는 법례는 3번에 불과한데, 장세량에게는 20여 차례나 장형을 내렸다. 이것은 분명 반대당에 대한 지나친 감정적인 처사였다.

이 삼윤 사건은 동인 측이 먼저 서인 측을 공격하였으나, 오히려 양사를 장악하고서도 동인 측이 패하였다. 거기다가 선조가 이이와 서인들을 동인들보다 한층 신임하는 계기만 마련해 주었다. 이 사건 일어나기 전에 이이는 이발과 정철에게 “그대 두 사람이 마음을 한가지로 하여 의논을 화합하게 된다면 사림이 무사할 수 있을 것이다.”하여 함께 교제하면서 공평한 의논을 하였던 것이다. 그러나 삼윤 사건을 계기로 이들은 서로를 멀리하게 되었다.

이이는 상소에서 “동인이 서인을 공격함은 너무 심하며 억지로 시비를 결정하려고 하니 동서의 당론을 타파하고 사류들을 보합保合케 하여 그들이 한 마음으로 나라에 몸 바치게 하소서” 하였다. 즉 이이는 탕평책이라 할 수 있는 ‘조제보합론調劑保合論을 주장하였던 것이나 열세에 처한 서인을 두호 하는 듯한 발언을 하여 동인들로부터 공격을 받게 되었다. 평소 이이의 사람됨을 칭찬하던 김우옹은 “이이가 이미 군자와 소인을 나누어 놓고 조제調劑하여 화평하려 하는 것은 부당하고, 이이야말로 소인이며 한 시대를 농락한 처사를 하고 있다."고 강력 비난하였다. 조정의 분위기가 이렇게 되자 유성룡을 비롯한 많은 신료들도 이때부터 사림에 사화 같은 화가 닥칠까 염려하였다.

마침내 선조 16년(1583) 동인의 송응개宋應慨·허봉許葑·박근원朴謹元이 변지로 찬배 되는 이른바 '계미삼찬癸未三竄' 사건이 일어났다. 이 사건은 양사에서 이이가 병조판서로서 군정의 중한 일을 먼저 행하고 뒤에 보고하는 등 병권을 마음대로 하여 나라에 해를 끼쳤다고 하면서 이이를 사직토록 하자는 데서 비롯되었다. 이런 논의가 격해지자 성혼이 상소를 통해 이이를 논핵한 사람들을 비판하였으며, 이에 맞서서 동인의 송응개는 다음과 같이 이이를 극렬히 비난하였다.

> "이이가 비록 산야에 있는 선비로 자처하나 실상은 모주가 되어 안팎으로 서로 주선하고 있사오니, 이는 의겸이 이이와 성혼에게 잊을 수 없는 은혜가 있고, 이이는 의겸에게 성세로 서로 원조하는 힘이 있는 터이오니, 이는 나라 사람들이 다 함께 분명히 아는 바입니다. 그런데 이이는 감히 소활한 야인의 태도로서 산림 사이에 출몰해서 마치 조정에 나가기 어려운 것처럼 하기 때문에 헛이름이 몹시 높아 사람들이 많이 믿고 유혹되는 것입니다. 여기에서 이이는 나와 벼슬하고, 나가고 물러가는데 움직일 때마다 옛날 어진 이를 이끌어 비유해서 스스로 당대에 특히 높이 서서 시비밖에 초연한 듯이 하고 있습니다."

이이와 성혼에 대한 공격은 사헌부와 사간원에서도 계속되었으며, 관학 유생과 지방의 유생들에 의한 이이와 성혼을 구하는 상소도 이어졌다. 특히 성균관 태학생 유공진柳拱辰 등 462명이 상소하여 이이의 무함됨을 말하였는데, 유생들 간에 싸움이 일어나 명륜당이 싸움터가 되는 등 혼란스러웠다. 양사의 공론을 장악한 동인들에게 역부족을 느낀 정철을 비롯한 서인들은 성균관과 지방 유생들까지 동원하기에 이르렀던 것이다.

그러자 다시 사간원에서 상소를 올려 동·서가 대립한 근원을 논하며 정철을 집중 공격하였다. 사간원에서는 "정철이 중간에서 이간하여 화를 만들어 못할 짓이 없는데, 전후 유생들의 말은 모두 철이 시킨 데서 나온 것이요, 공론은 아닙니다……. 당초 의겸과 결탁한 것이 이 사람이요, 세력을 잃고 불평하여 조정에 이간질한 것도 이 사람이요, 이이가 그를 위해 힘써 변명하다가 사류들과 대립된 것도 이 사람 때문입니다."라고 논박하였다. 사간원에서는 또 "지금 전하께서는 무리들을 진정시키는데 힘쓰고 계시지만, 그 사람(정철)이 조정에 있는 한 남 모르게 교묘한 술책을 써서 시끄러움을 야기할 난계亂階가 될 것입니다."라고 하였다.

정철은 인종의 숙의 정씨가 여동생이며, 선조의 숙의 정씨는 형 황滉의 딸이어서 왕실과 인연이 있었으며, 심의겸과는 척신 관계 외에도 과거에 함께 오르는 등 매우 친밀하였다. 정철은 문과에 장원급제한 사람으로 자부심이 컸으나, 형이 을사사화 때 곤장을 맞아 죽었고, 자부 계림군桂林君은 머리를 깎고 중이 되어 도망하였다가 잡혀서 죽음을 당한 일이 있어서인지 평소에 술을 많이 마시는 등 무언가 마음속에 한이 많은 사람이었다.

정철과 친밀했던 이이는 여러 차례 정철에게 김효원 등 동인들을 배척하지 말고 시기하지 말라고 설득하였다. 이이는 "철의 위인은 도량이 좁아 남들과 화합함이 드물고 구차하게 중의에 따르기를 좋아하지 않으며, 사류들이 의겸을 공격하였을 때 정철은 사류들의 과격한 것을 의심하였기 때문에 불평하는 말을 여러 번 하였다."라고 평하기도 하였다.

또 성혼의 문인인 민인백도 "정철은 청렴강개하나 소인들과 어울려 많은 사람들이 그를 싫어하였다."고 하였다. 서인들 중에서도 특히 정철이 동인들에 대한 불평이 많았고, 상대적으로 동인들도 정철을 주요 공격 대상으로 삼았다.

간원들의 계속된 논박에도 불구하고 선조는 유생들의 상소를 칭찬하는 등 서인 측에 편을 들었고, 격분한 동인들은 이이에 대한 공격을 더욱 강화시켰다. 홍문관과 양사에서는 이이로 인하여 많은 사람들이 배척되었으며, 이이가 항상 서인들을 두호하는 마음을 갖고 있다고 하는 등 이이에 대한 탄핵이 계속되자, 선조는 양사에 대해 논의를 중지하도록 명하기에 이르렀다. 그래도 승정원에서는 성균관 유생들의 상소를 선조가 칭찬하고 고무해 주었던 것은 온당치 못한 것이기 때문에 생각을 바꾸라고 거듭 청하였다.

선조의 양사에 대한 논의 중지 조치에도 불구하고 간원들의 이이에 대한 탄핵이 계속되자 선조는 승정원 관계자들을 아예 교체시켜 버렸다. 그리고 이 일과 관련하여 동인 측의 송응개宋應漑를 회령으로, 박근원朴謹元을 강계로, 허봉許篈을 종성으로 귀양 보냈다. 김우옹 등이 처분이 너무 과하다고 하며 세 사람을 귀양 보내지 말자고 청하였으나 결국 시행되었다. 모두들 송응개 등 세 사람에게 내린 벌이 너무 중하다고 하였다.

여기서 동인들은 두 번째 패배를 당하였던 것이다. 동인과 서인 간에 대립은 지방 유생들까지 가세하여 이발을 중심으로 한 세력과 정철을 중심으로 한 세력 간의 대결로 전개되고 있었으며, 이 과정에서 동인의 입장에서 보면 이이가 서인 측에 있었고, 이이를 신임하는 선조의 결심으로 삼사를 동인 측이 장악하고 있었음에도 불구하고 연이어 두 번씩이나 참패를 하였던 것이다.

동인의 입장에서는 이것이 정당한 패배가 아니었으며, 이들에 취한 조치가 편파적이고 과중한 것이었다. 이로써 동인의 주공격 대상은 이이가 되었고, 이발과 정철이 동서대립의 전면에 부각되면서 술자리에서 이발이 정철의 수염을 뽑고 정철이 이발의 얼굴에 침을 뱉는 일까지 생겨났다.

여기서 잠깐 동인과 서인의 대립 속에 이이의 정치적 역할을 다시 살펴볼 필요가 있다. 앞에서도 언급한 바와 같이 이이 스스로는 어느 당파에도 속하지 않고 공평 정대하게 처신하였다고 하지만, 동인 편에서 보면 어디까지나 서인들을 두호하는 입장에 있었고 동인들의 감정을 자극하여 당쟁을 격화시킨 사람 중에 한 사람이라고 할 수 있다. 물론 이이는 동인과 서인이 공존하는 붕당정치를 실현시키기 위해 노력하였다고 할 수 있겠으나, 그의 돌출된 행동은 동인들의 표적이 되었고, 그를 따르던 무리들은 동인을 배척하고 서인에 합류해 갔다. 그래서 이이가 열세인 서인을 도와주려 했든 자신의 제자가 서인에 많이 있어서였든 아니면 다른 사정이 있었던 간에 동인보다는 서인의 편에 서 있었기에 '서를 부추기고 동을 억누르는 마음'을 가지고 있었다는 비난을 면할 수가 없었다.

당시의 상황을 비교적 객관적인 입장에서 보았던 사관도 이이에 대한 비난을 하였다. 사관은 "없을 수 없는 것이 시비이다. 시비를 분명히 말하지 않았기 때문에 옳은 자도 옳다 하고 그른 자도 옳다하여 시비가 끝내 정해지지 않는 것이다. 동이다 서다 하는 것은 저절로 시비가 있는 것이니, 척리의 편당이 되어 자기와 다른 의견을 주장하는 자를 배척한 자가 옳은가. 사류를 옹호하고 권세를 부리는 자를 억제하는 자가 옳은가." 하였다.

이런 등의 이유로 동인 측의 이이에 대한 평가는 매우 비판적이었다. 특히 정여립과 친밀했던 김우옹金宇顒은 상소를 통해 이이를 다음과 같이 비판하였다.

"이이는 유학의 박식으로 밝은 때를 만나 전하께서 마음을 기울여 의지하고 맡기시니, 고기가 물을 얻은 듯 계책이 행하여지고 말이 청납聽納 되었습니다. 그러나 아깝게도 그의 뜻은 큰데 재주는 성기며 도량은 얕고 의사가 편벽되어서, 좋아하는 사람에게 치우쳐서 한 나라의 공론을 합하여 천하의 일을 성취하지 못하고, 자신의 의견만을 내세워서 온 나라의 인심을 거슬렀습니다. 상소가 빈번하여 무리한 변명을 면치 못하며, 시설하는 것이 경솔하고 소루하여 사람들의 기대에 만족을 주지 못하므로 사류의 마음이 비로소 이이에게 실망한 것이니 한 사람의 사사 의논이 아니었습니다."

그리고 유성룡은 "이이가 함양한 힘이 없기 때문에 언론과 처사에 경솔한 점이 많다."고 하였고, 당시 영의정이던 노수신도 "이이가 비록 간인은 아니지만 진실로 경솔한 사람이다. 스스로 자기 의견만을 옳다 하고 다른 사람의 말은 듣지 않았으니 나라 일을 맡아 하게 한다면 본심은 비록 나라를 그르치려는 것이 아니라 해도 끝내는 그르치는 데 이르렀을 것이다. 이이는 자기에게 아첨하는 것을 좋아하며, 다만 문장에 이르러서는 힘을 들이지 않고 대책문에서 속담을 섞어 가며 줄줄 나와서 막힘이 없었다."라고 하였다. 또 가장 친밀하여 이이의 어려운 처지를 변호해 보고자 장문의 상소를 올린 성혼까지도 "침착하고 치밀한 기풍이 적다."고 하였고, 우의정 정지연도 "성품이 소탈하고 거친 데다 편견과 아집이 이미 드러났으며, 게다가 변경하기를 좋아하여 혼자에게 맡겨둔다면 일을 그르칠 염려가 없지 않기에 식자들 사이에서는 그 점을 걱정하였다."고 하였다. 당시 이이에 의해 배척을 받은 당사자인 송응개 같은 사람은 이이를 두고 "매국賣國의 간물奸物"이라고까지 비난하였다.

이이는 동·서 분당의 과정과 그 이후 양측을 화합하려고 노력하였으나 동인보다는 서인의 입장에 있었다. 그래서 이조판서가 되었을 때 동인의 송응개 등을 극력 배척하며 백유함을 전랑으로 삼아 서인들만 등용하였다는 비난이 있다. 당시 동인들로서는 이이의 재능을 인정할 겨를도 없이 강공을 계속해야 했으며, 조정의 공론도 이이를 탄핵하는 쪽으로 변모되어 갔다. 정여립도 이러한 분위기에 편승하여 생전에 친밀했던 관계를 청산하고 이이 비난에 선봉이 되었던 것이다. 결과적으로 이이를 옹호한 편은 서인으로 배척하는 편은 동인으로 갈려 이 같은 견해 차이가 수 백 년의 정치현안이 되었다.

이이가 살아 있을 때인 선조 16년(1583) 9월 이조좌랑 김홍민金弘敏이 이이와 성혼을 탄핵하자 선조는 "참으로 군자라면 당이 있는 것을 걱정할 것이 아니라, 오히려 당이 적을까 걱정해야할 것이다. 나도 주朱의 말을 본받아 이이·성혼의 당에 들어가기를 바란다. 지금 너희들은 이이·성혼의 당이라고 부르도록 하라. 그래도 너희들은 할 말이 있는가? 이이·성혼을 헐뜯는 자는 반드시 죄를 내리고 용서하지 않을 것이다." 하였다. 이것은 이이와 성혼에 대한 선조의 신임을 표한 것이기도 하고 붕당에 대한 긍정적인 면을 나타낸 것이기도 하였다.

그러나 이이가 죽은 후에는 일대 전환기를 맞아 그전보다 소모적이고 반대당에 대한 감정적인 정쟁을 일삼았다. 유성룡의 말에 의하면 안으로는 왕족과 왕의 외척과 결탁하여 비밀리에 군주의 뜻을 움직이고, 밖으로는 도당에게 명하여 사론이라는 구실로 모함하고, 언관이나 시종들로 하여금 모두 자기를 따르도록 하여 내외를 자기파로 가득 차게 하기 때문에 군주가 비록 이목을 새롭게 하여 자신의 판단을 세우려고 해도 어쩔 수 없는 형세에 이르렀던 것이다.

선조수정실록에서 사관은 "이이가 죽던 해인 선조 17년(1584) 이후부터 서인이 배척을 받아 조정에 용납되지 못한 지 이미 5~6년이 되었다"라고 하여 이이 사후 서인들은 더욱 위축되고 동인들이 정국을 주도하게 되었다. 여태까지 서인을 두호 하던 선조마저 태도를 바꾸었다. 이이 생전에 김우옹이 송응개·박근원·허봉에게 내려진 벌이 너무 중하다고 하자 "나라가 망할지언정 삼간三奸은 용서할 수 없다." 하며 강경하던 선조가 이이 사후에는 대신들의 건의를 받아들여 이들을 풀어주었으며, 그토록 칭찬하던 이이를 '간사한 사람'이라고 비난까지 하고 나섰다.

보다 구체적인 변화 양상은 서인의 핵심적인 인물 중에 한 사람이자 정여립 사건을 조작한 장본인으로 지목을 받고 있는 송익필宋翼弼의 가문과 관련된 '곽사원郭士源 송사 사건'과 '안윤安玧의 송사'를 처리하는 과정에서 찾아볼 수가 있다.

송익필宋翼弼(1534~1599) 젊어서 이산해 등과 팔문장이라는 명성이 있었으며, 거유 성혼·이이 등과 친밀하게 교류하였다. 송익필이 비록 재주는 출중하였으나 과거에 응시하려하자 사관 이해수李海壽 등이 "사련은 이미 죄인이고 송익필은 첩실 자손이니 부당하다." 하여 과거길이 막히고 말았다. 오히려 반좌지율反坐之律[5]에 추죄 되어야할 상황에 처하였던 것이다. 기묘년에 화를 당한 사람들이 복권되자 지난날의 행위는 일단 조정 논의에서 미움의 대상이 되었고, 지난 일들로 원한을 가진 안씨 가에서 송익필 가에 결단코 보복하려고 하였으므로 송익필은 서인의 모주라는 세평을 받으면서도 형관에게 쫓기는 신세가 되었는데, 다행스럽게도 정철 등이 숨겨주어 무사할 수가 있었다.

이 같은 처지에 있는 송익필 가에게 또 다른 재앙이 닥쳐왔으니 바로 "곽사원郭士源 송사 사건"이다. 이이가 살아 있을 때부터 곽사원과 황유경黃有慶의 노비 거인居仁은 교하交河(현 파주)에 있는 방죽을 막는 일로 소송을 벌이고 있었다. 사원의 아들 건健은 송익필의 형 한필翰弼의 사위로 양측에는 많은 사대부들이 관여하였고, 특히 이이가 음으로 양

5 현재의 '誣告罪'에 해당되는 것으로 현재와 다른 점은 무고한 만큼 벌을 주는 것이다.

으로 힘을 써서 당시 판윤이던 임설任說을 비롯한 송관들도 판결을 못 내리고 10년이나 끌어왔다.

그러다가 이이가 죽은 후인 선조 17년(1584)에 와서 새로 판윤이 된 정탁鄭琢이 이 사건을 형조에 환송하자, 사원은 당시 공조참판인 정언지鄭彦智가 사건을 이송한 것으로 알고 원한을 품어 동인과 서인간의 정치 문제로 확대되었다. 사건의 조속한 마무리를 독려하는 선조의 명이 사헌부에 내려지고, 형조에서는 오히려 거인의 모함을 막지 못한 것이 잘못이라는 판결이 내려졌다. 이에 정언지는 보고서를 올려 곽사원의 문기文記가 위조이며 그는 원래 간사한 모리배에 불과한데, 그의 사돈인 송한필이 후원되어 송관을 위협하고 시비를 혼란시킨다고 한필과 그를 지원했던 이이 등 서인들의 편파적인 개입을 공격하였다.

결국 대사헌이던 정철까지 적극 가세하는 바람에 진정시킬 수 없는 상황이 전개되어 양편을 함께 벌하기로 하였다. 그래서 거인과 사원 등의 죄를 물어 온 집안을 변방으로 보내는 '전가사변지율全家徙邊之律'[6]을 적용하여 처벌하였고, 이에 불만을 느낀 정철은 스스로 사직을 청하였다. 더구나 선조 17년(1584) 7월에 이르러서는 이 송사와 관련하여 한필의 죄를 다스리도록 하였다. 이것은 겉으로 보기에는 작은 송사에 불과하지만 기실은 송익필 가에 큰 불행이었으며, 나아가 이 송사에 참여한 서인들에게 심한 타격을 주어 동인과 서인의 대립을 한층 더 증폭시킨 결과를 가져왔다. 이이 생전에는 불리한 여건 속에서도 선조의 지원까지 받으며 늘 서인들이 승리하는 편이었으나 이번에는 전혀 다른 양상이 생겨난 것이었다.

다음해 들어 동인의 서인에 대한 공격은 더욱 강화되어 양사는 심의겸이 박순·정철·윤두수 등과 사생지교를 맺어 국정을 농락하였고, 이

6 여진족의 침입을 막기 위한 徙民政策의 일환으로 가족 전체가 변방으로 강제 이주되는 것을 말함.

이와 성혼도 심의겸의 농락을 받았다고 하며, 생존자는 파직하고 죽은 자는 삭직할 것을 요구하였다. 이에 생원 이귀李貴가 상소하여 이이와 성혼을 심의겸 당으로 모는 것은 대간들의 속임수라고 논박하여 다소 진정되었으나, 대사간 이발李潑, 대사헌 이식李拭은 양사의 주장이 속임수라면 그 책임을 지고 관직에서 물러나겠다고 하였는데, 이귀의 상소문을 작성해 준 사람은 바로 송익필이었다는 것이다. 사실 이귀의 상소문을 송익필이 작성하였는지는 확인할 수가 없지만, 송익필은 쫓기는 몸이면서도 정철을 전위로 동인 공격에 깊숙이 간여하고 있었던 것으로 보인다.

그래서 동인들은 다시 송익필 가에 대한 공격을 시작하였다. 안당의 첩실 자손 윤玧[7]으로 하여금 송익필의 조모가 본래 안씨 가의 노비이며 감정은 돈후의 딸이 아니라 전부소생의 천민이라고 주장하여 송익필 가를 천민으로 만들어 안처겸 옥사에서 당한 멸문지화를 보복하도록 하였다. 결국 이발 등의 동인들은 송관을 부추겨 송익필 형제를 사지로 몰아갔다. 서인들이 당황해 하자 이산해는 송익필에게 "오늘의 그대의 화는 율곡을 두호 하는데 있으니, 율곡을 비방하는 편에 서면 화를 면할 수 있다"고 하였다. 서인들의 저항에도 불구하고 동인들은 송관을 갈아가면서 공격을 계속하여 마침내 송익필 형제를 비롯하여 감정의 자손 70여 인을 천민이 되게 하였다.

그들 중에는 67세인 송익필의 형 인필을 비롯하여 종실 한원수漢原守에게 출가한 누이이며 송익필의 14세 난 아들도 포함되어 있었다. 또

7 안씨 가가 멸족될 때에 처겸의 아우 處謹에게 천첩이 있었는데 임신한 몸으로 피난하여 아들 玧을 낳았다. 윤이 장성하여 명종 조에 상소하여 安塘이 복관되고 선조때 당에게 貞愍이란 諡號가 내려졌다. 송사련의 상변이 무고였음이 밝혀진 뒤 윤은 송씨 가가 원래 안씨 가의 婢의 일족으로 아직도 贖身從良하지 않았으니 당연히 안씨 가에 부속되어야 한다고 장예원에 소송을 제기하여 권력이 대단한 송씨 가를 판결사 鄭允禧의 기지로 패소케 했다. : '桐巢謾錄,'

안씨 가의 자손들은 고양에 있는 사련의 묘를 파헤치고 사련의 시신에 곤장을 치며 목을 베어 멸문을 당했던 분을 푸는 일이 있는 등 실로 비할 수 없는 가문의 비극이었다. 그리고 송익필 가를 천민으로 만든 것은 송익필에게 수학한 많은 제자들에게도 큰 수모였음은 물론이거니와, 송익필의 학문적 역량을 인정하여 친밀하게 교유하던 서인 측 사람들에게도 크게 분노를 샀다. 그래서 송익필 가에 대한 천민화는 곧 서인들에 대한 동인들의 가혹한 보복이었다.

송익필의 아버지 사련은 이미 중종 14년(1519)에 판관에 이르렀으니 천인이 아니며, 60년이 경과한 추노推奴는 청리聽理를 하지 않는 것이 국법이었다. 즉 이세양역二世良役이 확실하고 60년에 대한 시효가 지난 것은 천민으로 되돌릴 수 없는 법인데, 이발 등은 송익필 일가에 대한 천민화를 강행하였다고 동소만록桐巢謾錄은 전한다.

송익필의 문인이자 대사간을 지낸 정엽鄭曄은 "법이란 조종금석지전祖宗金石之典인데 사련이 비록 죄인이고 송익필이 동인의 미움을 샀으나, 일시의 사분私憤으로 법을 어겨서까지 풀려고 하는 것이 어찌 옳겠는가."하였다. 그래서 송사를 이겨내지 못해 안씨 가의 노복으로 전락하게 된 송익필·한필 형제는 멀리 도망하여 성명을 바꾸고 해서海西에 숨어 살면서 동인에 대한 복수만을 생각하고 있었다는 것이다.

이 같은 연유로 송익필 등이 이발에게 혈원을 품은 것은 당연하였으며, 그 반작용이 기축옥사에 있어서 이발의 노모와 어린 아이 까지 참변을 당하는 유래 없는 성격을 가지게 되었음을 시사해 주는 기록도 있다. 이것은 "송익필이 그냥 목숨만 부지한 것이 아니라 언젠가는 동인천하를 바꾸려는 생각에 갖은 지모를 짜서 정철 등과 숙의 하였으며, 정여립의 반역상을 이용하여 행동으로 옮겼다."는 것이다. 송익필의 문객인 조헌은 여러 차례 시사에 관한 장문의 격한 상소를 올렸는데, 선조가 이 상소를 송익필 형제가 사주한 것으로 보고 있었을 만큼 송익필이 직접 작성하지는 않았더라도 어느 정도 그 뜻을 대변해 준 것으로 세인들의 주목을 받고 있었다.

그래서 동인과 서인의 대립은 더 이상 화합하기 어려운 지경이 이르렀다. 석강夕講(저녁에 임금과 신하들이 함께 모여 강론하는 일)에서 정언신이 "오직 저 북방이 비록 걱정스럽다고는 하나 조정 내부를 돌아보건데 걱정이 더 큽니다. 대저 사방이 사지四肢라면 조정은 복심腹心인데, 이제 조정이 화합하지 못하니 이는 이미 복심이 병든 것입니다."라고 지도층의 분열사태를 염려하였다. 그러자 선조는 "동인과 서인으로 갈라진 이후 맡은 직무는 수행하지 않으며 변경을 방어하는 일들도 모두 관심밖에 두고 있으니, 오늘의 우환은 과연 경이 말하는 바와 같다."하고 동감하였다.

이처럼 이이가 죽은 후에 발생한 동인과 서인간의 당쟁은 긍정적인 면모를 보기가 어렵다. 후일 이익이 지적한 것처럼 당을 위해 목숨을 내놓고 반대당과 일체 교류를 끊어버리는 상황까지는 가지 않았지만, 양당 간에 감정의 골은 크게 깊어졌다. 어떤 형태로든 큰 대립을 예고하고 있었던 것이다.

더욱 주목할 만한 것은 서인들은 학연을 근간으로 하여 이이와 성혼의 제자들이 중심이 되어 기호지방에 근거지를 둔 부류로, 동인 측은 영·호남을 비롯한 여타 지방이 망라된 부류로 이루어져 지역적으로는 중앙과 지방의 대결 양태를 보이고 있는 가운데, 정철 등 서인 측에 가담한 일부 인사들에 의해 호남 사림의 분열 양상이 크게 부각되는 형국을 맞았다.

선조 29년(1596) 10월 나덕명의 상소에 "이발과 이길이 정철에게 평일 물과 불의 사이라는 것은 전하께서도 이미 아시는 바이오니, ...임진년의 변란은 기축년 원옥이 부른바"라고 하였던 것처럼 정여립 사건이 발생하기 전에 조선의 지도층은 서로 사사로운 감정이 화근의 실마리가 되어 극도로 분열하였던 것이다. 이런 점에서 보면 정여립 사건은 물론 임진왜란까지도 조선 지도층의 분열이 자초한 결과라고 할 수 있는 것이다.

2. 극심한 부정과 부패

선조 초반에 이미 오래 전부터 국고가 바닥난 상태로 겨우 나라 살림을 지탱해 가고 있었다. 관리들은 바닥난 국고를 채우고자 대책을 마련해야 한다는 주장을 외치기는 하였지만, 다른 한 편에서는 부정과 비리를 일삼아 백성들의 고통만 늘어갔다.

이보다 앞서 국역체제의 운영이 어려워지고 재정의 만성적인 적자상태가 계속되자 국가는 늘어나는 재정 지출 분을 메우기 위해 수입규모를 확장하는 방법을 모색하게 되었는데, 이 과정에서 국세는 늘어나지 않는 반면, 공물貢物·진상進上의 규모만 엄청나게 증액되는 결과가 나타났다. 재정 확대 과정에서 양반관료층의 경제적 이해관계와 상호 충돌하지 않는 선에서 제시된 방향이 전세 총량은 고정시키되 가호세家戶稅와 관련된 공물·진상 세액을 증액시키는 것이었기 때문이다.

가구를 단위로 부담하는 공물·진상품은 생산에서 수송을 거쳐 최종 납부에 이르기까지 납세자가 책임을 져야 하기 때문에 이른바 잡역雜役이라는 형태로 인적, 물적, 시간적 부담만 더욱 늘어나게 되었는데, 그나마 해당 관청에서 공물의 품질을 핑계로 다시 마련하도록 하는 등 폐단이 심하였고, 지방 토호들은 이를 모면하기 위해 상민들을 침탈하고 심지어 관속들까지도 위협하기에 이르렀다.

이 같은 문제점을 해소해 보려고 마련한 방안이 '방납제防納制'라는 것이었다. 방납은 특산물의 생산에서부터 납부에 이르는 전 과정에 소요되는 비용을 방납 주인에게 미리 지급해 주어 납세과정을 단순화하려는 것이었다. 이 방납비용은 앞서 문제가 되었던 관청납입 때에 예상되는 반품 경비와 추징세액, 방납 주인들의 유통이윤 등을 포함하여 생산가보다 약 10배정도 높게 책정되었다.

그러나 이 방납제 역시 더 많은 폐단을 낳았다. 즉 이속吏屬 → 지방관地方官 → 방납주인防納主人 → 중앙 각사各司 → 권세가權勢家로 이어지는 복잡한 먹이사슬 구조는 권력자들이 결탁되어 중요한 경제적 이권으로 자리를 잡아 방납 주인권이 상속의 대상이 되기도 하였다. 그래서 실재 국가에 납부되는 것은 부과분의 20% 정도에 불과하였다. 결국 생산을 담당한 상민층은 상민층대로 파산하게 되었고, 국가 재정은 만성적인 적자를 벗어나지 못해 이이의 말처럼 "나라와 백성이 모두 궁핍한 상황"이 전개되고 있었던 것이다. 당시 이 같은 상황은 "민생이 곤궁한 것은 공상할 물건은 얼마 되지도 않는데, 방납으르 모리하는 무리에게 들어가는 양이 거의 3분의 2가 넘고, 게다가 수령이 욕심을 부리고 아전이 애를 먹여서 그 형세가 마치 삼분오열三分五列로 할거하듯 하니 민생이 어찌 곤궁하지 않겠는가."라고 하였던 정인홍鄭仁弘의 지적에서도 알 수가 있다.

그래서 상민층은 차라리 몸으로만 부담하는 노비로 전환되는 추세가 가속화되어 16세기 후반에는 전체인구 구성에서 노비 층이 차지하는 비율이 50%를 넘고 있었으며, 노비 층 증가의 선행지표인 양천 교혼율은 60%를 상회하고 있었다. 즉 가산을 처분하고도 수탈을 감당할 수 없는 백성들은 노비·승려 등으로 신분을 격하시키거나 유랑생활을 택하지 않을 수가 없었다. 이는 지배층의 갈등과 분열에 이어 신분구조에 변화를 가져와 새로운 사회 문제를 야기 시켰다. 양민이 천민과 승려 대열에 많이 참여함으로써 단순히 수령이나 토호들의 수탈에 대항하는 차원을 넘어 중앙정부에 맞서는 세력으로 성장할 여지가 있었던 것이다.

군사제도와 그 운용에 있어서도 문란하기는 마찬가지였다. 선조 16년(1583)에 황해도를 돌아보고 온 김성일金誠一은 그 참상을 다음과 같이 말하였다.

> **"수령들이 백성들의 숨은 고통을 덜어주지 않고, 군적 만드는 일을 간리**奸吏**와 수족**首族**에게 맡겨 놓아 사는 곳이 멀고 가까움과 순번이 없다. 뇌물이 많으면 차례가 되어도 면제되고, 뇌물이 없으면 차례가 아님에도 먼저 부르게 되니, 구족**九族**이 서로 다투어 색리**色吏**에게 뇌물을 주어 색리들은 가만히 앉아서 구족의 뇌물을 받아먹는다. 그들 중 가난하고 병든 자들만 면할 수 없으니, 결국 부자는 파산하고 빈자는 도망을 가는 일이 계속되어, 열 집 가운데 아홉 집이 비게 되었다."**

사태가 이 정도였으니 군사들의 숫자가 적을 뿐더러 그나마 상당수가 노약자들로 구성되어 군사적 기능을 제대로 할 수가 없었다. 그래서 임진왜란이 발발하여 조정에서 명나라에 원병을 청하자, 명에서는 "어찌하여 정장들은 전장에 나가지 않고 상국에 청병 하는가"하였으며, 선조는 "금군禁軍 330여 명을 제외하면 우리나라에는 군사가 없다."라고 하였던 것이다.

조선의 군제는 세조 12년에 이르러 중앙의 오위체제五衛體制와 지방의 진관체제鎭管體制가 정립되었다. 특히 지방의 군사체제는 전국의 지역 방위체제로 편성하는 군사조직 단위인 진鎭으로 편성하여 그 크기에 따라 주진主鎭·거진巨鎭 등으로 구분하고, 각 읍의 수령으로 하여금 군사 지휘관으로서의 임무를 겸하게 하였다. 그러나 군사가 군사로서의 능력을 갖출 체제가 되지 못하였고, 이를 관장하는 수령들은 대부분 문관으로 군무를 소홀히 하는 경향이 있었다. 그리고 진에 상주하는 군사들도 많지 않았다. 대부분 농민들인 군정軍丁들은 각자의 생업에 종사하고 있다가 징발이 되어 근무하거나 특별한 지역에 근무하도록 되어 있었기 때문이다.

남자는 16세부터 60세에 이르는 사람들에게 군역의 의무가 지워졌는데, 정군正軍으로서 직접 군사 활동에 참여하는 경우와 군사 활동에 대한 재정적 지원을 하는 보인保人 즉 '봉족奉足'이라는 두 가지 체계로 부담을 줄이고 생업에 지장이 없도록 이루어졌으며, 복무를 마친 군호에 대하여는 관직에 진출할 기회마저 있었다. 그래서 군역이 고역이었음에도 재산을 가진 건실한 양인만이 군역에 참여는 일종의 특권적 성격을 가지고 있었다.

그런데 16세기에 들어와 국역체제가 동요하면서 이들은 군역을 다하지 않고 관직에로의 길을 찾았고, 말단 관리들은 제 원칙을 무시하고 그 대상자의 범위와 부담의 정도를 멋대로 하였다. 그래서 과중한 부담을 감당해 내지 못하는 백성들은 양인 신분을 포기하고 천인이나 승려가 되었으며, 아니면 도망을 가거나 유랑 생활을 할 수밖에 없었다. 특히 조군漕軍의 경우 "타군에 비해 10배나 더 고초가 많아 한번 조군이 되면 마치 죽을 땅에 나가는 것처럼 여겨 어떻게든 도피할 틈만 노리고 있음은 물론, 시름하고 원망하는 소리가 길에 가득하다."고 할 정도였다. 정여립과 교류가 있었던 수군들 역시 많은 고초를 당해야 했는데, 이들이 첨사僉使와 만호萬戶에게 수탈을 당하여 지탱하지 못하고 도망가면 각 고을에서는 가족이나 친척 또는 그들의 토지를 경작하는 사람들에게까지 부담을 주어 더러는 온 동네가 텅 비게 되었다고 한다.

군복무에 소요되는 경비를 부담하는 보인保人들의 경제적인 어려움 역시 많았다. 예를 들어 평안도에 근무토록 되어 있는 황해도의 정예병들은 기마정병으로 호수戶首 1인과 종자從者 1인, 그리고 군마 한 필을 기본단위로 편성되어 있었고, 황해도 방위군이 1년 1회 근무하는 기간은 약 110여일 이었다. 이에 소요되는 경비는 쌀 7석 이상이어서 전세가 1결당結當 4두(0.2석)인 것과 비교하면 군호의 1회 방위비용은 1결당 전세액의 35배 수준이었다. 여기에 색리들의 농간까지 있어 보인들의 부담은 매우 힘겨운 것이었다.

특히 대역납포代役納布의 폐단이 한층 심각하였다. 대역납포란 군에 근무해야 하는 사람이 다른 사람에게 대가를 지불하고 대신 근무토록 하는 것으로 나라의 금지에도 불구하고 16세기에 와서는 일반화되었다. 이것은 관아의 남자종이 군사들에게 고율의 대신 근무 비용을 요구하게 되어, 성종 24년에 한 달 대리 근무 비용이 오승포五升布(다섯 새의 베나 무명) 3필匹 내지 9필이던 것이 중종 대에는 30필 내지 100필까지 오르내렸다. 그러다가 그 이후에는 아예 군사를 대리 근무시키지도 않고 포布만 거두어들이는 폐단까지 생겨났다.

그 결과 군사들의 수효는 줄어들 수밖에 없었다. 이미 연산군 3년 녹도왜변鹿島倭變 때에는 중앙에서 파견된 순변사巡邊使와 전라좌도수사와 병사 및 우도수사가 합동으로 광양·순천 양관의 군사를 모두 동원하여도 1,100명에 불과하였으며, 이들 중 활을 가진 자는 겨우 40여 명 뿐이었다. 각 진에 상주하는 군사가 적어 “경상도 전체의 군사가 군적에는 10여 만인데 직접 가보니 겨우 2만여 명이며, 33곳의 방어처에 2만의 군졸로 3번으로 나누어서 30곳을 방어케 한 즉 한 곳에 겨우 100명”이었다. 또 “군적의 숫자를 거짓으로 늘려 놓았을 뿐만 아니라 도망해 흩어진 자가 많아 각 포 수군의 근무자가 겨우 5내지 6분의 1밖에 없다.”는 정도였다. 매 6년마다 조사하여 정리하도록 되어있는 군적부도 중종 18년 이후부터는 거의 유명무실화되어 명종 때 발생한 을묘왜변 때에는 군적을 근거로는 전라도 현지 군사를 동원할 수가 없어서 타도의 정병과 한량, 공사천, 승려까지 동원하기에 이르렀던 것이다. 선조 대에 와서는 비교적 외침이 적었던 관계로 군사 상태는 더욱 문란하였다.

이 같은 문제점을 인식하고 선조 6년(1573)에도 군적을 새로 만들었다. 승정원에서 보고하기를 "계축년(1553 : 명종 8년)에 군적을 만들 때에 일을 담당한 관리가 국가에서 백성을 사랑하는 본의를 본받지 못하고 다만 일을 갖추는 것만을 현명하다고 생각하여 엄하고 급하게 하는 것을 능사로 삼았습니다. 그래서 주·현에서도 그 풍조를 이어받아 헛되이 문서상으로 인원만 채워 걸인까지도 찾아 모두 넣지 않음이 없었고, 닭·개의 이름도 수효로 채워졌으니, 군적을 만든 지 얼마 아니 되어 태반이나 축이 나서 이를 채우기 위해 이웃을 침노하며 일가를 족치니, 어디를 가나 원성뿐입니다."라는 문제의식에서 군적 새로 만들기를 시도하게 된 것이다.

그러나 군적을 만드는 과정에서 경차관敬差官이 유생들에게는 읽은 글을 시험해 군적 대상 여부를 판단하도록 되어 있는데, 고의로 어려운 것을 물어 탈락시키고, 뇌물을 주는 자는 합격시키고, 뇌물을 주지 않는 자는 탈락시키는 일이 다반사였다. 이는 앞서 김성일의 지적과 같은 사례로, 군적을 새로 고치게 된 취지와는 달리 명종 때의 군적 만들기와 다를 바 없이 부실하였다.

더구나 나라의 군정이 이 지경에 이른 가운데 곧 일본군이 쳐들어온다는 소문이 떠다니는 상황에서도 조정은 여전히 안일하게 대처하고 있었다. 그것은 왜구를 토벌한 경험이 있는 변협邊協과 선조 간에 나눈 대화에서 잘 나타난다. 선조가 변협에게 이르기를 "옛날에는 우리나라가 성을 지키는데 능하였는데, 지금은 능히 하루 이틀도 지탱하지 못하고 문득 흩어져 달아나기를 생각하는 것은 무슨 까닭인가." 하니, 변협은 "인심이 옛적과 같지 아니하여 군상君上을 위해 죽으려는 마음이 없기 때문입니다."하였다. 또 선조가 을묘왜변(명종10년, 1555년)의 예를 보아 "왜군 수만 명이 쳐들어 올 기세는 보이지 않던가." 하자, 변협은 "왜선倭船은 그다지 크지 아니하여 중국의 배에 미치지 못하므로 한 척에 1백 명밖에 실을 수 없습니다. 1백 척이면 1만 명이니 1만 명밖에는 더 나오기 어려울 듯합니다." 하였다. 이것은 실전 경험까지 있다는 장수가 적정을 모르는 차원을 넘어 전혀 대비책을 생각지 않는 안일한 자세인 것이다.

군정문란의 상태는 임진왜란을 맞으면서 확연히 나타난다. 1592년 5월 2일 일본군이 한강을 건너 와서는 "고려 국엔 사람이 없다고 해도 좋다. 험한 고개에도 긴 강도 수비하지 않는다."라고 하였을 정도로 관군은 모두 죽거나 흩어지고 말았다. 관군이라고 해야 오합지졸에 어린 아이와 병약자가 상당수 포함되어 있었으니 군사로서의 기능을 다할 리가 만무하였고, 결국 온 나라를 될 대로 버려진 연후에 의병들에 의해 나라를 다시 구하는 지경에 이르렀던 것이다.

이처럼 연산군 이후 조선은 총체적 모순 덩어리를 안고 나라의 명맥만을 유지하고 있었다고 해도 과언이 아니다. 더구나 16세기 중반 이후 조선의 사회구조는 국역체제라는 변수가 신분관계에 많은 영향력을 끼치면서, "사족士族(혹은 兩班) = 면역자免役者(혹은 가능한 자) = 농장주農庄主"라는 도식과 "상인常人 = 유역자有役者 = 예농隷農"이라는 도식이 성립된다. 따라서 상민층은 국역체제와 사족 층 양쪽으로부터 지배를 받는 모순구조를 나타내고 있었다.

이 같은 계층 간에 모순은 갈등이 극에 달해 양민이 천민으로 전락하면서 수적으로 늘어난 천민들의 위상에 변화 조짐이 보였다. 이들은 양반들이 천시하는 상업을 통해 서로 정보를 교환하며 부를 축적하고 조직화하여 유사시에 정치세력화 할 채비를 갖추어 갔다. 이미 중종 조에 "지금 사방의 백성들이 열에 아홉은 말업(상업)에 종사하고, 하나만 본업(농업)에 종사하고 있다."라고 하여 좀 과장되기는 하였으나 상업이 성행하였음을 뜻하는 것이고, 선조 원년(1568)에 공사무역으로 짐바리가 너무 많아 중국인들이 조선 조정의 사신을 류구琉球의 사신만도 못하게 여겨 공무역은 5년을 기한으로 사무역은 아예 금하도록 조치한 적이 있었다. 국내는 물론 국외까지 상업 활동이 계속되어 선조 14년(1581)에는 왜관을 통한 암거래가 있었으며, 선조 22년(1589)에는 야인과 밀무역을 하다가 발각된 적이 있다. 이처럼 양민 층에 대한 압박이 새로운 신분 질서의 변화를 가져와 미약하나마 시민들의 의식이 조금씩 깨이기 시작하였다.

명사明史 조선전朝鮮傳에는 "당시 조선은 태평시대가 오래 계속되어 군대는 전쟁을 익히지 않은데다가 연昖(선조)마저 유흥에 빠져 방비를 게을리 하였다. 이 때문에 섬나라 오랑캐들이 갑자기 쳐들어와 난을 일으키자 적을 보기만 해도 놀래 흩어져 버렸다."라고 하였다. 또한 일본 사신으로 조선에 온 귤강광橘康廣은 상주목사 송응형의 접대를 받는 자리에서 조롱하여 말하기를 "나는 수년 전장에 있어 머리털이 새었거니와 당신은 음악과 기생 속에 파묻혀 아무 것도 하지 않았는데도 오히려 머리털이 샌 것은 웬 일인가?" 하였다. 그리고 예조가 베푼 주연에서 귤강광이 호초를 자리 위에 던지자 기생들이 다투어 가지려는 모습을 보고 "너희 나라가 망하겠다. 기강이 무너졌구나." 하였다. 이것은 외국인들의 눈으로도 국왕인 선조에서부터 지방 관리에 이르기까지 모두 사치와 낭비를 일삼았다고 보였던 것이다. 사회 지배층은 사치와 낭비로 태평시대를 살고 있었는지 모르나, 일반 백성들은 고통 속에서 살아가고 있었다. 이 같은 상황을 목도한 성혼은 상소에서 "근년 이래 풍속이 사치스럽기만 하여 공사간의 비용이 날로 화려하게 꾸미는 습성 때문에 그리로 흘러간 것이 너무도 심하다……. 이웃 마을에 밥 하는 연기가 끊어진지 오래인데도 관리들의 잇따른 호통 소리는 계속되고 있었다."고 하였다.

조선조 초기에는 국왕을 중심으로 체계가 서서 관리들의 사치와 낭비가 발을 붙일 분위기가 아니었다. 그러나 연산군 시대를 지나면서 국왕의 위치가 흔들리고 관리들의 위계질서가 무너짐으로 인해 국가 공권력이 약해지는 반면, 관료들 특히 지방관들은 토호들과 서로 어우러져 사치와 낭비를 일삼았으니, 그에 소요되는 비용은 결국 양민들의 몫이 되어 사회적 모순을 낳는 한 요인이 되었다.

조헌(趙憲)은 당시 지방관들의 낭비 행태를 다음과 같이 말하였다.

> "군주도 무고하게 소를 죽이지 않는데, 지방 관리나 그를 따르는 무리들은 반드시 소를 도살하여 향연을 하는 것입니다. ......심지어 중국 사신이 올 때에 대읍에서만 구작九爵의 연을 행하는 것인데, 사행하는 무뢰자에게도 연회를 열어 밤이 다하도록 술을 마시니, 그 술과 안주도 하늘에서 떨어지고 땅에서 솟아오른 것이 아닙니다. 읍리로 하여금 번갈아 가며 고기 공급을 담당케 하여 매월 소 3마리 값을 주는데, 관원이 먹는 것은 혹 소 10마리에 이릅니다. 그리고 관비를 주모로 삼아 매월 3석의 쌀을 주는데, 관원이 마시는 것은 거의 20석에 이릅니다. 객사客舍의 장교들은 등석登席 준비에 시달리고, 원두園頭의 관노들은 채소와 과일 준비에 시달려 밭을 팔고 족친에게서 징수하며 촌민을 괴롭혀도 오히려 당해낼 수가 없는 즉 옷을 찢어 보따리를 만들어 서로 이끌고 도망하는 것입니다."

이것은 당시의 낭비 실태를 잘 묘사한 것으로, 나라에 기근이 들어 굶어 죽은 시체가 들녘에 널려 있는 데에도 지방 관리들 중에는 술과 음식을 허비해 가며 태연하게 잔치를 벌이는 사람들이 있었다는 것이다.

중앙의 관리들도 뇌물을 주고받는 것이 상례화 되어 있었다. 선조 즉위년(1567) 당시 홍문관 교리로 있었던 유희춘柳希春은 받은 선물을 그의 일기眉巖日記草를 통해 자세하게 기록하였는데, 대부분 가정에 소용되는 귀한 물품이거나 구하기가 힘든 지방 특산물들이 많다. 김우제金宇帝라는 사람으로부터 한 번에 농 한 짝, 백미 2석, 식미 2석, 콩 2석, 참깨 5두, 찹쌀 5두, 말린 민어 5尾, 말린 굴비 10동同, 미역 10동, 웅어 젓 5기器, 게 젓 항아리, 누룩 2동 등을 받은 것을 비롯하여 많은 사람들로부터 수시로 선물을 받았다. 특히 같은 해 11월에 유희춘의 고향인 담양으로 내려가면서 지나는 관아에서 후하게 숙식을 제공받았고, 서로 필요한 일을 청탁하며 인근 수령들로부터 쌀에서 굴비에 이르기까지 수십 종에 달하는 특산품을 받았는데, 그 제공자는 대부분 감사, 부윤, 현감 등 호남의 지방수령들이었다. 고향에 머무는 동안에 조상에게 성묘를 갈 때 해당 고을의 수령이 제물을 마련하였고, 묘소 앞에 못을 파기 위해 군인 121명, 인근 사대부의 노비 60여 명을 동원하였으며, 전라감사를 비롯하여 인근 수령들이 필요한 물품을 계속 보내왔다.

이 같은 행태는 인맥을 만들어 벼슬길을 얻자는 것으로 인사업무와 관련이 적은 홍문관 교리에게 아부하는 자가 이러할 진데, 인사 업무를 직접 관장하는 이조나 승정원 관속들에게 주는 뇌물이 어떠했는지를 유추해 볼 수가 있다. 선조실록(1569)에 보이는 관리들이 "무사안일주의에 빠져 녹봉이나 받으려 하고, 추종자를 받아들여 뇌물을 먹으견서 일생을 보내려는 사람이 매우 많다."는 표현이 사실이었다.

이처럼 전·현직 관료를 포함한 사족 층은 지연·학연·혼맥 등으로 복잡하게 연결되어 있어 서로 신분적 지위를 이용하여 행동범위를 확장시켜 갔고, 나라에서도 이들의 정치적 경제적 권익을 보호하는 방향으로 정책이 이루어졌던 반면, 상민층은 사족 층의 힘에 밀리다가 견디다 못해 점차 생존 기반 그 자체를 상실하여 갔다. 그래서 사족 층은 사회유지 비용을 늘리며 사치와 낭비로 일삼았는데도, 상민층은 신분을 포기하고 노비로 전락하거나 가솔들을 이끌고 유랑 생활을 해야 했다. 이 같은 구조적 모순 하에서 상민들의 눈에 보인 사족 층은 수탈자의 모습으로 보였던 것이다. 특히 공권력의 최고 정점에 있는 국가라는 것은 사족 층을 앞세운 더 큰 수탈자로 인식되기에 이르렀다.

중국에서 조선으로 오는 사신의 왕래도 낭비의 큰 몫을 하였다. 한 번 사신이 오면 수십 명씩 무리를 이끌고 와서 진기한 물품들을 법을 어겨가며 가져가 한 번 메고 지고 간 물건이 무려 33짐이나 된다고 하였다眉巖日記草. 특히 의주대로는 서울에서 의주까지 1,036리(약 448㎞)에 42개의 지점을 통과하며 24개의 관이 설치되어 있고, 1회에 200~500명의 사행단이 왕래하였으므로 이들은 빨라야 13일 늦으면 20여 일이 걸린다. 이들에 대한 숙식 등 제경비의 부담은 결국 인근 백성들의 몫이었다.

중국에서 사신이 올 때면 마지막으로 벽제관碧蹄館에서 숙식을 하고 홍제원弘濟院에서 의관을 갖추고 돈의문敦義門 밖에 있는 모화관慕華館에서 유숙하였다. 임금이 여러 차례 모화관에 나가 예를 다하고 성대하게 주연을 베풀어야 했다. 거기다가 도성의 여러 곳을 시찰하고 한강 등지를 유람하는 데 영의정을 비롯한 최고위급 관료들이 안내를 맡아 이에 소요되는 비용도 큰 부담이었다. 더구나 중국의 사신들은 한 해에 몇 차례씩 오는 경우가 있어 이들이 지나는 요로의 수령과 백성들은 농사일을 접어두고 동원되어 접대를 하다 보니 그 폐해가 매우 심하였다.

조선에서도 해마다 정기적으로 사신을 파견하였다. 정월 초하루의 하정사賀正使, 명 황제 생일의 성절사聖節使, 황태자 생일의 천추사千秋使와 동지사冬至使 그리고 황제의 비를 맞이하거나 사위를 보는 등의 부정기적인 행사가 있을 때에 진하사進賀使·사은사謝恩使·주청사奏請使 등 매우 많았다. 중국의 발달된 문물을 받아들이고 조선왕조의 안정을 도모하는 이점이 있기는 하지만, 가뜩이나 어려운 나라형편에 사신들이 지나가는 황해도와 평안도 일대 역촌 지역의 피폐는 물론 조공 물품을 마련하는 백성들의 고초는 이루 말할 수가 없다.

그래서 유희춘도 "한양으로 들어오는 사신이 1년에 5, 6회에 이르므로 중원 일로가 시달림에 견뎌내지 못하여 하늘에 부르짖고 목을 매기까지 한다하여 차마 들을 수가 없다. 대저 사신이 한 번 가는데 짐을 싣고 가는 말이 1백 수십 필에 이르고 보니 길가의 생민들이 운반 수단을 내주기가 극히 어렵다"라고 하였다. 이 같은 사실은 여러 문헌에서 공통적으로 확인되는 것으로 조선의 사신 파견과 중국 사신들에 대한 접대는 종계변무宗系辨誣[8] 문제가 해결되지 않은 선조 조 초·중반에는 더욱 심하였다.

조선과 같은 전제군주국가에서 국왕의 위치는 실로 중요하다. 국왕이 여하히 통치하느냐에 따라 국가의 흥망이 좌우되기 때문이다. 물론 조선의 정치체제는 의정부와 삼사를 통해 국왕을 견제하는 장치가 잘 되어 있어 국왕의 의지가 그대로 정책에 반영되기는 어렵지만, 조선사 전체를 통틀어 보면 성군聖君과 폭군暴君 또는 유능한 군주와 무능한 군주가 확연히 드러난다. 그 가운데 조선의 제 14대 임금인 선조는 퇴계와 율곡과 같은 대학자와 함께 한 임금이기도 하지만, 신하들의 말을 잘 듣지 아니하고 고집이 센 성품을 가진 임금이었으며, 국내외 정세가 급변하고 있음에도 변화를 싫어하여 시대적 요구를 간과한 군주였다.

선조는 휘諱가 연昖(처음에는 鈞)이고 중종의 손자이며, 덕흥대원군德興大院君의 셋째 아들이다. 비妣 하동부대부인河東府大夫人 정씨는 판중추부사 세호世虎의 딸이다. 명종 7년(1552) 11월 11일 인달방仁達坊 사삿집(덕흥대원군의 집)에서 나서 처음에는 하성군河城君에 봉하였고, 1567년 6월 28일에 명종이 사망하자 같은 해 7월 3일 16세의 나이로 경복궁 근정전에서 왕위에 올라, 선조 23년(1590)에 존호를 '정륜입극성덕홍열正倫立

8 宗系辨誣 : 태조 이성계의 아버지가 고려의 권신 李仁任이라고 명나라 기록에 오기된 일과, 이성계가 고려 말의 우왕·창왕·공양왕 등을 시해하고 왕이 되었다는 악명을 기록한 일. 명나라 太祖實錄과 大明會典에 이같이 기록되어 있어 누차 수정을 요구하여 선조 17년(1584)에 비로소 수정됨.

極盛德洪烈'이라 하였고, 선조 37년(1604)에 존호를 다시 '지성대의격천희운至誠大義格天熙運'이라 하였다. 아들 열 넷과 딸 열 하나를 두었으며, 1608년 2월 1일에 황화방皇華坊 별궁 경운궁에서 죽으니, 왕위에 있은 지 41년이요, 사망 당시 나이는 57세였다.

즉위 때부터는 대왕대비인 인순대비에 의한 수렴청정垂簾聽政이 시작되었으나, 즉위 다음해 2월에 발을 걷고 임금에게 정사를 돌려보냈다. 일찍이 중국의 사신 한림원翰林院 검토檢討 허국許國과 병과급사중兵科給事中 위시량魏時亮은 주목하여 잠시도 눈길을 떼지 않고 감탄하기를 "이러한 묘령妙齡으로 행동이 모두 예절에 맞으니, 이런 현군을 얻은 것이 동국東國의 복이다."하였으며, 기대승奇大升은 "배우기를 좋아하고 선을 즐기니 참으로 성주이다" 하며 감격에 겨워 눈물을 흘리기까지 하였다. 또 박순朴淳이 경서 강의를 하고 나와서 말하기를 "임금님의 옥용을 보니 정말 영명한 군주다."라고 칭찬하였다.

즉위 초반에는 이처럼 영명하여 온 나라가 성덕의 성취를 바랐으나 날이 갈수록 선조도 류속流俗 젖어버렸다石潭日記. 이이가 "2백 년 종묘사직이 날로 위험한 지경에 다다르고 있는데, 전하께서 진작할 생각을 하지 않으십니까?" 하니 선조는 "수행을 쌓아 덕행이 된 뒤에만이 이것을 사업에 펼 수 있을 것이니, 어찌 덕행이 없이 사업을 하겠는가." 하며 안일하게 생각하고 있었다. 선조 7년에 율곡 이이에 이어 김우옹이 병을 이유로 사직을 청하자 "그대가 비록 병이 있더라도 이곳에 있으면서 조리할 수 있는데 어찌 사람마다 모두 떠나려고 하는가."하여 선조 곁에는 인재가 가까이 있으려 하지 않았다. 그래서 승정원은 일을 제때에 살피지 않고 있다가 언제나 대죄待罪하고, 비변사는 사변을 만나 제대로 조치하지 못하고 있다가 상교上教를 받들고 나서는 윤허가 지당하다고 하는 식의 무사안일과 아첨을 일삼는 사람들이 조정에 많이 있었다. 누군가가 이 같은 현상을 비꼬아 승정원 문에다 '황공무죄惶恐待罪

승정원承政院 상교윤당上教允當 비변사備邊司'라고 써서 붙였다고 한다(1583).

그래도 뜻 있는 대신들은 선조에게 충고하는 일을 아끼지 않았다. 이이는 "전하의 말씀은 겸허하지만 공론을 따르지 아니하여 스스로를 옳게 여기고 남을 그르게 여기시는 것으로 말하면 드리어 남을 나만 못하게 여기는 병폐가 있는 것이니 신은 답답합니다."하고 하였고, 김우옹은 "근일 보건 데, 성학이 고명하여 아시는 것이 매우 광범위하지만 정사에서는 그 보람을 보지 못하니, 글은 글대로 나는 나 대로인 병폐가 있는 것이 아닙니까? 정심正心·성의誠意의 설에 대해 옛사람이 이미 극진하게 말하였는데, 이제는 도리어 절실하지 않게 여깁니다." 하였다.

선조 스스로 반성하는 태도를 보이기도 하였다. 선조 8년(1575)에 천재가 여러 번 나고 여름 가뭄이 유난히 심하여 팔도가 다 흉년이 들었고, 종이 주인을 죽이고 자식이 아비를 죽이는 일이 계속 발생하자, 선조는 "천재와 시사가 참으로 한심한 것이 많다. 나 같은 덕이 적고 무식한 임금으로 한갓 이 자리만 더럽힐 뿐이니, 어찌 정치의 효과를 바라보겠는가. 한갓 송구하기만 더할 따름이다. 마땅히 반성하고 생각을 더하겠다."라고 하였다.

그러나 선조는 무언가 새로운 정치를 해 보려는 사람들의 기대에 부응하지 못하고 실망만 주었다. 선조 8년(1575)에 이이가 주변 사람들에게 말하기를 "주상이 금세의 폐를 들으시면 조금도 강론치 아니하시고, 전대의 일만 논하기를 좋아하시니, 가령 논의가 정상精詳하기로서니 시사에 무슨 보익이 있겠는가. 무엇이나 해볼 만한 가망이 없다."고 하였다. 이때 선조도 이이를 성질이 굳세고 과격한데다가 임금을 섬기지 않으려 하며, 독서만 능할 뿐 쓸 만한 인재가 아니라고 하여 부제학의 자리에서 물러나게 하였다.

한편 선조는 붕당의 대립을 때에 따라 자신에게 유리한 측면을 적절히 활용하여 왕권을 유지했다는 평도 있다. 선조로 인해 붕당의 대립이 조정되고 비교적 강력한 왕권을 유지하는 고도의 정치기술이 나타났다는 것이다. 즉 김용덕은 '괘일록掛一錄'을 인용하여 "선조는 왕위를 보장받고 왕권을 진작시키기 위해 동·서인의 당쟁을 교묘히 이용하여 한 파에 오랫동안 정무를 맡기지 않았고, 동·서인을 교대로 진퇴 시키면서 그 진퇴 때마다 역옥을 비롯한 사건들을 전개해 왔다"라고 추론하였다 掛一錄 : 宣廟不欲專任一處 以此東西或進或退. 그러나 왕권은 그런대로 유지를 하였지만, 조정의 논의는 분열되고 뜻 있는 선비들과 백성들은 왕을 멀리하여 나라를 점차 위기상황으로 끌어갔다.

그래서 선조는 국왕으로서 몇 가지 문제점을 가지고 있는 인물이었다. 첫째 선조는 인재 등용을 적절히 하지 못하고, 등용된 사람들도 쉽게 교체하여 안정적인 정치가 이루어지지 못하였다. 일찍이 선조 원년(1568)에 기대승은 "예전에는 병판이 된 자는 4~5년까지 오래 있었기 때문에 무신武臣과 금군禁軍 등의 능력을 다 알고 군사 일의 전말도 모두 알았는데, 요즘은 이조·병조판서가 1년만 지나면 스스로 사직 상소를 내고 돌아갑니다. 예전에는 호조판서 역시 10여 년이 되어도 옮기지 않았으므로 나라에 있는 전곡의 원수를 모두 알았고, 사방의 수재·한재·풍재와 연운의 현황도 잘 알아 조정하기를 마치 한 집안의 일처럼 하였는데, 요즈음은 겨우 5~6개월이 지나면 다시 갈리고 있습니다." 하며, 능력 있는 사람을 뽑아 가급적 오랫동안 일을 할 수 있게 해야 한다고 주문하였다. 이이도 적임자를 선발하지 아니하고 자주 교체시키며 임금과 신하가 서로 신뢰하지 못하는 인사정책의 문제점을 지적하면서 세종의 치적을 본받아야 한다고 누차 강조하였다.

조정 중신들의 이 같은 권고에도 불구하고 선조는 계속 중앙의 주요 직책은 물론 지방 수령들의 작은 실수에도 용서하지 않고 자주 교체하였다. 이런 분위기 때문에 수령에 임명되는 사람은 부임을 꺼려 병을 핑계로 사직을 청하는 경우가 많았다. 각 도의 실질적 책임을 맡고 있는 감사의 경우 정해진 임기가 1년에 지나지 않는데다가 문책 등으로 자주 바뀌어서 소임을 잘 수행하지 못하였다.

특히 선조는 즉위 초년부터 임금의 눈과 귀가 되어주는 대간들의 이야기를 들으려 하지 않고, 뜻에 맞지 않으면 자주 교체하여 몇 개월도 가지 않는 경우가 허다하였다. 선조 6년(1573) 홍문관 보고서에 "근년 이래로 기강이 서지 않고 인심이 풀려서 크고 작은 관원들이 일체 일을 피하여 휴직하고 자리 바꾸는 것이 앞뒤로 서로 잇달아 아침에 옮기고 저녁에 바뀌므로 온갖 일이 다 폐기됩니다. 대간으로 말하면 나라의 이목이 되어 공론을 주장하므로 더욱 자주 바꿀 수 없는데도 어지러이 사퇴하고 교체되는 것이 여느 관원보다 심합니다."하였다. 선조 16년(1583)에 이이는 "임금의 이목이 되고 있는 대간들이 자주 바뀌면 공론이 따라서 갈팡질팡하게 되어 모든 치적이 실패하는 원인이 된다."고 하였다. 그러나 이 같은 건의에도 불구하고 대간들에 대한 잦은 교체는 정여립 사건이 발생하기까지 계속되었다. 선조 즉위년부터 정여립 사건이 발생할 때까지 약 22년간 이조판서, 대사헌, 대사간의 인사 내용을 조사해 보면, 기록이 많이 누락되어 결한 사항이 많음에도 불구하고 이조판서의 경우 연평균 2~3회, 대사헌·대사간의 경우 연평균 4회 정도 교체되었고, 한 달 만에 교체된 경우도 많았다.

둘째로 선조는 남을 의심하고 필요 이상으로 고집을 피우는 습성이 있었다. 이를 간파하고 어린 임금을 성군으로 키우자 했던 기대승은 "의심을 두면 직언 하는 것을 자기를 배척하는 것이라 생각하고, 자기 고집대로만 하면 다른 사람의 말을 싫어하여 들으려 하지 아니합니다." 하고 설득하였고, 유희춘은 "성품이 고집스러워 소통하지 못하신 데가 있습니다."라고 지적해 주기도 하였다. 이이도 "재변이 혹심하여 주상이 마음으로 두려워하면서도 재변을 풀 계책은 알지 못하시고 한갓 의혹만을 조장하여 의혹하지 않는 사람이 없고, 의혹하지 않을 일이 없다."라고 한 후 그 유명한 '만언소萬言疏'를 올렸다.

이이는 선조에게 만언소를 통해 "신하들 중에 의견을 말하려고 노력하는 자를 주제넘다고 의심하고, 기절을 숭상하는 자를 과격하다고 의심하고, 여러 사람들의 찬양을 받으면 당파가 있다고 의심하고, 잘못된 자를 공격하면 모함한다고 의심하고 있습니다. 게다가 명을 내릴 때는 말속에 감정이 들어있고 좋아하고 싫어하는 것이 일정치 않습니다."라고 하였다. 이이의 이 같은 지적은 많은 신료들이 공감한 것으로 지식인들과 백성들이 선조를 멀리하는 요인이 되었다.

나라에 기근이 들어 삼공과 양사에서 "구황救荒할 방책이 없고 나라의 저축이 바닥나게 되었으니 불필요한 관직을 없게 하고 녹봉을 줄이고 비용을 절약하소서. 상께서도 진공進供하는 물건과 제상宰相에게 하사하는 물건을 줄이소서."라고 수차에 걸쳐 거듭 건의하였으나 "날마다 와서 아뢰어도 나는 따를 뜻이 없다. 다만 경들이 고달플까 두려울 뿐이다."라고 하였다.

또 모든 신료들이 여러 달에 걸쳐 을사사화 때에 억울하게 화를 당한 사람들의 원통함을 풀어주고 관작을 회복시켜 줄 것과, 이기李芑·정순붕鄭順朋·임백령林百齡 등의 위훈을 삭제할 것을 주장하였는데, 선조는 듣지 않았다. 그래서 당시 홍문관에 있던 이이는 무려 41차에 걸쳐 41편의 상소를 올렸고, 모든 간원들이 7개월 동안 직을 폐하고 엎드려 요구하였으나, 선조는 "해를 넘겨가며 아뢴다 하여도 따르지 않겠다."하며 거절할 만큼 고집이 센 성품을 가지고 있었다.

셋째로 선조는 국사보다는 사사로운 일에 더 많은 관심을 가지고 있었다. 그 일면을 황랍黃蠟(꿀)사건에서 볼 수 있다. 선조는 갑술년(1574) 3월 의영고에 있는 황랍 500 근을 대궐로 들이라는 명을 내렸다. 사헌부와 사간원에서 그 용도를 선조에게 물으니 "대궐에서 쓰는 물건을 아랫 사람이 물을 바 아닐 것인데, 감히 여러 말을 늘어놓으니 이 무슨 뜻이냐"고 화를 내었다. 어떤 사람은 불사에 쓸 것이라고 하였다. 이이도 외간에 전파되는 말이 혹 불상을 만든다느니 불사를 일으킨다느니 하고 있는데, 비밀로 숨기고 노기를 보이고 있는 선조를 참으로 이상하다고 따지자, 선조는 "이래서 내가 이 세상에 마음이 없고 해 보고자 하는데 뜻이 없는 것이다."라고 하며 더욱 진노하였다.

이 황랍의 일에 대해 사간원에서 5차례나 해명하기를 청하였으나 듣지 않자, 간원들은 "지금 임금의 덕은 날로 오만으로 나아가고 사습士習은 위약한 데로 떨어져 묵은 폐단은 개혁할 기약이 없고, 새 근심은 의외로 생겨나니, 설사 주운朱雲과 급암汲黯이 벼슬자리에 있어 충직한 말을 날마다 하더라도 시사를 바로잡을 가망이 없다" 하였다. 계속 파직해달라는 요구와 더불어 황랍에 대한 의혹을 밝히도록 요구하여 겨우 5월에 가서야 황랍을 도로 내려 보냈다. 이 황랍사건은 귀인 김씨가 후궁 가운데서 제일 총애를 받았는데, 아들을 위하여 복을 비느라고 당시 금기시 되었던 불사를 일으켰던 것이다. 이이는 이 사건을 계기로 임금의 뜻이 선비들을 경하게 여김을 짐작하고 물러갈 뜻이 있었다고 한다石潭日記.

선조 스스로도 신하들로부터 무능한 군주라는 소리를 듣고 있음을 알고 있었다. 선조는 말하기를 "내가 좀 더 잘 하려는 것이 망령이요, 내가 대신을 지성으로 대우하고 군신을 붕우같이 여기는데, 지금 군신이 혼군昏君·용주庸主로 나를 대우하니 어찌 감히 얼굴을 들고 경들을 보겠소" 하였다. 또 "예전부터 임금이 재주도 있고 덕도 있어야 능히 그 나라를 다스리는 것인데, 나는 재덕이 없는데다가 시세는 다스리기 어려운 때를 마침 만났으니 잘 다스려 보기 어려은 것이다."하였다. 그리고 비현각에서 이탁李鐸에게 말하기를 "근래에 위로는 천변이 심상치 않고, 아래로는 민생이 곤고하오. 나의 덕을 돌아보면 진보가 한 치면

퇴보는 한 자가 되니 국사를 그르치는 일이 많소" 라고 실토하기도 하였다.

그 누구보다도 임금의 마음을 바로잡아 당면한 국가적 난제들을 풀어보려 했던 율곡 이이마저도 선조에게 더 이상의 기대를 할 수 없음을 느꼈다. 그래서 석담일기에는 "세상이 쇠하고 풍속이 퇴폐 하여 선비된 사람은 이미 향학에 정성이 적고, 시군세주時君世主도 따라 학문의 이름을 미워하니, 유학적 기풍이 무너지고 속된 풍속이 성행하는 것은 말세의 공인된 병인 것이다……. 한스러운 것은 임금의 마음이 속류俗流와 깊이 합하여 마침내 선을 좋아하는 싹을 보전할 수 없으니, 어찌 우울하지 않으랴."라고 하였다.

결국 선왕인 명종으로부터 우환에 처한 나라를 이어받은 선조는 묵은 폐단을 개선하려는 의지가 부족하였으며, 젊은 나이에 필요 이상으로 남을 의심하고 고집이 세어 신하들이 가까이 하기를 싫어는 임금이었다. 그래서 정여립의 조카인 이진길과 백유양이 말한 것처럼 선조는 "주혼일심主昏日甚"하여 "임금으로서 도량이 부족한 사람宣祖朝故事本末(기축년 정여립의 옥사)" 이었으며, "깊숙이 팔짱만 끼고 아무 일도 하지 않는 자세"만을 계속하여 국가적 위기상황을 바르게 인식조차도 하지 못한 임금이었다. 그래도 선조가 죽은 후 당시 대제학 류근柳根이 쓴 시책문謚册文과 지사 신흠申欽이 지은 애책문哀册文 그리고 이산해李山海가 지은 지문誌文 등에는 선조의 치적을 극찬하고 있다. 이 같은 글에는 선조는 유학을 장려하고 을사위훈의 삭제 및 관련자 복관, 종계변무해결, 임진·정유왜란 수행, 중국에 대한 사대, 타고난 효심 등을 나열하고 있다.

다음은 선조 조에 들어와서 정여립 사건이 있기 전에 시도되었던 일련의 개혁에 대해 알아보자. 선조 원년(1568)에 조식曺植이 올린 상소에서 당시 조선사회의 폐단의 일면을 볼 수가 있다. 조식은 지방 수령들이 서리들의 농간에 제 역할을 다하지 못하여 국가 공권력이 제대로 행사되지 못하고 있음은 물론, 서리들은 저마다 여러 갈래로 빠져나갈 길을 두고 자신을 보호해 줄 방책을 임금의 측근에까지 갖추고 있어, 사람이 다스릴 수 없고 법이 당할 수 없는 지경에 이르러 정권 자체가 서리들의 손아귀에서 좌지우지되고 있다 하였다.

나라가 구조적인 모순상황에 처해 있었기 때문에 많은 사람들이 문제점을 지적하였고 개혁 또한 누차 시도되었을 것으로 생각되나 관련 자료가 거의 없다. 남아 있는 자료만으로 볼 때 선조 조 초반에 있어 개혁에 가장 적극적 이였던 인물은 율곡 이이이다. 선조로부터 너무 과격하다는 질책을 받아 가면서도 동호문답東湖問答, 만언소萬言疏, 성학집요聖學輯要, 시무육조時務六條 등과 많은 상소와 건의를 통해 개혁을 시도하였다. 더구나 그는 장차 일본의 침입을 예견하고 10만 양병설을 주장하였으며, 만일 그렇게 하지 않으면 10년을 넘지 못하여 화를 당하리라고 까지 경고하였다.[9] 또 박순이 이이에게 "지금 인재가 없는 것이 가장 큰 걱정이요. 대관에는 일을 맡길 만 한 자가 없으니 급박하게 효과를 구할 것이 없소." 하고 일을 서두루지 말라고 하였지만 이이의 개혁 의지는 누구보다도 강하였다.

이이는 "백성을 기르는 것이 우선이며 백성을 가르치는 것은 나중의 일이다. 의식이 족한 연후에야 예의를 알게 되나니 기한飢寒에 우는 백성들에게 예절을 차리게 할 수는 없는 것"이라 하며, "관습에 따라

9 선조수정실록, 15년(1582) 9월 1일(병진)조. ; 柳永博, 韓國史(서울: 동방도서, 1988), p. 154. ; "선조조 고사본말(선조 조의 유현)," 앞의 책, p. 548. ; 이이의 '10만 양병설'에 대해 사실이 아니라는 주장도 있다. 李載浩는 선조실록과 수정실록의 모순, 安邦俊의 壬辰記事, 金長生의 栗谷行狀, 宋時烈의 栗谷年譜 등이 기록상에 문제점이 많고, 당시 金誠一 등이 유사한 주장을 한 것 등으로 미루어 율곡의 10만 양병설은 후대인들이 임진왜란을 의식하여 과장되게 기록한 것이라고 하였다. : 李載浩, "宣祖修正實錄 記事의 疑點에 대한 辨析: 특히 李栗谷의 10만 養兵論과 柳西厓의 養兵不可論에 대하여," 大東文化研究 제19집(서울: 성균관대학교 대동문화연구소, 1985), pp. 189-232.

고식적으로 처리하는 폐단을 과감히 개혁해야 한다."고 하였다. 이이는 또 선조에게 말하기를 "꼭 덕이 요堯·순舜같이 된 후에야 당唐·우禹의 사업을 일으킬 수 있다면 당·우의 사업은 어느 때 하겠습니까. 덕행이 꼭 문왕과 같은 뒤에야 비로소 관저關雎·인지麟趾의 뜻이 있는 것이 아닙니다. 지금이라도 전하께서 하고자 하는 뜻을 분발하시어 성심으로 좋은 정치하시기를 원하신다면 주나라의 제도와 같이 훌륭한 법도를 행하실 수 있을 것입니다."라고 역설하였다.

김계휘가 이이에게 말하기를 "지금 사세는 기강이 서있지 않아 모든 법도가 허물어지고 해이하여 손을 쓸 곳이 없다"고 하니, 이이가 답하기를 "비유하면 마치 천년 된 큰집을 겨우 쓰러지는 것을 고이고 새는 곳을 막아 근근이 지탱해 나가는 것과 같아서, 만일 폭풍우라도 몰려오면 그 때는 틀림없이 보존할 수 없을 테니, 마땅히 재목을 모으고 공장(工匠)을 모아 새로 바꿔 넣지 않으면 안 될 것이다"라고 하였다. 이처럼 이이는 개혁에 남다른 의욕을 보였던 것이다.

그래서 이이는 "우리 조정이 나라를 세운 지가 거의 2백 년이 되었으니 이는 중엽의 쇠퇴기라고 할 수 있으며 권간들이 나라를 혼탁하게 하고 어지럽게 했던 재앙도 많이 있었는데, 오늘날에 와서는 마치 노인이 원기가 쇠진하여 다시 일어날 수 없는 상태에 이른 것과 같이 되었다……. 만약 이때에 분연히 진작한다면 동방이 억만 연토록 끝이 없이 번창할 좋은 운이 있을 것이고, 그렇지 않으면 장차 쓰러지고 쇠진하여 구제할 수 없는 지경에 이를 것이다." 하였다. 이이는 항상 "지금의 정치를 바꾸지 아니하면 비록 요순과 같은 임금이 위에 있고, 고기皐夔와 같은 신하가 밑에 있다 하더라도 치란에 아무 도움이 되지 못할 것이요, 몇 년 안 가서 민생은 반드시 생선처럼 문드러지고 흙처럼 무너질 것이다." 하였다.

이이는 또 쌓인 폐단과 고질화된 것을 바로잡아야 한다고 하며, "지금 국사는 안으로 기강이 퇴폐 하여 백관들은 직무를 이행하지 아니하며, 밖으로 백성이 궁하고 재정이 다하였으며 병력이 잔약해졌으니 별일 없이 지낸다면 혹 부지할 수 있겠으나, 만일 전란이라도 생긴다면 흙이 무너지듯 기와가 부셔지듯 하여 다시 수습할 계책이 없을 것이다."하였다.

선조 대에 들어와서 이이를 비롯한 뜻 있는 신료들의 계속된 건의로 미미하지만 부분적인 개혁을 시도하였다. 선조 원년(1568) 12월에 조정의 대소 신료들의 건의를 받아 이듬해 정월부터 당시 최대 현안 중의 한 가지인 방납의 폐단을 개혁하기로 하였다. 그러나 개혁할 방안을 마련하지 못하고 있다가 선조 3년(1570) 11월에 가서야 이준경의 건의로 정공도감正供都監을 설치하였다. 이것은 국을 개설하여 상밀하게 의논함으로써 대납의 폐단을 없애고자 삼공이 주관하고 식견 있는 조사朝士를 선임하여 낭속郎屬으로 삼아 시행코자 한 것이었다. 그러나 선조가 전례를 따르기에만 힘쓰고 많은 대신들도 개혁하기를 싫어해서 단지 문서로만 하였을 뿐 아무 이익 없이 폐지되고 말았다.

선조 8년(1575) 또다시 사림파 중신들은 방납 구조의 폐단을 혁파하기 위해 정공도감을 설치하여 각 관청의 운영경비를 줄이고 사주인과 권세가들의 중간개입과 차단하려고 했다. 그러나 녹봉조차 제대로 지급받지 못하고 있는 관료들에게 공적으로 쓰이는 경비 지급을 허락하지 않으면서 이를 사비로 충당토록 법제화한 정공도감의 조례는 관료들의 거센 저항으로 성공을 거두지 못하였다. 그래서 농민층을 파산시켜 유랑민이 되도록 하고, 국가재정을 바닥나게 한 방납 구조는 끝내 혁파되지 못하였다.

그러나 이이 등의 개혁 요구는 계속되었다. 이이는 "우리나라의 공안貢案은 민호의 수나 전결의 다소를 헤아림이 없이 어수선하게 분정分定하였으며, 또 토산물도 아닌 것을 징수하기 때문에, 방납防納하는 무리들이 사리를 도모하여 백성들의 생활이 곤궁해졌으니, 지금이라도 공안을 뜯어 고쳐서 민호의 전결을 헤아려 균평均平하게 정하여 토산물을 바치게 한다면 백성들의 쌓인 고통이 풀릴 것이옵니다."하였고, 유성룡도 "이 일은 매우 급급히 해야 할 것이옵니다."라고 하며 가세하였다.

다시 성혼과 이이 등이 함께 상소를 올려 '폐법弊法을 변통시킬 것, 공안貢案을 개정할 것, 주현州縣을 병합시킬 것, 감사監司를 구임久任할 것, 현자賢者를 등용하여 인재를 진작시킬 것, 몸을 닦음으로써 치본治本을 맑게 할 것, 붕당朋黨을 제거시킴으로써 조정을 화합시킬 것' 등을 건의하였다. 이이의 이 같은 건의는 선조 16년(1583) 2월에도 계속되었고, 다른 신료들도 수차에 걸쳐 개혁의 필요성을 역설하였으나 유감스럽게도 끝내 이루어지지 않았다.

이처럼 이이 등 일부 뜻 있는 사림들에 의해 부분적인 개혁을 시도하였으나, 임금인 선조 스스로 구습을 고집하며 개혁 의지가 약한데다가 너무 구조적으로 뿌리가 깊어 도저히 손을 댈 수가 없는 형편이었다. 당시 명나라에는 조선의 상황과 유사한 모순구조에 직면하여 장거정張居正 등이 강력하게 개혁을 추진한 결과 어느 정도 성과를 거두었다. 이이 역시 문제의 심각성을 인식하고 장거정과 유사하게 선조를 설득하고 많은 사람들로부터 비난을 받아가며 개혁을 시도하였으나 역부족이었고, 그나마 병이 들어 일찍 죽음으로써 별 성과를 거두지 못하였다.

결국 당시 가장 큰 개혁의 대상 중에 하나인 방납의 폐단은 선조의 입으로 "방납하는 사람들은 나라의 큰 좀 벌레"라고 하는 상태로 지속되어 갔고, 여타 수많은 난제들은 미처 손도 대지 못한 채 점차 풀 수 없는 상황으로 더해 갔다. 그래서 선조수정실록에는 "백성은 항심恒心을 잃어버리고, 군사는 장부에만 기재되어 있으며, 안으로는 저축이 바닥났고, 밖으로는 변란이 잇달고 있으며 사론士論은 분열되고 기강은 무너졌다."라고 당시의 정황을 기록하고 있다. 이 같은 상황은 기존의 체제

하에서는 제반 문제점들을 해소할 방도가 더 이상 없다는 것을 말하는 것이었다.

3. 주변 국가의 성장과 위협

조선의 북쪽 변방에는 100여 여진종족이 무리를 지어 반농·반수렵 상태로 살고 있었다. 이들은 수시로 조선 국경을 넘어와 노략질을 일삼았다. 조선 초기에는 북방 경계가 분명하지 않다가 나라가 점차 안정을 찾게 되자, 이들에 대하여 토지·가옥·식량을 주는 등 회유와 무력을 병행하면서 압록강과 두만강의 지리적 경계선으로 4군과 6진의 성립을 보게 되었다.

세종 대부터 성종 대에까지는 "조종의 강토는 줄일 수 없다." 하면서 방어진지를 전진시키는 등 여진족에 대해 단호하게 대처하였으나, 연산군 이후는 국가 기강의 해이 등으로 방비가 제대로 이루어지지 않았다. 다행히 여진족의 활동이 미진하여 그냥 넘길 수가 있었다. 그러나 선조 대에 와서는 선조 원년(1568) 5월에 접전을 시작으로 여러 차례 침입해와 군대를 동원하여 서로 간에 많은 피해를 입었다.[10]

마침내 여진족들은 선조 11년(1578)부터 변방에 기병을 이끌고 와서 괴롭히기 시작하여 선조 16년(1583)에 이르러서는 대대적인 공격을 해왔다. 그해 2월 7일 북도병사 이순신李濟臣이 "경원부의 번호 이탕개尼湯介 등이 경원과 아산보를 포위하고 있다."하며 급보를 보내오자, 경기감사 정언신을 우참찬으로, 도순찰사 이용李庸과 남병사 김우서金禹瑞를 방어사로 삼아 본격적인 전쟁 준비에 들어갔고, 이어 9일에는 "경원부慶源

10 선조실록에 따르면 정여립사건 직전에 특히 심하여 선조 16년(1583년) 13회, 17년 3회, 18년 3회, 21년 3회, 22년 8월까지 4회 침입을 해 와 적게는 매번 수백 명에서 많게는 수천 명의 군사를 동원해야 했다.

府와 안원보安原堡의 성이 함락되었다."라는 급보가 다시 전해 왔다.

이미 "경원성 전역에 시체가 들을 덮고 해골이 쌓여 산을 이루었으며, 신음한 자가 일어나지 못하고 상처 입은 자는 안정을 찾지 못했으며, 남의 자식을 고아로 만들고 남의 아내를 과부로 만들어 원통한 울부짖음이 길에 가득하고 통곡소리가 땅을 흔드는 상황"이 나타났다. 더구나 소나무를 벤 자를 적발하여 전쟁터慶源로 보낸다는 소문이 경기도를 비롯해 경상도와 전라도에까지 번져 소나무로 울타리를 한 자, 혹은 집을 지은 지 얼마 안 되는 자들이 너도나도 나서서 헐고 불태우고 땅에 묻는 소란이 벌어질 정도로 민심이 동요하고 있었다.

변방이 이처럼 어려워도 군정의 문란으로 전장에 나갈 병사를 동원할 방도가 서지 않았다. 그래서 그해 2월에 자원하여 6진 근무를 3년간 마치면 서얼은 과거에 응시할 수가 있으며, 공사천은 양민에 따르게 하는 변방복무규정이 제정되었다. 이것은 당시 법령에 천민은 어머니의 신분을 따르게 되어 있었는데, 남자 노비가 여자노비에게 장가드는 경우는 적고, 여자 노비가 양인 남자에게 시집가는 경우가 많았기 때문에 군졸의 수효가 날로 감소하였고, 기존의 군졸들도 노약자가 대부분이어서 특단의 조치가 불가피 했던 것이다.

또한 비변사에서는 전라·경상도에서 각각 8백 명, 충청도에서 6백 명, 황해도에서 5백 명, 개성부에서 1백 명, 서울에서 2백 명의 군사를 뽑되, 출신이 양반 및 공사천公私賤을 따질 것 없이 모두 정군으로 골라 뽑도록 하였고, 9월에는 과거를 실시하여 무과 5백 명을 뽑아 함경도로 가게 하였다.

그 이듬해 3월 29일 비변사에서 보고하기를 "북쪽 변방이 바야흐로 위급하고 가사와 국사는 일체인 것이니, 이때는 정히 순국하여야 할 날입니다. 재질과 역량이 감당할 만하면, 사정의 절박함과 같은 것은 고려할 겨를이 없을 것 같습니다."라고 하였으며, 4월 1일에는 전라도의 쌀

5천 석과 경상도 쌀 4천 석을 북도로 수송하는 등 사태가 매우 급박하게 전개되고 있었다.

조선 국경을 자주 침입한 여진족들 때문에 민심이 동요하였음은 물론 이들이 세력화됨에 따라 대륙 정세도 새로운 변화를 예고하고 있었다. 당시 명나라도 안으로는 환관들이 전횡을 일삼고 밖으로는 소위 북로남왜北虜南倭에 시달리고 있었다. 정덕正德무종武宗(1506~21) 년간은 무종이 라마교를 탐닉하여 정사는 돌보지 않은 채 유흥과 사치에 빠졌고, 가정嘉靖 세종世宗(1521~66) 년간은 세종이 도교에 탐닉하여 안으로는 환관들이 날뛰고 관리들은 부정부패에 젖어 있었으며, 도적들의 봉기와 반란이 잇따랐다. 다행히 만력萬曆신종神宗(1572~1620) 때 대학사 장거정張居正이 강력한 혁신정치를 펴 나라가 다소 안정되기는 하였으나 불안하기는 조선과 다를 바가 없었다.

정여립 사건 발생 두어 달 전인 선조 22년(1589) 7월에 귀순해 온 동평자童坪者와 동해고童海考 등 48명은 "좌위추장左衛酋長 노을가치老乙可赤 형제가 건주위建州衛를 복속 시키고 무기를 만들며 군사를 4운運으로 편성하는 등 조직적으로 군사훈련을 하여 장차 중국을 상대로 보복할 계획을 세우고 있다."고 하였다. 조선 조정에서는 "중국에 보복하리라는 설은 무리"라고 하였지만, 이보다 앞서 여진족의 누르하치奴兒哈赤(1539~1626)가 1583년에 이미 추장이 되었고, 1588년에는 만주 5부를 통일하여 사실상 중국과 조선 정벌을 준비하고 있었던 것이다.

선조 21년(1588) 11월에 선조는 "호인胡人들은 편안히 살고 있는데, 우리나라 군민은 스스로를 보존하지 못하여 자식을 낳아 돌무더기 속에 버리는 자까지 있다 하니 나의 생각으로는 북진北鎭을 보존하지 못할 것 같다. 혹 저들 중 지모가 있는 자가 나온다면 마운령 이북은 장차 저들 소유가 되고 말 것이다."라고 하였다. 국왕인 선조가 북방의 영토 일부를 포기할 각오까지 하면서 거의 무방비 상태로 체념하고 있었던 것이다. 그러던 중 여진족들은 빠른 속도로 강성해 갔고 있었다.

조선조 초기에 일본은 약탈만을 일삼는 해적의 무리인 '왜구倭寇'라는 이름으로 인식되어 있었다. 왜구는 일본의 중심 지배력이 미치지 못하는 대마도와 구주九州지방 사람들이 대부분으로 고려 말부터 조선반도는 물론 중국의 해안에 자주 출몰하여 골칫거리가 되었다. 수차에 걸친 침략과 함께 통상을 요구해 삼포의 개항과 더불어 세견선과 세사미의 수를 정해주는 등 결국 합법적으로 무역을 하게 해 주었던 것이다. 명종 조 을묘왜변 후 약 수십 년간은 큰 충돌 없이 비교적 평화스런 시기였으나, 선조 20년(1587)에 이르러 여진족의 침입이 멈추지 않은 가운데 정해왜변이 일어났고, 선조 25년(1592)에는 임진왜란이 발발하게 된다.

조선은 개국 때부터 사대교린事大交隣 정책을 외교 기조로 삼았다. 이는 중국 대륙과 정치적 교섭을 행하는데 있어서 그들이 요구하는 조공이나 책봉문제와 같은 형식주의에 순응하면서 국가안보와 선진문물의 수입이라는 실리를 취하였던 것이 사대事大의 본질이라고 할 수 있는 것이다. 그러나 이 같은 사대의 본질은 시간이 흐를수록 화이론적華夷論的 세계관에 의해 변질되어 갔다. 조선 측에서는 일본에 대해 그간 왜구의 활동상으로 보아 일종의 피해의식을 가지고 있었으면서도 여전히 화이론적 세계관을 벗어나지 못하고 있었다.

화이관을 기본 바탕으로 하는 조선의 대 일본관은 15세기까지만 해도 비교적 현실적인 대응을 하였다고 볼 수 있다. 일본과 류구琉球를 30여 차례나 다녀온 이예李藝(1373~1445)는 일본의 화포와 병선에 대해 많은 관심을 가지고 조선의 그것과 장단점을 비교하여 우수한 면을 배우자고 하였으며, 조선 조정에서도 점차 일본 상인들의 조선 거주를 합법화하는 등의 조처를 하였다.

그러나 16세기에 와서는 주자학의 교조적 발전과 더불어 현실과는 거리가 있는 명분론적인 경향이 더해갔다. 명종 조에 을묘왜변이 일어났을 때, 전국이 심하게 흉년이 든 데다 왜구들과 싸울 병사가 없어 공사천公私賤과 승려僧侶는 물론 상중에 있는 무사까지 동원하여야 했다. 명색이 양반이라는 사람들이 의복과 갓을 벗어 항복하고 있는 상황에서도 관리들은 "도이島夷(섬 오랑캐)들의 노략질" 이라 하였고, 이황은 대마도를 "우리의 번국藩國"이라 하며 일본인들을 금수禽獸와 같다고 하였으며, 이이는 아무리 어려운 상황 하에서도 사대의 정성을 다해야 한다고 하여 현실적인 대응보다는 항상 화이관에 젖어 있었다.

정여립 사건이 발생할 무렵 조선의 상당수 지식인들과 조정의 중신들은 점차 쇠퇴 일로에 있던 명의 힘을 과신하고 맹종하였던 반면에, 새로이 동양의 강국으로 부상한 일본에 대해서는 하잘 것 없는 오랑캐로 인식하는 등 시대착오적인 사고에 젖어 있었다. 안으로는 충군사상으로 무장하였고, 밖으로는 명이 절대적인 힘을 가진 나라라고 착각하면서 이에 충실 하는 것만이 가장 적절한 선택이라고 믿었던 것이다.

그러면서도 일부에서는 조선이 내면적으로는 오래 전부터 일본을 상스럽지 않은 존재로 보고 있었다는 사실도 발견된다. 선조 6년(1573) 병조와 예조의 관원들이 일본인들의 봇짐을 검사하자 일본인들이 강력히 항의하였다. 그러나 일본인들의 횡포가 염려된다며 조정의 논의를 거쳐 봇짐검사를 취소한 사례도 있다. 또 홍인상洪麟祥 같은 이는 "국가 민력이 튼튼하고 변비가 허술하지 않다면 저들에게 아무리 모종의 모사가 있다고 하더라도 염려할 나위가 없지만, 지금 국운이 불행하고 병력과 민력이 함께 병들어 그 뿌리가 이미 뽑혔으므로 일찍이 조그마한 도적을 만났어도 그 수모가 적지 않았는데, 만약 큰 도적을 만나면 어려움이 반드시 많을 것입니다. 이는 군신 상하가 밤낮으로 강구해야 할 일입니다."하였다.

하여간 조선은 화이론적 세계관으로 중국에 대해서는 중국의 번 국임을 자처하며 사대에 충실하였고, 반면 일본에 대해서는 조선이 중국에 하는 방식으로 섬겨 주기를 기대하고 있었다고 볼 수 있다. 그러나 일본은 오래 전부터 조선의 생각과는 아주 다르게 조선이 한 수 아래라고 인식하고 있었으며, 정여립 사건 당시에 와서는 오히려 공식적으로 조선이 일본에 고개를 숙이도록 요구하였던 것이다.

역사적으로 '실정막부室町幕府(1336~1573)' 시대에부터 일본은 조선을 대등한 관계 또는 조선에 우월한 관계로 인식하고 있었다. 특히 그들의 역사책 '일본서기日本書紀'와 '고사기古事記'에 나오는 신공황후의 신라정벌과 임나일본부 설치 신화에 고무되어 있었다. 또한 7세기에 이르러서는 성덕태자가 중국과의 대등한 외교를 표방한 후 조선이 자신들보다 우월한 나라라고 인식하지 않았다. 그리고 대륙과 충분히 떨어져 있어서 나름대로의 역사의식이 생겨났으며, 13세기 때 여·몽 연합군의 침입을 막은 것에 대하여도 자긍심을 가지고 있었다. 그래서 이미 세종 25년(1428) 변효문이 통신사로 일본에 갔을 때 "그대 나라는 예전부터 내조하였는데, 그대만이 어찌하여 그렇게 하지 않느냐"할 정도로 조선을 경시하였다.

또 성종 조에 대마도 사람이 조선 사람에게 말하기를 "너희 나라가 만약 우리를 후대하지 않으면, 마땅히 거병하여 경상도에 나타나고 전라도에 들어가 미처 교전하기 전에 또 충청도를 범할 것이니, 너희 나라는 고단할 것이다."라고 하였다고 한명회가 말했던 것으로 보아 오래 전부터 일본의 조선관은 조선의 일본관과 많은 차이점이 있었던 것이다.

특히 풍신수길豊臣秀吉은 군사력에 대한 자신감을 가지고 노골적으로 조선 침략의사를 표하는 등 조선에 대한 우월감을 가지고 있었다. 조선은 지도층이 분열되고 백성들이 흩어져 국가가 위기에 처하였는데, 일본은 나라를 통일하고 체제를 정비하여 국외로 눈을 돌리고 있었다. 더구나 서양 사람들과의 독특한 접촉을 통해 무기를 비롯한 새로운 문물을 꾸준히 수용하였고, 오랜 내전을 거치는 동안 근사들의 전쟁경험과 무기의 획기적인 발달을 가져오게 되어 나름대로 자신 만만하였다.

이처럼 조선과 일본 간에 서로 다른 인식을 하고 있었던 것은 16세기에 와서는 공식적인 교류마저 거의 없었던 탓도 있다. 조선조 초에는 1년 내지 2년에 한 번 꼴로 사절을 파견하다가 성종 때는 5년에 한 번 정도 파견하였고, 그 이후에는 아예 파견하지 않았다. 성종 10년(1479)에 통신사 이형원李亨元이 대마도주에게 국서와 선물을 맡기고 귀국한 이후 통신사 파견을 거의 하지 않았으며, 가끔 대마도 와인들이 오면 식량을 주어 보내는 정도였다. 그 후 약 100여 년이나 지난 선조 23년(1590)에 이르러서야 적정을 탐지한다며 김성일과 황윤길 등을 통신사로 파견하였다. 그것은 조선의 화이관이 깊이를 더해 갈 무렵, 일본 내부는 복잡한 전국시대였음도 한 이유가 될 것이다.

그러나 이미 성종 때 조선거주 왜인들의 수가 1,121명에 이르렀고, 명종 초기에 부산진만 하더라도 1천 3백 여 명이나 살고 있었는데도 부방군사는 겨우 527명에 불과하였다. 이것은 일본인들에 대한 조선의 방비는 허술한 반면에 일본인들은 조선에서 활발하게 생활하면서 조선의 사정을 충분히 파악할 수 있었다는 것으로 볼 수 있는 것이다.

일본 측에서는 조선과 달리 조선에 사신을 파견하는 등 접촉을 계속하였다. 선조 대에만 해도 선조 6년(1573) 4월에 일본 사신 일행이 온 것을 비롯하여 꾸준히 사신을 파견하거나 상업적인 거래를 위해 접촉을 해 왔던 것이다. 그 후 선조 19년(1586) 정의현감 김대이金大頤가 왜적선과 접전을 벌였으며, 선조 20년(1587) 2월에는 정해왜변丁亥倭變이 일어났다.

이 정해왜변에 대한 자세한 기록이 없으나, 선조실록에 따르면 손죽도損竹島와 선산도仙山島 일대에 왜적선 18척이 들어와 불을 지르고 장수와 많은 사람들을 죽였으며, 병선 5척을 빼앗아 가고 조선의 포로가 수백 명 잡혀갔다. 이 왜변으로 조선 측의 피해가 매우 심하여서 선조가 직접 시종신을 보내 전몰자를 조문하고 생존자를 위로까지 하였다. 정여립도 대동계 조직원들을 동원하기도 했던 이 왜란에서 일본으로서는 당시 조선의 정황을 보다 자세하게 파악할 수 있는 기회가 되었고, 조선으로서는 북쪽과 남쪽으로부터 협공을 받고 있다는 국가적 위기의식을 느낀 충격적인 변란이었다.

풍신수길이 당나라로의 침공의지를 표명한 것은 동인과 서인이 한창 대립하고 있던 선조 18년(1585)이었다. 그 후 선조 19년(1586) 10월 일본 내에서는 "수길이 일본국을 통일하고 천하가 태평하게 되면 고려국朝鮮에 군사를 파견하여 평정한다."는 소문이 있었고, 다음 해에는 "고려朝鮮, 남만, 대당明까지 군사를 파견한다."는 소문이 있었으며, 같은 해 6월에는 "고려 국왕 자신이 입조하게 하라. 만일 이 일이 늦어지면 고려에 군사를 파견하여 처벌하겠다."라고 하였다는 것이다. 일본의 66주를 평정하고 1백만의 정예 군사를 가진 풍신수길은 정해왜변이 있던 해에 조선 국왕에게 보낸 국서에서 "천하가 짐의 한 손아귀에 들어왔다."느니, "우리나라 사신은 매양 조선에 가는데, 조선의 사신은 우리나라에 오지 않으니, 이는 우리를 무시하는 것이다."라는 등의 말을 하였다.

선조 20년(1587) 9월 경상좌수사 보고(계본)에 "일본국 첨지 귤강연橘康連의 말 가운데, '일본국은 미욱한지라 밝게 살피지 못하고 적자를 바꾸어 신왕을 세웠는데 가까운 시일에 사신을 교환 하고자 한다.'하였습니다." 하자, 선조는 "일본국은 국왕을 폐하고 새 임금을 세웠으니 바로 찬역의 나라이므로 그들이 보내는 사신을 접대할 수가 없다. 마땅히 대의로 타일러 돌려보내야 한다."하였고, 대신들은 "미개한 나라이기 때문에 예의로써 나무랄 수는 없다. 사신이 올 경우에는 의례대로 접대하는 것이 마땅하다."하였다. 그해 11월에 일본이 귤강광橘康廣을 보내와서 조선의 통신사 파견을 청하였으나 허락하지 않았다.

이때 귤강광의 행동은 전날의 왜사와는 달리 거만스러웠을 뿐만 아니라 국서의 내용도 무례하였다. 또 귤강광 일행이 경상도 인동仁同을 지나다가 창을 잡은 자를 보며 "너희 창자루가 너무 짧다."하여 그들이 조선에 온 의도가 자못 의심스러웠다. 그러나 조정에서는 내심 염려를 하면서도 "지금 온 사신을 관찰하건 데 원대한 계략은 없는 듯하다."라는 할 정도로 무지한 상태에 있었다.

이처럼 일본의 노골적인 시비가 계속되는 가운데, 선조 21년(1588) 3월 조정에서는 남방에 왜변이 있을까 염려하여 비변사로 하여금 무사를 뽑아 쓰도록 하였는데, 사람이 없어 과거에 죄를 범하였던 자와 자질이 모자라는 자를 배치시키는 조치를 하는 정도였다. 또 방어사와 조방장을 파견하여 장차 성곽을 보수하는 등 왜변에 대비코자 하였으나, 흉년이 들어 주민들을 동원할 수가 없어 실효를 거두지 못하였다.

난중잡록의 저자 조경남趙慶男은 "선조 15년(1582)부터 왜란이 싹텄다."고 하였듯이 오래 전부터 일본은 조선을 가벼이 보고 침략할 의도가 있었으며, 풍신수길이 영토 대부분을 평정한 선조 18년(1585)부터 본격적인 침략계획에 착수하였던 것이다.

이처럼 정여립 사건이 발생하기 전 선조 조의 조선은 너무 뿌리 깊은 구조적 모순 때문에 여진족의 잦은 침입에도 전열을 정비하지 못하고, 일본의 공공연한 침략 의도에도 아무런 대비를 하지 못하였다. 정여립 사건이 있기 바로 직전인 1589년 8월에 선조는 "우리나라의 사정을 저들이 모두 알고 있으니 만약 우리나라가 전라도에 주력하는 줄 알고 다른 도로 들어오면 어찌할 것인가?"하고 염려만 하였다. 보다 중요한 것은 정여립 사건이 발생할 무렵에 와서는 일반 백성들에서부터 조정 중신들에 이르기까지 우려의 차원을 넘어 일본의 침략을 기정사실화하고 있었다는 사실이다.

4. 민심의 동요

천재와 지변은 동양 고대정치에서 큰 비중을 차지하고 있으며, 상응하는 현상으로 자연과 인간 사이에 관념적 사고에서 볼 때에도 특정한 사건을 유발하는 '사건예고'라는 의미를 가지고 있었다. 특히 흉작의 경우 삼국시대에는 왕의 운명과 상관성이 깊었다. 신라시대에는 지진이 10회, 전쟁 11회가 왕의 죽음과 관련이 있었고, 통일신라시대에도 자연재해가 13회나 왕의 죽음과 연관이 있었다. 조선시대에까지도 자연재해가 백성들의 동요와 직결되는 것이어서 국왕의 통치력에 상당한 영향을 주었다.

선조 때에는 역질이 자주 발생하고 가뭄 등으로 흉년이 또한 빈번히 들었으며, 홍수나 지진과 같은 자연적인 재해도 심하였다. 선조 9년(1576) 8월 평안도 감사 보고서에 "도내에 여역 때문에 1만여 명이 죽었다는 것은 5월에 이미 장계를 올렸습니다. 그 뒤 죽은 숫자가 4천 6백여 명인데, 각 고을에서는 심상히 여기는 것이 습관이 되어 보고하는 숫자가 만에 하나 꼴밖에 되지 않습니다. 여역이 지금까지 그치지 않아 매우 우려됩니다."라고 하였을 만큼 역질이 심하였다.

그 후에도 역질은 계속 발생하여 선조 21년(1588) 2월에는 왕자 의안군義安君이 역질을 얻어 급사하였고, 특히 정여립 사건이 일어나던 해 4월에는 각 도에 역질이 크게 발생하여 경기는 부교리 송언신宋言愼을 함경도는 수찬 권협權悏을 충청도는 응교 홍진洪進을 보내 제사를 지내게까지 하였다. 또 강원감사 유영길柳永吉과 황해감사 한준韓準의 보고에 "도내에 역질이 발생하여 앓거나 사망한 자가 속출하고 있어 극히 염려가 된다."고 하여 전국적으로 역질이 발생하였다.

큰 규모는 아니지만 지진도 발생하였다. 선조 19년(1586) 5월 3일에는 "땅속의 불이 흙과 돌을 여러 달 태우는 일"이 있었다는 것으로 보아 지진이 있었던 것으로 보인다. 또 선조 20년(1587) 12월 15일 전라도 용담현龍潭縣에 지진이 발생하였고, 선조 22년(1589) 8월에는 충청도 대흥군에서 지진이 있었다는 기록이 있다.

자연재해 가운데 가장 피해가 크고 백성들의 생활을 곤궁에 빠뜨린 것은 흉년이었다. 황해도는 선조 13년(1580) 이후 흉년이 들지 않은 해가 없어서 백성들이 생업을 잃은 사람이 다른 도에 비해 심하였다. 그래서 같은 해 6월 해주에 사는 유생幼生 박추朴樞의 상소에는 이처럼 흉년이 들었는데도 탐관오리들이 사욕에 어두워 백성들을 병들게 하고 있다고 호소하였다. 또 선조 16년(1583)에 순무사巡撫使로 황해도 실태를 조사하였던 김성일金誠一은 도민생활의 참상을 보고하여 흉년과 탐관오리의 탐학으로 류민이 일개 읍에 수백 명이나 되어 그 수를 미처 헤아릴 수 없다고 하였다.

국내외 우환으로 한층 어수선해진 선조 19년(1586)부터는 황해도와 전라도를 비롯한 전국에 큰 가뭄이 들었고 특히 호남지방이 심하였다. 선조 19년(1586) 5월 황해감사가 급히 보고하기를 "본도는 근년 이래 해마다 흉년이 들어 창고의 곡식 또한 결손이 많고, 보리와 밀이 익을 시기를 어렵게 고대하였지만, 봄 이후로 가뭄이 너무나 심해 보이는 것들이 참혹하고 슬픕니다. 그래서 많은 백성들이 연명할 길이 없습니다. 도내의 쌓인 곡식을 모두 나누어 구휼하였으나 온갖 궁리를 해봐도 뾰족한 수가 없어 울부짖으며 먹을 것을 기다리는 실상을 차마 볼 수가 없습니다."라고 하였고, 개성유수 보고에는 "금년은 가뭄이 극심하여 양맥이 부실하고 창고의 곡식도 텅 비어 구활 할 방법이 없습니다." 하였다. 또 6월에는 전라감사 보고에 "도내의 농사 형편은 양맥이 손상되어 혹 낫을 댈 수조차 없는 곳도 있으며, 농량도 바닥이 나 구휼할 방책이 없을 뿐더러 추수하고 보리 심는 것도 극히 염려스럽습니다." 하였다.

그 이듬해에 전라감사가 보고하기를 "초봄에 너무 가물어 파종하는 시기를 놓쳤기에 벼이삭이 충실하지 못합니다. 늦벼와 밭 곡물은 곳곳에 황충蝗虫이 들어서 보기가 몹시 딱할 뿐만 아니라 일경一傾에서 거두어 들여도 겨우 한 말 남짓 될 뿐입니다. 이런 곳은 이루 헤아릴 수 없으며 어느 곳이나 모두 그런 형편입니다."하였다. 그리고 이 해에는 관서지방까지도 큰 흉년이 들었으며, 그 다음 해인 선조 21년(1588) 6월 충청감사는 "도내 각 고을에 두잠 잔 누에와 같은 현·적·황·백충들이 전답의 농작물을 모조리 먹어버려 추수를 기대 할 수 없다."고 보고하여 해마다 전국적으로 가뭄과 흉작이 이어졌다.

더구나 정여립 사건이 있던 해에는 경기도는 물론 나라의 근본이라고 일컫는 하삼도 전역에 극심한 가뭄이 들었다. 전라감사 이광李洸은 보고서를 올려 "지난 5월 초순 이후로 비가 오지 아니하여 천원川源이 고갈되고 습지도 모두 말랐는가 하면, 높고 건조한 땅은 마치 불길이 지나간 듯하고, 혹은 청색 혹은 백색인 두잠 잔 누에만한 황충이 날마다 더욱 번져서 식물의 뿌리를 먹어 말라죽는데, 전주·광주·영광·임실·김제·태인·무장·무안 등 고을이 대체로 다 그러합니다. 금년의 가뭄은 근고에 없던 바이니 명년의 구황정책에 대해 미리 조처해야 하겠습니다." 하였다.

이처럼 전국에 심한 가뭄이 들자 경차관 파견을 중지시켜야 하는 지경에 이르렀다. 사헌부에서는 "전라·충청·경상 3도에 든 금년의 가뭄은 근고에 없던 것으로, 여름이 다 가도록 비가 오지 아니하여 백곡이 말라 적지천리赤地千里에 추수의 희망이 없어 백성들이 장차 굶어 죽게 되었으니, 보고 들음에 너무도 비참합니다. 재상에 대해 조사를 실시하는 것이 비록 구례이기는 하나, 이처럼 큰 흉년이 들었을 적에는 변통수를 쓰지 않을 수가 없으니, 하삼도에 파견할 경차관을 중지시키고 어사를 별도로 보내 조금의 폐해라도 줄여야 합니다."라고 청하는 형편이었다.

지금까지 보아온 자연적인 재해 상황은 특히 정여립 사건이 있던 해에 집중적으로 발생하였으며, 그 피해 또한 유래를 찾아볼 수 없을 만큼 극심하였다. 자연적인 제약을 많이 받던 당시로서는 이 같은 재해가 백성들과 정부 간에 유리상태를 한층 심화시켰음은 자명한 사실이라고 하겠다.

이런 와중에 근거도 찾기 어려운 참설이 유행하였다. 참설은 사회가 혼란한 틈을 타서 생겨난다. 뭇 사람들이 어떻게 살아야 할지 방향감각을 찾지 못할 때 그 허구성에도 불구하고 믿고 따른다. 특히 조선조와 같은 전근대적 사회에서 이 같은 참설은 풍수지리사상과 함께 과히 절대적이라고 해도 부족함이 없을 만큼 큰 영향력을 발휘하고 있었다.

명종 말년에 천문을 맡아 보던 성관星官 남사고南師古가 말하기를 "오래지 않아서 조정에 반드시 분당이 생길 것이며, 또 오래지 않아서 반드시 왜변이 있을 것인데, 만일 진년辰年에 일어나면 오히려 구할 수 있지만 사년巳年에 일어나면 구할 수가 없을 것이다." 하였다. 남사고는 또 "기축년 겨울 사이에 호남에 사는 시종侍從을 지낸 정鄭가 성을 가진 병오년丙午에 난 사람이 역적모의를 하다가 일이 발각되어, 조정의 벼슬아치로 연루되는 사람이 많을 것이다." 하였다. 그리고 강사상의 아들 강서姜緖가 죽을 적에 집안사람들에게 이르기를 "앞으로 수년 뒤에 병화가 있을 것이니 너희들은 관동으로 피해 들어가도록 하라. 모인이 너희들을 살려 줄 것이다." 하였으며, 기축년(1589) 봄에 정작鄭碏이 사사로이 그와 절친한 사대부에게 말하기를 "금년 겨울에 나라에 큰 변이 있을 것이니, 유식한 사람은 시골에 물러가 있는 것이 좋겠다."라고 하였다 한다.

이 외에도 나라의 큰 변고를 예고하는 류언流言들이 지식인에서부터 일반 백성들에게 까지 널리 전파되어 있었다. 나라가 안정되지 못하자 여러 형태의 참설과 유언이 난무하였고, 저마다 참설을 만들거나 유포시키기도 하여 민심을 한층 동요시켰다.

특히 정여립 자신 또는 뜻을 함께 했던 사람들에 의해 의도적으로 유포되었다는 참설과 류언이 많이 있었는데, 선조수정실록 등이 전하는 그 주요 내용은 다음과 같다.

(1) 오래 전부터 전해오던 '목자망木子亡 전읍흥奠邑興'이라는 참설을 정여립이 승려 의연義衍과 모의하여 이를 옥판에 새겨 지리산 석굴에 숨겨 두고, 의연이 도잠道潛·설청雪淸 등과 산놀이를 빙자하고 지리산에 가서 석굴의 방향에 보기가 있다고 말하여 동행인을 시켜 옥판을 찾아 정여립에게 가지고 가서 비밀히 무리들에게 보이면서 이 사실을 누설하지 못하게 하였다. 또 의연이 명산을 두루 다니며 만나는 사람들에게 자기가 요동에 있을 때 왕기가 조선에 있음을 보고 와서 살펴보니 왕기가 전주 있더라고 꾸며대어 전주왕기설을 퍼뜨렸다.

(2) "뽕나무 말갈기가 나면 그 집주인이 왕이 된다."는 동요가 있었는데, 정여립이 의연과 몰래 정여립의 집 정원에 있는 뽕나무 껍질을 벗기고 말갈기를 끼워 두었다가 뽕나무 껍질이 서로 붙게 되자 정여립은 이웃 사람을 불러서 보이고 말을 입 밖에 내지 말라고 하면서 그것을 깎아 없애 버렸더니, 이 소문이 민간에 널리 퍼졌다.

(3) 국초 이래로 "연산현連山縣 계룡산鷄龍山 개태사開泰寺 터는 곧 후대에 정씨鄭氏가 도읍할 곳이다." 라는 참설이 있었는데, 정여립이 지함두池涵斗와 승려 의연義衍·도잠道潛·설청雪淸 등과 함께 황해도에 가서 구월산 등 여러 산을 구경하고 돌아오다가 충청도에 들려 계룡산을 구경하고 어느 승려 없는 폐암에서 "남쪽 나라 두루 다녔더니, 계룡산에서 눈이 처음 밝도다. 뛰는 말이 채찍에 놀란 형세요, 고개를 돌린 용이

조산祖山을 돌아보는 형국이니, 아름다운 기운이 모였고, 상서로운 구름이 나도다. 무戊·기己 양년에 좋은 운수가 열릴 것이니, 태평세월을 이룩하기 무엇이 어려우리요"라는 시를 써 부쳤는데 민간에 널리 전파되었다.

(4) 이보다 수십 년 전에 천안 땅에 길삼봉吉三峯이란 종이 있었는데, 용맹이 뛰어나 화적질을 하였다. 관군이 매양 잡으려 하면 번번이 탈주하여 그 이름이 나라 안에 퍼지게 되었다. 정여립이 지함드를 시켜 황해도 지방에 말을 퍼뜨리기를, "길삼봉吉三峯·길삼산吉三山 형제는 신병을 거느리고 지리산으로 들어가고 혹 계룡산에도 들어간다."고 하였다. 또 말하기를 "정팔용鄭八龍이라는 신기로운 용맹 있는 사람이 곧 임금이 될 것인데, 머지않아 군사를 일으킬 것이다."하였으니 팔용은 곧 정여립의 어릴 때 이름인데, 이 실정을 알지 못하는 사람은 딴 사람이 있는 줄로 의심하였다. 그래서 황해도에서는 이 말이 널리 퍼져서, "호남 전주 지방에서 성인이 일어나 만 백성을 건져 이로부터 나라가 태평하리라."고 하여 어리석은 백성들은 이것을 듣고 현혹되어 쑥덕거렸다.

(5) 정여립의 아들 옥남은 날 때부터 얼굴이 준수하고 눈동자가 두 개씩이요, 두 어깨에 사마귀가 일월형상으로 박혀 있었다. 이에 정여립은 "내 아들 옥남玉男 등에 왕자王字의 무늬가 있어서 구설에 오르내리는 것을 피하기 위여 옥자玉字로 해서 이름을 옥남玉男이라 하였다."고 했다.

(6) 해서 등지에 떠도는 말이 호남 전주 지방에 성인이 일어나서 우리 백성을 구제할 것이다. 그 때에는 조예皂隸와 일족·이웃의 요역徭役과 추쇄推刷 등의 일을 모두 감면할 것이고, 공·사천과 서얼을 금고 하는 법을 모두 혁제할 것이니 이로부터 국가는 태평하고 무사할 것이다.

이 같은 참설과 류언은 해서지방을 비롯하여 민간에 널리 전파되었는데, 대부분 정여립이 유포시켰다는 것이다. 정여립이 거사를 계획하면서 참설에 의지하는 우를 범하지 않을 것이라고 생각할 수 있고, 그 유포 사실이 명확하지 못한 점이 있으며, 송익필宋翼弼 등의 활동에 의혹이 많기도 하다. 그러나 이 사건의 전모를 잘 알고 있었던 이항복은 정여립이 황해도의 무뢰배와 승려들과 사귀면서 참설을 만들어 유포시켰다고 하였고, 동인의 입장에서 쓰여진 동소만록에도 제천문祭天文의 존재를 인정하였으며, 이능화李能和도 정여립이 목자 운운하는 참설을 유포시켜 정감록을 이용하여 민심을 선동한 최초의 인물이라고 하였던 점 등으로 보아 사실로 받아들여야 할 것이다.

또한 동양에서는 참설이 정치적으로 천명의 소재와 변동을 예언하여 왕조교체기에 정당화하는 수단으로 자주 활용되었고, 당시 조선의 사회 구조상 참설이나 풍수지리설이 큰 영향을 가지고 있었기 때문에, 거사를 도모하기 위해서는 효과적으로 참설 등을 유포시키는 전략이 필요했던 것이다.

다음은 백성들의 반란 조짐에 대하여 알아보자. 앞서도 누차 언급한 바와 같이 조선은 16세기에 들어 국왕권의 쇠약화와 더불어 국가 공권력이 무력화되고 신분질서마저 크게 동요하였다. 이미 연산군 조에부터 과중한 부역 등을 견디다 못한 사람들이 도성과 지방을 구분함이 없이 무리를 지어 도적으로 바뀌어 진상하는 물자까지 탈취하는 사태가 발생하였다. 명종 조 당시 사관은 "도적이 성행하는 것은 수령의 가렴주구 탓이며, 수령의 가렴주구는 재상이 청렴하지 못한 탓이다…….곤궁한 백성들은 하소연 할 곳이 없으니, 도적이 되지 않으면 살아갈 길이 없는 형편이다."라고 하였다.

특히 명종 14년(1559) 12월에 발생하여 명종 17년(1562) 1월까지 약 2년간 계속된 임거정林巨正의 난은 황해도 지역의 특수한 사정[11]에다가

11 高承齊, 韓國經濟史論(서울: 一志社, 1988), pp. 161-165. ; 황해도는 고려시대에 육식을

궁핍한 생활과 탐관오리들의 폐단에 기인한 것으로 비행 수령을 처단하는 것을 활동목표로 삼았다. 이는 백정白丁이라는 특수한 신분에 의해 주도된 반란이지만, 시대적 상황으로 인해 백성들 다수가 호응한 민란이었다.

또한 선조 조에 들어와서도 민란의 조짐이 곳곳에 도사리고 있었다. 이이가 말하기를 "근래 민생이 날로 곤궁해지고 풍속이 날로 퇴폐 해져서 한 달 안에 사나운 백성들이 태봉胎峯의 돌난간과 향교의 위판位板을 때려 부수기까지 하였으니, 이런 큰 변은 자못 경악스럽습니다. 그리고 천재가 일어나지 않는 달이 없는데도 사람들은 모두 귀에 젖고 눈에 익어 대단한 일로 여기지 않고 마음을 쓰지 않으니, 이를 앉아서 보고만 있어야 되겠습니까. 반드시 이렇게 된 이유를 찾아서 폐단을 구제할 방법을 강구해야 될 것입니다."라고 하였다. 선조실록에는 또 영남에서 군졸들이 진을 치고 대장과 대치한 사건이 발생한 것에 대하여 "이는 백성들의 생활이 곤궁하고 재정이 바닥난 것에 기인한 것으로 반역하려는 조짐이었다."라고 평하였다.

그리고 함길도 사민정책徙民政策과 관련이 있는 '옥비玉婢의 난'도 백성들의 불만이 나타난 것이었다. 태조 7년에 경원부를 설치하면서 함길도 부민의 이주를 시작으로 많은 이주가 행해져 세종 때에 9,000호, 세조 때 1,800호, 성종 때 1,900호를 이주시켰다. 이들에게는 "농사짓고 수비하며, 요역을 가볍게 하고 세금을 적게 받아서 생계가 넉넉해지도록 한다."는 취지로 이주비용 전액을 국가에서 충당하였다.

그러나 북쪽 변방은 접적 지역으로 생활의 안정적인 영위가 보장되

많이 하는 몽고군이 장기간 주둔하면서 백정 층의 지위가 상대적으로 강해진 곳이며, 반란이 일어났던 平山·瑞興·鳳山 등지는 역촌이 있는 교통 요지이면서 가까이 산악지대가 많아 반란 활동에 용이하였다. 또 중국과 조선의 사신들이 빈번하게 내왕하는 역촌 지역의 피폐가 극심하였고, 당시 유래 없는 기근이 들었었다. 그래서 새로운 반란의 조짐이 그 어느 곳보다 많은 곳이었다.

지 못한데다가 관리들의 탄압 등으로 죽거나 도망을 가는 사람이 많아 이미 세종 때 평안도에서 타도로 유망한 수가 13,400명에 달했으며, 문종 때에는 "16, 17년 사이에 사망하고 유리한 백성이 10명 중 6, 7명이다. 전지田地는 마침내 풀이 무성하게 되어 눈에 보이는 것이 모두 쓸쓸하며, 남아 있는 사람도 모두가 세상에 살기를 즐거워하는 마음을 잃어버렸다."라는 기록이 있을 정도여서 사민정책이 큰 성과를 거두지 못하였다. 더구나 연산군 이후부터는 정치적 혼란으로 나라 기강이 서지 않아 사민정책 자체를 뿌리까지 흔들어 이주자를 모집하는 감사나 수령도 어찌할 수가 없었다. 그래서 주로 전가사변지율全家徙邊律에 해당되는 사람이나 호적·군적의 개수·량전시 부정세리 등 주로 범죄인을 대상으로 한 이주가 이루어지고 있었다.

이 같은 범죄자 이주마저도 죽거나 도망을 가는 사람이 많아 이주 후 유망 하는 자에 대한 단속이 강화되었다. 특히 선조 대에는 여진족의 동태가 심상치 않자 무리한 쇄환이 이루어져 소요가 발생하였다. 그 대표적인 사례가 500여 명을 강제 쇄환시킨 데 따른 '옥비玉婢의 난'이다.

옥비가 도망하여 영남으로 돌아와 죽은 지가 이미 80년이 지났는데도 무리하게 쇄환을 강행하여 백성들의 원성을 사게 되었고, 그 쇄환의 효과가 거의 없어 6년 후인 선조 22년(1589)에는 함길도로 쇄환된 옥비의 자손 500여명 가운데 살고 있는 사람이 10명도 되지 않았다. 집도 전지도 없는 곳에 대책 없이 강제로 보냈으니 죽거나 다시 도망을 하지 않을 수가 없었던 것이다. 이는 쇄환은 당하지 않았더라도 옥비와 관련이 있는 사람들에게는 고통으로 작용하였다. 또 옥비의 자손들 외에도 무리한 쇄환이 많이 이루어졌고, 계속된 천재지변과 관리들의 수탈 등으로 백성들의 원성이 높아져 소요가 일어날 분위기였다.

백성들의 소요 조짐에 대하여는 정여립 사건이 일어나기 불과 몇 달

전에 조헌이 올린 상소 내용에 마치 정여립과 같은 인물의 출현이 임박했음을 시사하는 내용이 많다.

"요즘 천재와 시변은 전고에 없던 것이므로 삼척동자라도 헤아릴 수 없는 화가 있을 것을 알고 있습니다. .....혹시 한 사람이라도 백성들이 원망하는 것을 이용하여 난을 일으키면 현재 번성한 도적들이 메아리처럼 호응하여 원근을 막론하고 혼란하지 않는 곳이 없게 될 것입니다."

"...... 하늘이 경계를 보이고 사물이 요괴를 일으키는 것이 모두 전대 말세의 변괴입니다. 군사와 백성의 감손이 또 그지없으니 사뭇 위태로운데, 오늘날 빨리 고치기를 바라지만 또한 시기가 늦은 듯싶습니다."

"...... 만민이 화합해야 천명도 이로부터 연장되는 것입니다."

지도층의 분열과 일반 하층민들의 소요에 이어 불교 승려들도 많은 불만을 가지고 있었다. 선조 조에는 명종 조에 한 때 불교가 공인화 되었다가 다시 혁파를 당한 바가 있어 이에 따른 부작용이 있었으며, 상민층으로부터 유입된 승려들이 많아 천민들 중에서는 가장 세력화하기에 용이한 신분이었다.

조선왕조는 이른바 '숭유억불정책崇儒抑佛政策'을 지속적으로 추진하였다. 그러나 불교는 여전히 민간에 널리 일반화된 신앙으로 남아 있었고 사대부는 물론 때때로 왕실에까지 들어오기도 하였다. 특히 명종 대에 문정왕후文定王后가 정국을 주도하면서 교선敎禪 양종을 다시 세우고 승과제도와 승인호패제僧人號牌制를 실시하는 등의 조치를 하여 승려들이 제도권 안으로 포함되어 활동할 수가 있었다.

이는 계속된 정치적 불안과 관리들의 탐학으로 양민들이 점차 승려로 신분을 바꾸어 더 이상 억불책만을 고집할 수 없는 형편 때문이었다. 당시 상진尙震의 보고에 "민정으로서 군역을 도피하는 자들은 거의 중이 됩니다. 오늘날 군액이 줄어드는 것이 모두가 이 때문이며 심지어 도둑으로 잡히는 자들 가운데 중이 그 반을 차지합니다. 만일 이들을 통제하지 않는다면 나중에는 막기 어려운 걱정거리가 될 것입니다"라는 내용이 그것을 말해 준다. 그래서 봉은사奉恩寺와 봉선사奉先寺를 교종과 선종의 본산으로 삼아 내수사에 편입시키고 봉은사 주지 보우普雨를 총령總領으로 임명하였다. 그 결과 승려들의 지위상승은 물론 사원전의 확대까지 가져와 정통 유학자들과 이념 논쟁이 가열되었으나, 문정왕후의 독단을 막을 수 없어 이 제도는 계속 시행되었다.

그러나 문정왕후가 죽자 총령이던 보우는 제주로 귀양 가서 목사 변협에 의해 죽임을 당하였고, 이때까지 시행하던 모든 제도는 일시에 혁파되었다. 더구나 사림들이 대거 정계에 복귀함으로써 보다 강력한 억불정책을 쓰게 되었던 것이다. 승려들은 천민의 대접을 받을 뿐이지 그들의 지식수준은 당시 유자들을 능가하는 사람도 많이 있었다. 더구나 그 수도 많아 유사시에는 강력한 정치집단으로 발전할 잠재력을 항상 가지고 있었다. 그래서 이 승려들에 대한 탄압 또한 정치·사회적 불안의 한 몫을 하였던 것이다.

지금까지 정여립 사건이 발생하기 전 조선의 시대적 배경을 개괄적으로나마 살펴보았다. 임진왜란으로 자료가 많이 소실되어 충분한 논의는 되지 못하였으나, 이를 다시 정리·요약하면 다음과 같다.

첫째, 지도층이 분열되었다. 사림정치가 본격화되면서 선조 조 초반은 상호 견제와 비판을 통한 정치가 이루어지는 듯하였으나, 시간이 지날수록 학연·지연 등에 의한 분열과 개인이나 파당의 사사로운 분을 설욕하려는 행태가 나타났다. 그래서 정부의 위신과 존엄성이 표면상으로는 엄격히 행해지고 있는 것 같았으나, 지배계층의 극심한 분열로 인사나 시정의 문란을 일으켜 중앙정부는 말단행정이나 인민과 유리상태에 있었고, 위정자나 정부가 제 폐단을 자각하였다 하더라도 이것을 근본적으로 개혁하기에는 벌써 무능력한 것이었다.

둘째, 선조의 지도력이 부족하였다. 어린 나이에 즉위 한데다가 구습을 고쳐 나라를 바로 잡으려는 의지가 부족하였고, 그나마 고집이 세고 남을 의심하는 성품을 가져 이이 등에 의한 개혁세력의 뜻을 뒷받침해 주지 못하였다. 국왕으로서 나라 안팎의 사정을 잘 살펴 대비해 나가는 일은 하지 않고, 왕권을 온전하게 지키는 데에만 집중하였다.

셋째, 수취제도와 군정이 극도로 문란하였다. 연산군대 이후부터 누적되어 온 방납·대역납포 등의 폐단이 더욱 심각한 지경에 이르러 양민이 천민으로 전락하는 신분구조의 변화를 가져 왔으며, 이와 관련한 국가 공권력이 제대로 행사되지 못하는 처지가 되어버렸다. 중앙 정부가 분열되고 혼란스러운 틈을 타 지방도 썩어 들어가고 있었다.

넷째, 국제정세가 매우 불안하였다. 북쪽 변방에 여진족의 발호가 끊이지 않았고, 남쪽 바다건너 일본이 조선과 명나라로 진격할 계획을 세우고 있었다. 그러나 조선은 적절한 대비책을 마련하지 못하고 있었다. 조정에서는 주변국에 대한 정보마저 어두웠고, 나라를 이끌어가야 할 지식인들은 화이관에 젖어있었다.

다섯째, 민심이 정부와 국왕으로부터 떠나 있었다. 정부 관리들과 토호들에 의한 착취가 계속 되는 가운데 각종 참설이 성행하고 극심한 자연재해가 잇달아 발생하여, 백성들은 더 이상 정부에 기대할 것이 없는 나머지 김천일의 말대로 '임금을 원망하는 소리가 구천九天에 사무칠 정도' 이어서 어떠한 형태로든 세상이 바뀌기를 희구하고 있었다.

플라톤(Plato)은 "어떤 형태의 정부에서든 혁명은 항상 통치권의 내적 분쟁으로부터 시작한다."라고 하였으며, 맹자는 "국필자벌國必自伐 이후인벌以後人伐"이라고 하였다. 정여립 사건이 발생하기 직전 조선의 상황은 지도층의 분열은 물론 국왕의 무능, 부정부패, 자연재해, 전쟁위험 등 국가 전반에 걸친 총체적 위기를 맞았기 때문에 다분히 혁명이 발생할 분위기였다고 볼 수 있겠다. 그래서 조헌은 상소에서 " ......덕이 이루어진 선한 사람을 널리 구한다 하더라도 또한 이미 때가 늦은 듯싶습니다."라고까지 하였던 것이다.

당시 조선 사회를 라스웰Lasswell 말하는 혁명 발생조건과 비교해 보면 유사성이 많다. 즉 라스웰은 (1) 엘리트를 뒷받침하는 강도가 약할 때, (2) 분배정책에 실패한 때, (3) 지배 세력이 무능한 때, (4) 엘리트가 폭력을 억제할 능력을 상실한 때, (5) 반엘리트의 조직이 강한 때 혁명이 일어날 수 있다고 하였다.

만일 당시 조선이 정신 차리고 나라를 경영해 갔다고 한다면 임진왜란과 병자호란을 막을 수가 있었을까? 충분히 가능하다고 여겨진다. 적어도 피해는 최소한이 되었을 것이고, 무엇보다 정치발전을 크게 신장시켰을 것이다. 이점이 오늘의 우리정치에 주는 교훈이 매우 크다고 하겠다.

정여립의 일생과 혁명의 기도

정여립의 일생과 혁명의 기도

1. 출생 그리고 성장

정여립의 자字는 인백仁伯 또는 대보大甫이고 별호가 오산鰲山이다. 진안현 소재 죽도(현재 진안군 진안읍 가막리)에 서당을 지어 놓고 왕래하며 학문을 강론하여 '죽도선생竹島先生'이라고 부르기도 하였다. 명종 원년(1546년 : 丙午) 전주부 남문 밖에서 태어났는데, 정여립의 아버지는 익산 군수, 첨정僉正(정4품), 청도 군수 등을 지낸 희증希曾이고 외조外祖는 박찬朴纘이다.[1] 자세한 가족 상황은 알 수 없지만, 여러 문헌을 종합하여 볼 때 여복汝復·여회汝會·여흥汝興 등 5, 6명의 남자 형제와 2명의 누이가 있었고, 처 김金씨 사이에 2명의 아들玉男·紹과 4명의 딸이 있었다.[2]

1 문과방목에 기록된 鄭希曾은 字가 宗道로 거주지가 전주이며, 중종 38년(1543)에 진사가 되고 명종 8년(1553)에 별시문과에 급제하였다. 여립의 형 汝會도 명종 22년(1657)에 생원(3등)이 되었다. 또 유희춘의 미암일기에 따르면 희증이 첨정의 벼슬을 한 시기는 선조 5년(1572) 경이고, 같은 해 12월 6일 청도군수로 부임하였으며, 다음해 3월 유희춘에게 장지 20권과 편지를 보내 '濯纓集'은 金馹孫이 쓴 것이 아니라 김일손의 3촌 질부인 李公權이 지었다고 하였다. : 眉岩日記草(제3집)(광주: 담양향토문화연구회, 1992), pp. 455-640. 私撰邑誌(鰲山誌)에도 희증이 계유년(1573) 정월부터 갑술년(1574) 12월까지 청도군수로 재직하였다고 되어있다. : 朝鮮時代私撰邑誌(18), 慶尙道篇(3)(서울: 한국인문과학원, 1989), p. 437.

2 "己丑錄(下)," 國譯 大東野乘(Ⅳ)(서울: 민족문화추진회, 1984), p. 518. ; 그밖에 사서에 나타난 친족으로는 사위로 金敬一(또는 金廷一)이 있으며, 조카로 緝과 約 그리고 李震吉이 있

대부분 전주부 일대에서 살았으나 어느 땐가 처가에 가까운 김제(현재 김제시 금산면 청도리 동곡)로 이주하였다고 한다.

정여립의 가계는 본관이 동래로 전주 부에서 대대로 명문이었다. 가까이는 우의정을 지낸 정언신鄭彦信이 정여립의 종조부이고, 전라관찰사를 지낸 이정란李廷鸞과는 이종 간이다. 정여립의 8대 조부인 정인鄭絪 : 大護軍이 김제에 정착하기 시작하여 계속 그 일대에 살았다. 7대 조부 승昇은 고려조에 이조판서를 추증 받은 사람이고, 6대 조부 가종可宗은 예조판서를 지냈으며, 5대 조부 수홍守弘(언신의 고조부)은 태조에서 세종 때 까지 조정에 있으면서 대사간 등을 역임한 명사로 학천사鶴川祠에 봉양되었고, 고조부 준俊도 병조판서를 추증 받았다. 증조부와 조부 대에 관해서는 나타난 기록이 없고, 아버지 희증에 이르러 문과에 급제하게 되었다.

표 II-1 정여립의 가계[3]

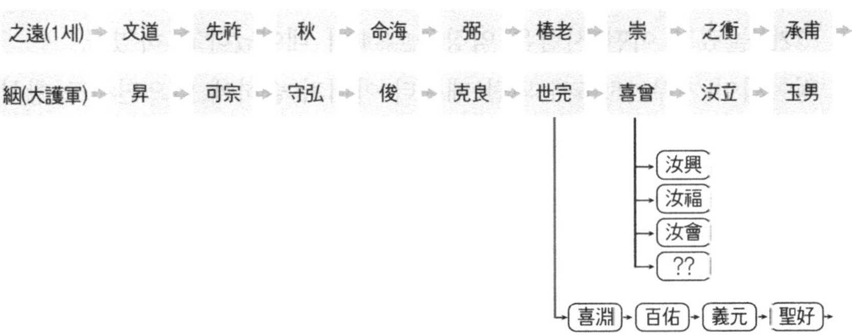

선조수정실록에 따르면 정여립은 고려의 무신 정중부鄭仲夫의 꿈을 꾸고 수태되었으며, 출산하는 날 밤에도 정중부를 만나는 꿈을 꾸어

고, 蘇德俞는 정여립의 종질이다. 白壽民은 정여립의 형 汝興의 사위이며, 金大立은 여립의 처족이고 洪州牧使 柳德粹는 정여립과 從兄弟간이다. 또한 정여립에게는 愛福이라는 첩이 있었다고 한다.

3 鄭寅樺, 東萊鄭氏大護軍公派譜(上)(全北金堤, 永衍閣, 1992), pp. 1-16.

괴이하게 생각하였다. 이웃 사람들이 사내아이의 출산을 축하하였으나, 희증과 가족들은 이 같은 괴이한 꿈 때문에 기뻐하는 빛이 없었다고 한다.

정여립이 성장하면서 체구가 장중하고 얼굴빛이 청자색青赤色이었다. 성품이 강하고 잔인하여, 겨우 7, 8세 무렵 동내 아이들과 함께 놀면서 까치 새끼를 부리에서 발톱까지 도막내었다. 아버지 희증이 노하여 누가 한 짓이냐고 크게 꾸짖으며 묻자 그의 집 어린 여종이 정여립을 가리켜 말하였는데, 정여립이 그 아이의 부모가 이웃집에 방아 찧으러 나간 틈을 타서 칼을 가지고 몰래 들어가 그 아이를 찔러 죽여 피가 자리에 흥건히 흘렀다.

그 후 아이의 부모가 돌아와 그 같은 장면을 보고 놀라서 울부짖었으나 누가 그 아이를 죽였는지 알지 못하였다. 온 마을 사람들이 모여 구경하고 있는데, 정여립이 서서히 나와 말하기를 "이 아이가 나를 일러 바쳤으므로 내가 죽였다" 하고 태연하게 말해 이 말을 들은 사람들은 크게 놀랬고 어떤 사람은 악장군惡將軍이 태어났다고 하였다.

정여립이 겨우 15, 6세 되던 때부터 아버지 슬하에 있으면서도 항상 모든 일을 제 마음대로 결단하였다. 아버지 희증이 익산군수로 있을 적에는 관아의 일을 직접 처단하여 형장으로 다스려 이하 관리들이 수령인 정희증보다 정여립을 더 두려워하였고, 희증 마저도 혀를 찰 뿐 어찌할 바를 몰랐다고 한다. 그리고 성질이 휴포하여 5, 6인의 형제들과 친척들이 그와 상종하지 않았으며, 사족의 청상과부를 첩으로 삼는 등 부도덕한 행위를 일삼았다고 한다.

선조수정실록이 전하는 이러한 것들에 대한 사실 여부를 확인할 길은 없으나 누군가 의해 악의로 날조된 것일 가능성이 높다. 다만 후일 선조가 "정여립의 사람됨에 이르러서는 내가 누차 만나서 그 사람됨을 살펴보니, 기질이 매우 강한 자인 듯하다."라고 하였고, 조헌이 "정여립은 반드시 역적이 될 것이다."하며, "정여립이 일찍이 어전에 있을 때 자못 좋지 못한 말과 기색이 있었으므로 위(임금)에서 이르기를, '정여립은 패기가 많아서 옆에 가까이 있게 하는데 맞지 않는다.' 하시면서 한참동안 이윽히 보셨으나, 정여립은 별로 두려워하는 기색도 없더니 물러 나와서 섬돌을 다 내려온 후에 눈을 부릅뜨고 뒤를 돌아다보았으니, 이것이 역적이 아니고 무엇이냐."라고 하였던 일, 그리고 유성룡도 정여립의 성질이 거칠다고 하였던 점 등으로 미루어 정여립의 성품이 강건하였음은 사실인 것으로 보인다.

정여립이 어느 문하에서 수학 하였는지는 알려지지 않고 있다. 16세기에 활동한 호남지방의 사류들은 대체로 김굉필金宏弼·최부崔溥·송흠宋欽·박상朴祥·이항李恒을 중심으로 연결된 학문수수 관계인데, 이들 중에 최부의 후학들이 기축옥사에 집중적으로 화를 당한 것으로 보아 정여립의 수학과 관련성이 있다고 볼 수 있다. 최부의 후학 중에 이발의 아버지이자 서경덕徐敬德의 문인인 이중호李仲虎(1512~1554)의 영향을 많이 받았으며, 기대승奇大升·유희춘柳希春·나사침羅士忱(1525~1596) 등과도 많은 교류가 있었던 것으로 보인다.[4] 그리고 남명南冥의 문인인 김우옹金宇顒·정인홍鄭仁弘 등과 친밀하였던 것으로 보아 남명의 학풍과 관련이 있었다고 여겨진다.

당쟁이 격화되지 않은 때에는 최부의 외손자인 유희춘의 문하에 정여립을 비롯하여 이발과 정철 등이 모두 자주 출입하였으며, 특히 유희춘과 정철은 매우 교류가 잦아 유희춘이 정철을 일러 "학문이 감탄할 만하여 정개청보다도 더 높다"고 극찬하기도 하였다. 그래서 당시에는 아직 당색이나 학문적 배경이 크게 문제되지 않았음을 뜻한다. 또 당시

4 眉岩日記草(제4집), p. 713. ; 정여립은 선조 7년(1574) 8월 초 3일 성균관 學諭의 벼슬을 하고 있으면서 유희춘에게 인사하고 의심나는 것을 많이 질문하였으며, 유희춘은 정여립을 일러 "그도 널리 본 사람"이라고 하였다.

이름 있는 선비라면 많은 사림들이 다투어 출입하는 것이 상례였고, 정여립이 이항李恒의 문인인 변사정邊士偵(1529~1596)을 칭찬한 사실이 있어, 정여립이 활동하던 전주에서 가까운 태인에 거주하고 있었던 이항의 문하에 정여립이 자주 출입하며 학문을 수수하였을 가능성도 있다.

2. 벼슬길에 오르다

정여립은 선조 원년(1567)에 진사(소과)가 되고, 선조 3년(1570)에 식년문과 을과 2등으로 급제한 후 성균관成均館 정록소正錄所의 학유學諭 벼슬을 하였다.[5] 선조 14년(1581)에 정언正言이 되었고,[6] 선조 16년(1583) 11월 19일에 예조좌랑이 되었으며,[7] 그 이듬해인 선조 17년(1584) 3월에 홍문관弘文館 수찬修撰이 되었다가,[8] 같은 해 4월에 상소를 올린 후 사직하고 전주로 돌아갔다. 그로부터 1년이 지난 선조 18년(1585) 4월에 재차 홍문관 수찬이 되었으나, 얼마 되지 않아 다시 사직하고 향리로 돌아가 독서와 후진 양성에 전념하였는데, 이때 정여립의 나이는 39세였다.

5 眉巖日記草(제4집), p. 713 ; 學諭는 성균관 正錄所에서 각종 과거 응시 및 성균관 입학시험 응시자의 예비심사 일을 처리하는 정 9품의 관직이다. 유생들의 사표가 되어야 하므로 문행이 뛰어난 자를 대간의 동의를 얻어 임명하였다. ; 經國大典, 吏典, 京官職.

6 선조수정실록, 22년(1589) 12월 1일(갑술)조.. ; 유성룡은 '雲岩雜錄'에서 당시 정여립이 이조전랑에 추천되었으나 李敬中의 반대로 되지 못하였고, 이경중이 정인홍의 탄핵으로 파면된 후 정여립은 정언이 되었으나 벼슬을 하지 않고 향리에 있어 사람들의 기대와 칭찬을 받았다고 하였다.

7 "宣廟日記," 古文書集成(17) : 河回豊山柳氏篇(Ⅲ)(성남 : 한국정신문화연구원, 1994), p. 242. ; "癸甲日錄," 國譯 大東野乘(Ⅵ), p. 90. ; 같은 해 12월 4일 정여립 등 28명이 홍문록을 하였다는 기록이 있으며, 이듬해 3월 28일에는 정여립이 서울에 들어왔다는 기록도 있다.

8 經國大典, 吏典, 京官職 : 弘文館 修撰은 문과 급제자가 주로 맡게 되는 정 6품 문관직으로 정원은 2명이다. 국립중앙도서관 소장 '文科榜目'에는 정여립의 최종 관직을 '應教'라고 기록되어 있다. 그리고 '당초 도록에 정여립과 金權이 부수찬으로 의망 되었는데, 許銘과 李忠元이 부수찬이 되었다.'는 기록도 있다. : "癸甲日錄."

당시 정여립이 비교적 빨리 그리고 젊은 나이인 24살에 진사에서 문과에 급제하였으나, 바로 관직에 진출하지는 못하였다. 처음 과거에 급제하여 정언이 되기까지 약 10여 년간의 활동은 기록이 없어 알 수 없으나, 성균관 학유가 된 것 외에는 대부분 귀향하여 독서에 전념하였던 것으로 보이며, 이이李珥·성혼成渾·송익필宋翼弼 등과 왕래하면서 학문을 논하였다. 정여립은 총명하고 논변을 잘 하여 널리 종리綜理하는 것을 힘썼으며, 특히 '시경詩經의 훈고訓詁와 물명物名의 통해通解'로 자부하였다.

정여립은 언변이 출중하여 한번 입을 열면 자리를 함께 한 사람들이 그의 말이 옳고 그름을 떠나 감탄하지 않는 자가 없었고, 비록 그 그릇됨을 알고 있다고 하더라도 감히 그와 더불어 쟁변하지 못하였다. 정치적으로 입장이 다른 서인 측에서도 같은 평을 하여 그야말로 "넓게 보고 잘 기억하여 경전을 관철하였으며, 논의는 격렬하여 거센 바람이 이는 듯하였다."고 한다.

정여립이 이이와 성혼 등과 친밀할 때인 선조 14년(1581)에 서인 측에서 정여립을 이조에 등용하려 하자, 당시 이조좌랑이던 동인의 이경중이 "이 사람을 형용하면 후일에 반드시 사림들의 부끄러운 바가 있을 것이다."하며 반대하다가 정인홍鄭仁弘·박광옥朴光玉의 탄핵을 받아 이조좌랑직에서 파직되고 말았다. 결국 정여립은 이이 등의 추천으로 정언·예조좌랑이 되었다가 이이가 죽은 후 수찬에 등용되었는데, 곧 사직하였다가 그 이듬해에 다시 수찬이 된 것은 이발 등 동인의 천거에 의한 것이었다.

특히 이이는 정여립을 극진히 천거한 바가 있었다. 이이가 이조판서로 있을 때에 선조에게 "지금 인재가 적고 문사 중에는 쓸 만한 인물을 얻기가 더욱 어렵습니다. 정여립이 많이 배웠고 재주가 있는데 남을 업신여기는 병통이 비록 있기는 하지만 대현 이하로서야 전혀 병통 없는 사람이 어디 있겠습니까. 그가 실로 쓸 만한 인물인데, 매번 의망을 하여도 낙점을 않으시니 혹시 무슨 참간의 말이라도 있는 것입니까?"하자 선조는 "정여립은 그를 칭찬하는 자도 헐뜯는 자도 없으니 어디 쓸 만한 자라고 하겠는가. 대체로 인재 등용에 있어서는 그 이름만 취하는 것은 옳지 않고 시험 삼아 써본 뒤에야 알 수 있다." 하였다.

서인의 핵심적인 인물로 알려진 송익필·송한필 형제에 의해서도 추천을 받아 선조 16년(1583) 10월 이들이 가평 학생이라고 칭하며, 상소문을 올려 군자와 소인을 논하고 성혼·이산해·정철·정여립을 크게 등용하도록 청하였다고 한다. 이 상소문을 본 우성전은 "숙헌叔獻(이이)과 호원浩原(성혼)을 지극히 찬양하고 계속하여 이이와 두 정鄭(정철과 정여립)에 관하여 말하였으며, 임금이 그를 인견하자 다시 극히 정여립을 찬양하였다."고 술회하였다. 그래서 정여립이 처음 조정에 진출한 것을 두고 이이가 천거한 때문이라고 하지만, 서인 측으로부터 추천을 받았다고 보아도 될 것이다.

또 선조 17년(1584)에는 노수신이 김우옹金宇顒·이발李潑·백유양白惟讓 등과 더불어 정여립鄭汝立을 현사로 천거하였고, 이발·이길 형제에 의해 사헌부와 홍문관에 추천된 바도 있다. 선조 19년(1586)에 이조판서 이산해, 참판 이식, 참의 백유양, 전랑 유근·정창연·강신이 전관을 맡고 있을 때 정여립을 김제군수로 추천 하였고, 선조 22년(1589)에 이조판서 이양원, 참판 정언지, 참의 이성중, 정랑 이항복, 좌랑 강신 등이 전관을 맡고 있으면서 정여립을 전례에 따라 황해도사로 추천한 바 있다.

선조 17년(1584) 4월 정여립이 사직 상소를 올리니 선조는 "제가 스스로 상소하였으니 교체하라."라고 하였다. 우성전이 처음으로 정여립의 상소를 보았는데, 상소 속에 다만 그가 병이 있어 벼슬하기 어렵다는 것만 말하였을 뿐 다른 일을 말하지 아니하고, 말단에 단지 말하기를, "지금 나라 일이 어렵고 염려스러운데, 안으로 사류들이 환산하고 밖으로 싸움이 곧 일어나려고 하니, 신같이 어리석고 재빠르지 못하여 변변치 못한 사람으로, 그 직을 어떻게 하여 만에 하나라도 도움이 되겠습니까?"라고 되어 있었다는 것이다.

이 무렵쯤 정여립은 동인에 가담하였는데, 그 이유는 이이가 생전에 정여립이 전랑에 오르는 것을 막았기 때문이라고도 한다. 하지만 그보다는 서인들이 몰락하고 동인들이 득세하는 과정에서 보다 유리하다고 판단되는 쪽으로 정치적 노선을 바꾸었다고 보는 것이 더 타당할 것이다. 그렇다고 해서 정여립을 일러 사우를 배반한 간사한 사람으로 매도하는 것은 지나친 면이 있다. 정여립이 과거에 성혼·이이와 교분을 가진 것은 사실이지만, 서인으로서 당색을 분명하게 나타낸 사실이 확인되지 않고, 선조의 말처럼 "그를 칭찬하는 사람도 헐뜯는 사람도 없는 인물"이기 때문이다. 또 당시 조정의 공론이 성혼·이이를 공격하는 것이어서 살아남기 위해서는 누구나 동인의 편에 섰던 것이다.

정여립이 이발·이길 형제와 한층 친밀하게 사귀게 된 것은 이발의 아버지 이중호가 선조 6년(1573) 5월 전라감사로 부임한 시기였다. 이때 이중호가 약 1년간 재임하는 동안 이발 형제가 전라감영에 자주 왕래하였는데, 정여립의 집이 남문 밖 가까이에 있어 누차 상면하였다. 이 당시 정여립은 이미 등과한 후이나 이발은 아직 과거에 급제하지 못한 상태였다. 그러다가 장원으로 급제한 이발은 벼슬길이 빨랐으나 정여립은 그렇지 못했던 것이다.

선조 18년(1585) 4월 성혼·이이 등과 서인들에 대한 공격이 날로 더해 가는 가운데 다시 조정에 들어온 정여립이 경연에서 박순·이이 등을 공격하기를 "박순은 간사한 무리들의 괴수이고, 이이는 나라를 그르친 소인이고, 성혼은 간사한 무리들의 편을 들어 상소를 올려 군부를 기망 하였습니다. 호남은 박순의 고향이고, 해서는 이이가 살던 곳이니,

그 지방 유생들의 상소는 모두 두 사람의 사주에 의한 것으로 공론이라 할 수 없습니다. 신이 도성에 들어와 성혼을 찾아가서 간인들을 편들어 군부를 기망한 죄를 질책하고, 또 이이와 절교하였다는 뜻을 말하니 성혼은 이의 없이 죄를 자복 하였습니다."라고 하였다. 선조의 반응이 여의치 않자 정여립은 두 손으로 땅을 짚고 우러러보며 "신이 지금부터 다시는 천안을 뵐 수 없겠습니다."하면서 물러갔다.

이러한 정여립의 행동에 대하여 의주목사 서익徐益이 상소하여 정여립이 이이 생전에 "공자는 익은 감이고 율곡은 덜 익은 감이다. 이 반쯤 익은 것이 다 익지 않을 수 있겠는가. 율곡은 진실로 성인이다."하고, "이발이 항상 스승의 도리로 이이를 섬겼는데, 논의가 서로 일치하지 않게 되자 드디어 공격할 마음을 품고 조정을 제 멋대로 휘두르면서 옳지 않는 사람들을 끌어들여 조정이 안정되지 못할 화환을 빚어냈으니 이발은 큰 죄를 지었다."라고 하더니 이제 와서는 이이 등을 '오국소인誤國小人'이라고 매도한 것은 스승을 배신한 처사이며, 다른 사람은 몰라도 정여립은 도저히 그래서는 아니 된다고 하였다.

서익의 상소에 대하여 사간 이양중李養中, 헌납 정숙남鄭淑男, 정언 송언신宋言愼·전경창全慶昌에 이어서 부제학 이식李拭, 직제학 김수金睟, 전한 백유양白惟讓, 응교 윤선각尹先覺, 교리 이덕형李德馨·유근柳根, 저작 유대진兪大進 등이 차자를 올려 서익의 상소 내용을 비판하였고, 정여립은 "이이 생전에 절교하였다."고 하였으나, 이이의 조카인 이경진李景震이 이이 생전인 계미년(1583) 9월에 정여립이 이이에게 보낸 편지를 공개하고 대사간 최황崔滉이 합세하여 조목조목 반박을 하는 일대 소란이 벌어지기에 이르렀다.

결국 대사헌 구봉령具鳳齡이 중재하여 진화가 되었으나, 정여립은 세간에 떠돌던 말과 같이 행동의 앞뒤가 의심스러운 사람으로 각인 되어 선조의 입을 통해 "정여립은 오늘날의 형서刑恕[9]"라는 비난을 받고 조정에서 물러갔다. 이러한 가운데에도 이발 등이 계속 선조에게 정여립을 천거하였으나 크게 쓰지 않았고, 정여립은 향촌에서 4, 5년간 동인과 긴밀한 관계를 유지하면서 향촌세력을 키워 재기를 기약해 보았으나 그 역시 여의치 않았다.

여기에서 잠깐 이경진이 상소를 통해 공개한 정여립의 편지 내용 일부를 살펴보도록 한다.

> "종자從子가 여러 소인들에게 미움을 받아 낭패하여 서울에서 나간 후에 누워도 자리가 편안치 못하고 음식을 먹어도 맛이 달지 않아서 가슴을 헤치고 피를 뿌려 간사한 자들이 질투하여 나라를 그르치는 모양을 힘껏 말하려 하였으나 조금 있다가 다시 생각해 보니 바야흐로 내가 못나서 군부에게 버림을 받은 즉 의리가 얼굴을 들고 말할 수가 없는 것이고, 또 성장成丈께서 이 일을 위하여 글을 올려 변명했으니 정여립이 비록 말을 하지 않았어도 또한 한이 없나이다. 계속해 듣건 데 성장께서 역시 남의 비방을 만나 발을 싸매고 산으로 돌아갔다 하니, 책을 불사르고 선비를 죽이는 화가 조석에 박두한 것 같아 충성되고 분한 마음이 스스로 격해서 다시 그칠 수 없어서 바야흐로 동지들을 규합하여 글을 올리고자 하였더니, 금시에 들리는 말에 전하의 마음이 고쳐지시어 마치 해가 중천에 뜬 것 같아서 도깨비 무리들이 장차 저절로 물러가리라 하므로 또 스스로 참고 그만 두었습니다. 지금으로서 보면 두 소인이 비록 벼슬이 깎이고 내쫓겼으나 거간이 아직도 조정 의논을 장악해서 화를 즐기는 마음이 그치지 않으니 불행히 하늘의 화를 다시 받지 않도록 뉘우치지 않는다면 후일의 근심이 장차 오늘날보다 더 심하여 가히 구하지 못할 것입니다. 지금 친구들도 십분 믿을 만한 자가

9 宋나라 程頤의 제자로 스승을 배반한 사람

심히 적어 나로서 존형에게 바라는 바가 전에 비하여 더욱 간절하오니 그 뜻이 또한 민망합니다."

이 편지가 계미년(1583) 9월의 편지가 확실하다면 "내가 못나서 군부에게 버림을 받은 즉"한 것으로 보아 정여립이 이미 이 전에 조정에서 어떤 일을 한 것이 다시 확인된다.[10] 또 서익이 정여립을 두고 "스승 이이를 배반한 사람"이라고 하였는데, 이 편지에는 "지금 친구들도 십분 믿을 만 한 자가 심히 적어 나로서는 존형에게 바라는 바가 더욱 간절하오니"라고 하여 이이와 정여립은 사제 간이라고 할 수가 없다. 그리고 이이와 정여립의 나이 차이도 10살밖에 되지 않는다. 이는 정개청을 무함할 때 나이 차이가 불과 6살인 박순을 정개청의 스승이라고 하며 정개청이 배반하였다고 매도한 사례와 유사한 것이다.

그리고 정여립이 처음 서인에서 동인에 아부하여 붙었다고 하지만 이 또한 합당하지 않다. 을해 분당 후 동인과 서인들 간에 갈등이 심하던 선조 10년(1577)에 정여립은 이발과 함께 최영경의 아들 장례식에 참석하였으며, 정해왜변丁亥倭變 시 서인인 당시 전주부윤 남언경과 협력한 것으로 보아 정여립은 당색을 떠나 사림의 추앙을 받던 이이·성혼 등과 학문적인 교류를 한 것으로 보인다. 또 이발·김우옹 등과도 뜻이 맞아 함께 친밀하였던 것이지 당색이 분명하여 특정 정파에 적극 가담하지는 않았다고 여겨진다.

결국 정여립은 이이와 성혼의 문도들이 대부분인 서인들로부터 공격을 받고 임금인 선조로부터 미움을 사서 벼슬길에서 물러났지만, 정여립으로서는 당시의 정치가 자신의 뜻과 다르게 진행되고 있었고, 그의 눈에는 선조가 임금으로서의 자질이 부족하게 여겨졌다고 때문에

10 이때 정여립이 처음 정언이 되었다고 하였는데, 선조수정실록과 대동야승의 기록과 일치한다.

정치를 단념하였던 것으로 보인다.

조정에서 물러난 정여립은 비록 몸은 향리에 있었으나 영향력이 대단하여 김우옹과 같은 명사도 조정의 일을 서로 상의하는 정도였으며, 태인에 거주하던 송간宋侃은 정여립의 권세가 극중하고 생살을 임의로 하는 까닭에 화를 입을 것을 두려워하여 그와 교분을 가지지 않을 수 없었다고 한다. 또 태인에 거주하던 백광언白光彦은 용력이 출중하였는데 정여립이 서로 만나자는 것을 끝내 거절하자, 광언이 진해·고성 수령에 제수된 것을 정여립이 대간을 사주하여 광언을 탄핵케 하기도 하였다.

정여립의 권세가 날로 늘어나자 명예를 구하고자 하는 자들이 행여 뒤질세라 다투어 문하에 들어가니 제자가 더욱 많아졌으며, 조정에서도 그를 하분河汾과 해릉海陵에 견주었다.[11] 그리고 지함두池涵斗가 정여립의 위세를 등에 업고 행동하자 전라도 일대 사족들도 감히 소홀히 하지 못하고 환대하였으며, 전라관찰사 이광李洸 조차도 지함두를 무시하지 못할 정도였다고 하니 실로 전주와 그 인근 출신 인사의 출척은 그의 뜻으로 좌우되는 느낌이 이었다. 명리를 탐내는 자들은 다투어 그를 찾았고, 그가 열읍에 물자를 구하는 서간을 보내면 모두 물자가 적기에 도착되지 않을까 두려워할 만큼 대단한 위세였다고 한다. 당시 정여립의 이 같은 위세는 유성룡이 술회하였듯이 멀리서 조정까지 움직여 세력을 떨친 상태였다.

그러면 박학하여 읽지 않은 책이 없었을 정도였다는 정여립의 학문적 수준은 어느 정도였을까? 비록 조헌의 문인이지만 남원출신으로 청년시절에 정여립을 보아온 것으로 보이는 조경남趙慶男(1570~1641)이 정여립을 평하기를 "명망이 일찍부터 드러나 세상을 뒤덮었다. 그는 조정

11 '河汾'은 隋나라 王通을 이름인데, 경학에 밝아 문도의 수가 1천여 인에 달하였고, '海陵'은 宋나라 周麟을 말한다.

에서 물러 나와 집에 있으면서 고매하고 자중하는 채 하여 관직을 사퇴하고 받지 않았으며, 나라에서 불러도 나가지 않았다. 사림에서 달려가서 한 번이라도 그를 만나는 것을 다행으로 생각하였다."라고 하였다.

선조 31년(1598) 조수홍曺守弘의 상소에 "오직 저 역적이 그 역모가 싹트지 않았을 적에는, 세상을 속이고 이름을 도둑질하여, 자취가 국가 선비와 같이 하여 사림이 추앙하여 알고 지내기를 구하지 않는 자가 없었으니, 같은 조정에 벼슬하는 사람으로서, 누가 숙면이 아닌 자가 있겠는가." 하였고, 선조 32년(1599) 나덕준羅德俊의 상소에는 "정여립은 당초 불을 지르고 사람을 겁략하는 도둑이 아니라, 왕망王莽의 세상을 속이는 교묘한 재주를 끼고, 육당陸棠의 착한 것으로 거짓 이름을 가장하여, 온 나라 사류가 그 이름을 알지 못하는 자가 없고 그 얼굴을 보지 못한 자가 없다."고 하였다. 또 선조 39년(1606) 10월 오익창吳益昌의 상소에는 "당당한 성명의 조정에 감히 임금의 자리를 넘겨다보는 궤를 낸 것이 이 역적보다 더 심함이 있지 않았던 것이다. 바야흐로 그 이름을 도둑질하던 초두에 학문을 가탁하고 박학과 변론으로 꾸려나가 성명지학을 고담준론 하고 도의를 강론하여 온 세상을 속이니, 위로는 공경대부로부터 아래로는 서민에 이르기까지 한 번 보는 것으로서 다행으로 여기지 않는 자가 없었다."고 하여 정여립이 비록 관직은 수찬에 불과하지만 그의 학문적 명성은 높았다. 정여립의 학문적 수준을 자세히 알 수는 없지만 <표 Ⅲ-2>에서 보는 바와 같이 10여 년 내외 정도 연령차이가 나는 당대 명사들과 서로 교류를 하며 그 능력을 인정받았던 사실 등으로 미루어 최소한 정철·정개청·송익필 등에 버금가는 정도였던 것으로 짐작된다.

그래서 전주 부윤으로 있으면서 정여립을 자주 보아온 남언경南彦經은 비록 당파가 다름에도 불구하고 "정공鄭公은 학문에 뛰어날 뿐만 아니라 그 재주도 다른 사람이 가히 따르지 못할 바이다." 하며 주자朱子

에 비기기도 하였다. 또 정개청이 18살이나 나이가 적은 정여립에게 보낸 글 가운데 "도道를 높고 밝게 봄이 당세의 오직 존형尊兄뿐이라" 하였으며, 서로 뜻이 맞았던 이발은 당시 "제일인물第一人物"이라 하였고, 이이도 "호남에서 학문하는 사람 중 정여립이 최고"라고 하였다.

표 II-2 주요 교유 인물의 생몰 및 과거 진출 현황

성 명	생몰 연도	출생지	스 승	생·진사	문 과	비 고
鄭汝立	1546~1589	전주	?	1567	1570	
李 珥	1536~1584	강릉	獨學	1564	1564	
李 潑	1544~1589	남평	閔純, 金謹恭	1568	1573	
成 渾	1535~1598	서울	白仁傑	1551	-	천거(1574)
鄭 澈	1536~1593	서울	金麟厚	1561	1562	
柳成龍	1542~1607	안동	李滉	1564	1566	
金宇顒	1540~1603	안동	李滉	1558	1567	
李山海	1539~1609	서울	李芝涵	1558	1561	丫溪集
宋翼弼	1534~1599	고양	獨學-	-	-	
鄭介清	1529~1590	나주	徐敬德	-	1574	遺逸, 천거
朴 淳	1523~1589	나주	徐敬德	1540	1553	
崔永慶	1529~1590	진주	曺植	-	-	

3. 혁명의 기도

정여립이 당시 조정에 대항하려고 구체적인 계획을 세웠는지, 아니면 전혀 그런 사실이 없거나 정여립의 마음속에만 조정이나 현실에 대한 불만만 가지고 있었는지 하는 쟁점은 반드시 구명해야할 사항이다. 근거할 만한 자료가 부족하기 때문에 이 같은 쟁점이 있는 것은 사실이지만, 동인이나 서인 어느 한 편의 기록으로 성급하게 결론을 내리거나 필자의 논지를 합리화하는 방향으로 짜 맞추어져서는 아니 된다.

일반적으로 정여립은 선조 23년(1590) 1월을 전후한 시기에 거사를 결행하려다가 사전에 발각된 것으로 알려져 있다. 선조가 정여립이 복주된 일을 종묘에 고하고 사면령과 함께 반포한 교서에서 밝힌 죄상 즉 역모내용은 다음과 같다.

(1) 시서詩書를 꾸며대었다.
(2) 부참符讖을 떠벌렸다.
(3) 몇 해 전부터 도적을 불러 모아 계획을 세웠다.
(4) 사문沙門과 교결하여 요술을 부리고 옥함玉函을 빌어 대중을 미혹하였다.
(5) 무고武庫를 불태우려 했다.
(6) 방백과 병사를 제거하려 했다.
(7) 경기지방을 치고 강창江倉을 취하려 했다.
(8) 병조판서를 죽이고 대궐을 범하려 했다.

사건 당시 진안현감으로 정여립을 체포한 민인백閔仁伯에 따르면 정여립의 거사 계획은 대강 다음과 같은 것이었다.

"정여립이 늘 점치기를 경인년(1590)은 보통 길하고 임진년(1592)은 크게 길하다고 하며, 홍문관원이 된지 여러 해가 지나 성사시키기 어려우니 천명에 따라 경인년에 거사하는 것이 가하기에 경인년 정월 모일 전주에 군사를 집결시키고 군기와 군량은 가지고 있는 것과 각 관에 것을 빼앗아 쓴다. 전주 관원과 전라도 감사·수령들은 금부도사를 가칭하여 모두 죽인다. 천안을 통해 한강까지 가는데 홍제원에서 모여 진을 치고 용산의 서강창미를 군량으로 쓸 수 있다. 오랫동안 싸우지 않고 기다리며 진을 풀지 않는다. 한양성

밖의 군량과 수운을 통해 오는 팔도군량이 모두 우리들 것이 된다. 성안의 사람들과 말이 굶어 죽게 되면, 세의 어려움을 알아 스스로 성문을 열 것이고 그때 성안으로 진입한다. 또 변사邊泗가 무리를 이끌고 성안에 숨어 들어가서 내부 동조자 황억수黃億壽 등과 더불어 병조판서를 죽인다. 종루 앞에 진을 치고 병조의 동서화약고를 쳐서 불 지른다."

기타 여러 기록을 종합하면 정여립이 거사를 계획하였다는 증거로 다음과 같은 것들이 있다.

(1) "천하공물天下公物" 등 당시로는 도저히 용납될 수 없는 말을 자주 하였다.
(2) 선조로부터 버림을 받아 평소 조정에 불만이 많았다.
(3) 대동계를 조직하여 군사 활동을 하였다.
(4) 각종 참설을 유포 시켰다.
(5) 거사 사실을 자살로 확인시켰다.

그러나 정여립의 거사계획은 처음부터 없었다는 주장이 있으며, 사실 의문을 가질만한 여지가 많다. 그래서 이 같은 주장들을 요약하며 다음과 같다.

(1) 정여립의 활동무대는 호남인데, 율곡의 문인들이 많은 황해도에서 고변이 이루어진 것은 납득이 되지 않는다.
(2) 대동계라는 것은 조직이 엉성하고 역모 발각 시 움직이지 않았던 점으로 미루어 관련이 없다.
(3) 참설의 유포에서부터 사건 진행의 전 과정에 정철·송익필 등이

개입하여 조작한 흔적이 농후하다.

(4) 거사를 계획하였다는 확실한 물증이 없다.

그러면 정여립의 거사계획은 있었다는 것인가? 없었다는 것인가? 필자는 지금까지 연구된 결과와 기타 관련 자료들을 종합할 때 정여립의 거사계획은 분명히 있었다고 생각한다. 이를 뒷받침하는 증거로는 다음과 같은 몇 가지로 설명할 수가 있다.

첫 번째로 정여립의 주요 활동무대인 전주지방 일대에 대한 유적과 구전되는 이야기들을 통해 정여립의 거사계획을 확인할 수가 있었다. 먼저 답사한 지역에 대한 내용을 간단하게 소개하면 다음과 같다.

(1) 전주 교동 : 정여립이 출생하였다는 전주 남문 밖은[12] 현재 전주 시내 풍남문 밖 교동으로 예로부터 있어온 향교 등의 유적이 많고 지역 세력가들이 거주하던 곳이며, 특히 정여립의 가문은 대대로 이곳 명문으로 알려져 있다. 더구나 경기전慶基殿이 가까이 있어 사대부들의 출입이 잦았던 곳이기도 하다. 정여립이 출생한 집터에 대해서는 전해오는 이야기가 없어 구체적으로 확인된 사항이 없다.

(2) 상관면 파수 : 전주 풍납문에서 약 8㎞를 남원 쪽으로 국도를 타고 내려가면 완주군 상관면 월암리가 있다. 거기에는 강물이 흐르다가 툭 튀어나온 바위산과 부딪치는 곳에 "파수"라 불러지는 한적한 곳이 있다. 이곳 "파수"에 정여립의 서당이 있었는데, 사건 발생 후에 정여립이 이곳을 거쳐 도망을 갈 때 너무 급한 나

12 정여립의 출생지가 동문 밖이라고 기록되어 있는 곳도 있으나 남문 밖이 정당하며, 현재로서는 전주성 자체가 일제 강점기를 거치면서 대부분 훼손되었고 새로운 시가지가 조성되어 정여립의 생가 터가 정확하게 어느 곳인지는 확인할 수가 없었다.

머지 아들의 신발을 거꾸로 신었다는 이야기가 전해지고 있다. 또 정여립의 누이는 아직 때가 아님을 말하였으나, 어떤 도사가 나뭇잎에 정여립의 시대가 왔다는 글을 새겨 수없이 떠내려 보내 파수에 걸려 있었다고 한다.

▲ 정여립 서당터 – 상관면 파수

이곳 파수는 전라감영이 있던 전주에서 임실·남원·나주·광주 등지로 가는 길과 진안·장수 등지로 가는 길목에 위치하고 있어, 전주 이남과 동쪽 지방의 모든 곳으로 통하는 요충에 위치하고 있었다. 정여립 사건 후 조정에서는 이곳에 있었던 서당을 헐고 땅을 파서 소를 만들었기 때문에 이곳 사람들은 "파수"라고 부른다는 것이다. 육안으로 보아도 자연적인 지형은 아닌 듯하였다. 또 주변 바위에는 조선 후기 전라관찰사와 판관 등의 송덕비가 다수 음각 되어 있어서 사람들의 왕래가 매우 잦았던 곳임을 말해주고 있다.

또 전에는 이곳이 남원으로 통하는 도로변이었으나, 지금은 전라선 철도와 제방이 설치되어 있고 논으로 이용되고 있어 농사짓는 사람들만 출입할 뿐 매우 한적한 곳이 되었다. 파수 건너편은 정여립의 서당이 있는 곳의 건너편이라는 뜻으로 '댁건네(댁건너)'라고 불러지고 있는데, 남원으로 통하는 왕복 4차선 포장도로가 설치되어 있다.

(3) 금산면 동곡銅谷(구릿골) : 김제시 금산면 소재 동곡 마을에 있는 정여립의 집터는 금산면 원평 장터에서 금산사 쪽으로 올라가다

가 금평 저수지를 왼쪽으로 하고 돌면 해발 300m 제비산帝妃山 자락에 있다. 제비산 중턱에는 정여립이 천일축수 기도를 했다는 바위가 있고 조금 밑으로 내려와서 월명암이라는 작은 암자가 있으며, 다시 그 밑으로 정여립의 생거지가 있다. 생거지는 호남평야와 접해 있어 물산의 공급이 용이한 곳이며, 지척에 금산사가 있어 승려들과 쉽게 접촉할 수 있는 위치에 있었다. 여립의 생거지 터에서 정면의 금평 저수지를 내려다보다가 고개를 들면 저수지 넘어 동학농민혁명 진원지라고 불러지고 있는 원평院坪 장터가 보이며, 왼쪽에는 금산사로 가는 길과 증산교甑山敎 본부 건물이 보이고, 오른쪽을 보면 강증산姜甑山이 수도하였다고 하는 곳(대나무 숲)이 있고, 그 뒤 산 능선을 따라 내려가면 쌍룡리가 된다. 이 생거지 터는 현재 밭으로 사용되고 있었다.

▲ 제비산 아래 정여립 생거지

또한 같은 면 선동리에 있는 상두산(575m) 정상에 후백제 견훤왕이 축성하였다고 전하는 석성이 있다. 성 둘레가 약 4㎞ 정도인데 이곳에서 정여립이 많은 부하들과 함께 말을 타고 활을 쏘며 무술을 연마하였다는 이야기도 전한다. 그리고 같은 군 봉남면 화봉리 봉서동鳳棲洞 마을에 정여립의 처가가 있었다고 한다.

(4) 김제시 금산면 쌍룡리雙龍里 용암龍岩마을 : 정여립의 조상 무덤이 있던 곳으로 금산면 소재지에서 북쪽으로 작은 개울을 건너 1㎞쯤 떨어진 곳이다. 이곳은 오공蜈蚣의 형국로써 군왕지지 대명당

이라 하며, 기축옥사 당시 조정에서 묘를 파헤치고 숯불로 혈맥을 끊었다고 하는 자리가 지금까지도 그 흔적이 남아 있다. 그 파헤쳐진 조상의 무덤 앞에 사당이 있었다고 전하는 터에는 현재 '쌍룡사'라는 절이 세워져 있다.[13]

▲ 정여립 말무덤 – 금산면 쌍용리

쌍용사에서 약 200m 내려와 논 한가운데 있는 말 무덤에는 전해오는 이야기가 많다. "정여립이 제비산의 천마바위 밑에서 천일축수 끝에 얻었다고 하는 용마를 타고 활을 쏘며 용마와 자기가 쏜 화살과 항상 경주를 하였는데, 하루는 그 용마가 화살을 쫓아 달려가다가 그 화살을 놓치고서 찾지 못하는지라 정여립이 대노하여 용마에서 뛰어내려 차고 있던 장검으로 용마의 목을 치는 순간 그제야 화살은 날아와 용마의 궁둥이에 꽂이면서 용마는 죽고 말았으며, 이를 애석하게 여긴 정여립이 자기 선산 앞에 묻었다고 한다. 수백 년이 지내도록 논 가운데에 오늘날까지 그 무덤이 남아 있는 것은 논 주인이 그 용마의 무덤을 조금만 건드리고 나면 말이 뛰어다닌 것처럼 온 논이 진탕이 되어 벼농사를 망쳤다는 것이다. 그리고 정여립은 그 용마를 죽이고 난 후 역모로 몰려 죽었다고 전해지고 있다."

(5) 진안군 부귀면富貴面 오룡리五龍里 다복多福 : 민인백의 토역일기에 정여립이 자결한 장소라고 하는 다복은 현재 진안군 부귀면 오룡리 다복동으로 전주 진안간 왕복 4차선 국도변에 위치한다. 민

13 현재 이 마을의 가구 수는 많지 않으나, 예전에는 금산사로 통하는 길목이고 100여 호나 되는 큰 마을이었다고 한다. 정여립 사건으로 마을이 쇠락 해 졌다는 등 많은 전설이 있다.

인백의 토역일기에 묘사된 바대로 산에는 절벽이 있고 숲이 많았으며, 전면에는 작은 개천이 있었는데 가뭄에는 쉽게 마르는 도랑이었다. 현재 세 가구가 살고 있어 이장과 촌로들에게 정여립에 대해 문의한 결과 아쉽게도 전해 내려오는 이야기는 없다고 하였다.

(6) 진안읍 가막리加莫里 일대 : 정여립의 죽도서당 터는 상전면 소재지에서 약 5㎞ 정도 떨어진 곳으로 현재 행정구역상 진안읍 가막리에 이고, 덕유산에서 내려와 맺혀진 천반산天盤山(647m) 자락에 있다. 물길을 따르지 않고서는 갈 수가 없을 만큼 겹겹이 둘러싸인 험준한 산 속인데다가 장수군에서 흘러 내려오는 금강 상류와 무주군에서 내려오는 구량천이 합류하는 지점에 있어 반드시 강을 건너야 다다를 수 있는 곳이다. 서당을 지을 자리라기보다는 자연적으로 완벽하게 갖추어진 요새라고 할 수 있다. 지금은 기와 조각이나 옹기 조각이 더러 발견될 뿐 아무런 흔적이 없이 "서당터"라는 이름으로 전해 내려오고 있다. 현재 밭으로 사용되고 있으나 용담댐 공사가 완공되면 그 일부는 수몰될 것이라고 한다.

천반산은 아주 가파른 산으로 정상에 오르는 길을 답사한 경험자가 아니면 찾기가 어렵다. 이 산은 죽도 서당터 후면 산인데 정상부근에는 약 5천여 평의 평지가 펼쳐지고 많은 기왓장 등 주거 흔적이 발견되었다. 외곽으로는 정여립이 축조하였다고 하는 성의 흔적이 뚜렷이 남아 있고, 난공불락의 요새였다. 원래 진안이라는 곳이 "예로부터 전란

▲ 진안군 상전면 – 가운데가 죽도

의 본거지가 되지 않고 스쳐 가는 곳"[14] 이라는 유래가 있음은 이를 두고 말하는 것 같았다.

전에는 한꺼번에 1,000명분의 밥을 지을 수 있는 솥이 이곳에서 발견되었다고 한다. 또 이 주변에서 화살촉을 많이 찾아내 동내 사람들이 녹여서 낫을 만들어 사용하였다고 한다. 천반산에 정여립 장군이 있고 부귀산富貴山(806m)에는 관군이 있어 서로 싸웠다는 이야기와 함께, 8부 능선쯤에 위치한 송판서 굴에서 정여립이 최후를 맞이했다고 전해지고 있다.[15]

또 천반산 정상 부근에 높이가 약 15m 되는 두 개의 바위 봉우리가 약 20m 거리로 마주보고 있는 "뜀바위"라는 것이 있는데, '초인적인 능력을 가진 정여립 장군'이 봉우리 사이를 뛰어다녔다는 이야기도 전해지고 있었다.

(7) 진안군 상전면上田面 수동리水東里 내송內松마을 : 내송마을은 일명 '성곡聲谷' 또는 '소리실'이라고도 부르는 마을로 정여립이 전주에서 진안현을 거처 죽도서당으로 가는 길로 추정되는 곳이다. 즉 죽도서당의 입구라고 할 수가 있는데, 산이 험준하고 입구가 좁아 마을 자체가 요새를 이룬다. 오래 전부터 제법 여러 가구가 살아서 정여립이 학문만을 강론하는 서당을 지으려면 이곳이 오히려 죽도보다 적격이다. 이 마을 역시 용담댐 공사로 상당부분 수몰되었다.

이 부락에는 또 정여립 보다 더 지혜로웠다고 하는 정여립의 누

14 鎭安君史(진안 : 진안군, 1992), pp. 848-849. ; 또한 진안이 "편안한 나루터"라는 뜻이며, 임진왜란 때도 조용히 지나갔고 6.25 때도 별 탈이 없었다고 한다. : 백혁고, 호남의 풍수(서울: 동학사, 1996), p. 399.

15 鎭安郡企劃室, 鎭安郡統計年譜(진안: 진안군, 1994), p. 317. : 여기에는 정여립이 죽도에서 자결하였으며, 28년 전에 정여립이 사용하였다고 하는 지름 6m의 솥이 발견 되었는데, 솥전 난간으로 젊은 장정들이 뛰어다닐 정도로 솥이 컸다고 한다. 정여립이 사용하던 화살촉 한 개로 낫을 5개나 만들고도 남았다는 이야기도 전해지고 있다.

이가 거사를 할 때가 아님을 극구 말하였으며, 다래나무 잎에 이를 수없이 새겼다는 이야기가 전해오고 있다. 또 정여립이 거사와 관련하여 누님과 어떤 내기를 벌려 누님이 지게 되자 자기 누님을 죽였다는 이야기도 전해지고 있다.

이상과 같이 정여립이 활동했던 전주 일대를 답사한 내용에는 과장된 이야기가 상당부분 포함되어 있기도 하지만, 정여립의 거사계획과 연관이 있는 내용을 요약하면 다음과 같다.

(1) 서당이나 생거지 터가 학문을 강론하거나 생활에 용이한 곳이라기보다는 상주 가구가 적고 군사적으로 유리한 곳에 위치하고 있었다. 생거지 동곡 마을은 호남평야와 금산사 그리고 전주를 연결하는 길목에 있었으며, 상관면 파수는 전주 이남과 동부지역을 통하는 관문에 있었으며, 죽도서당은 외부인의 접근이 어려운 요새에 위치하고 있었다.

(2) 가는 곳마다 정여립의 누이는 때가 아님을 강조하였다고 구전되고 있다. 정여립 보다 현명하였다고 하는 그녀는 한사코 거사를 만류하였으나, 정여립은 누이의 말을 듣지 아니하고 거사계획을 결행하였다는 것이다.

(3) 이 지방에서 정여립은 문무를 겸비한 "정여립 장군"으로 호칭되고 있었다. 정여립은 이 지방 사람들에게는 역적이 아니라 한 시대의 영웅이자 구세주로 알려져 있었다. 여기에는 정여립이 잘못되어 가고 있는 세상을 바꿔보려는 의지가 서려 있었다.

이처럼 정여립의 유적에서 구전되고 있는 이야기와 현지의 지리적 형편 등을 고려할 때 정여립의 거사계획은 있었던 것으로 판단된다.

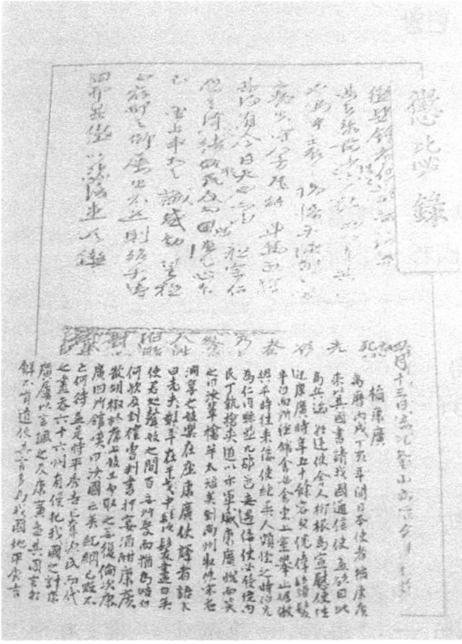

▲유성룡의 징비록

두 번째로 정여립의 거사계획 진위 여부는 사건을 진압하는 과정에서 이미 명백하게 가려진 사항이다. 선조 22년(1589) 10월 2일 황해도 관찰사 한준으로부터 보고가 들어온 후 사건의 전모를 조사하였고, 관련자들과 정여립의 아들 옥남 등을 통해 거사계획이 있었음을 확인하였던 것이다.

그것도 <표Ⅲ-3>에서 보는 바와 같이 이산해·정언신·유성룡 등 동인들이 조정을 장악하고 있는 상태에서 특히 정언신이 위관으로 있으면서 이들 주도로 옥사를 진행하여 내린 결론이었다. 그래서 선조는 10월 27일 사건이 종료되었음을 종묘에 고하고 만백성들에게 교서를 반포하였으며, 이를 축하하는 뜻에 잡범들에 대한 사면령을 반포하였던 것이다.

오히려 조정의 실권을 장악한 상태에서 옥사를 주도한 동인들로서는 사건 자체를 축소 내지는 은폐하거나 조작했을 가능성이 높은 것이다. 그 증거로 국왕의 사건 종결 선언에도 불구하고 옥사 처결에 불만을 품은 서인들의 공격이 이어지고 동인들 스스로 이를 감당해 내지 못했다는 사실이다. 만일 옥사 처결에 중대한 하자가 없었다면, 실권을 장악하고 있던 동인들이 그처럼 무력하게 역공을 당하지는 않았을 것이다. 그 외에도 사료를 불태우기도 하였고, 동인들이 주도한 국청의 기록을 남기지 않았으며, 인품에 별다른 하자가 없었음에도 위관의 소임을 맡았던 정언신이 집중 공격을 받은 사실 등이 그것이다.

무엇보다도 더욱 분명한 것은 동인들이 주관하여 편찬된 실록을 후

표 II-3 정여립 사건 전후 중앙관직 주요 인사 현황

관직명	성 명
○ 영의정	柳㙉 → 李山海
○ 좌의정	李山海 →(鄭澈) → 柳成龍
○ 우의정	鄭彦信 → (鄭澈) → 沈守慶 → 柳成龍 → 李陽元
○ 이조판서	李陽元 → 鄭琢 → 權克禮 → 任國老 → 柳成龍 → 崔興源 → 黃林 → 李元翼
○ 호조판서	尹卓然 → (尹斗壽) → 李元翼
○ 병조판서	柳成龍 → 鄭琢 → 權徵 → (黃廷彧)
○ 예조판서	柳成龍 → 權克禮 → 鄭琢 → 韓應寅 → 權克智
○ 형조판서	李軸 → 李睟
○ 공조판서	朴忠侃
○ 이조참판	鄭彦智 → (成渾) → 李誠中 → 李增 → 李憲國 → 鄭昌衍 → 崔興源
○ 이조참의	李德馨
○ 부제학	李誠中 → 李齊閔 → 金睟 → 李增 → 申湛 →鄭昌衍 → 金誠一
○ 대사간	金瓚 → 李增 → (李山甫) → (沈忠謙) → (李海壽) → 李憲國 → 權文海 → 李齊民 → 李元翼 → 洪汝諄 → 李墍 → 李廷馣
- 사간	吳億齡 → 沈喜壽 → 金玏 → 沈岱 → 權大海
- 헌납	(白惟咸)·俞大進 → 金敏善
- 정언	趙挺·金信元·黃是 → 姜燦·(李洽) → (黃愼)·(李尙吉) → 李廷臣·尹曄
○ 대사헌	權克禮 → 權克智 → 崔滉 → (李山甫) → (尹斗壽) → 李增 → 李元翼 → 洪汝諄 → 李憲國 - 집의 : 成泳 → 趙瑗 → 李廷立 → 金玏
- 장령	尹暹·沈喜壽 → 朴弘老·李時彦 → 趙仁得·尹覃茂
- 지평	申磼 → (黃赫)·申磼 → 尹泂 → 李忠誠 → 閔善 → 李尙毅·鄭光績 → (金權)
○ 도승지	趙仁後 → 韓應寅
○ 이조좌랑	金弘微 → (具宬)·朴東賢 →李幼澄·李尙弘
○ 이조정랑	李德馨 → (柳拱辰)·尹暾
○ 우참찬	金命元 → 李軸 → 韓準
○ 좌참찬	鄭琢
○ 우찬성	崔滉 → 李陽元 → (尹根壽)
○ 좌찬성	韓準

위 표는 선조 22년(1589) 1월부터 선조 25년(1992) 4월까지(임란 전) 선조실록과 선조수정실록에 수록된 인사 내용을 정리한 것임. ( )안의 사람들은 서인 성향의 인사임.

에 다시 수정해서 편찬했다는 사실이다. 주지하다시피 조선왕조실록은 사초 관리에서부터 편찬 보관에 이르기까지 수많은 사람들이 참여하여 역사적 사실만을 있는 그대로 기록하기 위해 노력한 결정체이기 때문에 절대 권력을 가진 군왕도 고칠 수가 없는 것이었다. 그런데 선조실록은 정여립 사건에 관한 기록 때문에 수정이 이루어졌다. 실록을 수정하여 편찬하게 된 자세한 경위는 제 뒤에 논의되겠지만, 조선 역사상 최초로 수정하지 않으면 아니 될 만큼 기록에 오류가 있었다는 것이다

세 번째로는 정여립 사건 후 정여립의 거사 계획은 엄연한 역사적 사실로 자리를 잡았다. 사건 발생 후 100여 년이 지난 숙종 조까지 논란을 벌이면서 관련자 대부분이 신원 되었으나, 정여립의 신원에 대해서는 단 한 차례도 거론된 바가 없어 역모 사실만은 이론이 없었던 것이다. 그래서 조선왕조가 끝나는 순종 조에까지 정여립 사건은 모든 역모 사건의 처리의 표본이 되어 "역모"라는 이름으로 확고히 자리를 잡았다. 동인 측의 입장이 반영된 선조실록에 "역적 정여립"으로 기술되어 있고, 왕들의 귀감 사서로 숙종 조에 찬술되어 "백대百代 동안 징신徵信 해야 할 책"으로 알려진 국조보감國祖寶鑑에도 선조수정실록의 기록을 대부분 인용하고 있다. 특히 사건 발생 후 광해군 조에는 동인의 일파 중 서인들에 대해 강경 노선을 취한 정인홍鄭仁弘·이이첨李爾瞻 등에 의한 북인 정권이 성립되었음에도 불구하고 정여립의 거사계획 자체를 부인하는 논의는 찾아볼 수가 없다.

동인 측의 자료에도 정여립의 거사 계획만은 있었다고 보고 있다. 동소만록을 쓴 남하정은 "기축옥을 무옥이라 함은 정여립의 역명을 벗기기 위함"이라 하고, 선조가 한편으로 '간혼독철奸渾毒澈'이라고 하며 옥사 진행의 잘못을 비난하면서도 선조 40년(1607)에 한호韓浩가 이발 등의 신원을 청하였을 때 이를 엄히 꾸짖은 사실을 들고 이발 등이 역적을 두호하다가 죽은 것은 분명하다고 하였다. 또 정여립이 취조를 받지는 않았지만 제천문을 만든 것은 사실이라고 강조하였다. 그리고 백유양白惟讓의 아들 진민振民이 자신의 죽음에 임박하여 올린 자명소에나 유몽정柳夢井의 아들 호滸가 올린 상소에 정여립의 역모를 인정하였으며,

장기간 동안 진행된 정개청·최영경 등의 신원을 요구하는 동인 측 인사들에 의한 많은 상소에서도 모두 정여립의 역모 사실만은 인정하고 있었다.

네 번째로는 앞에서 살펴본 바와 같이 당시의 시대적인 상황이 정여립으로 하여금 거사를 결행하도록 하였던 것이다. 평소 진취적인 사고를 가진데다가 선조로부터 미움을 산 터에 선조는 무능하고 조정은 날마다 정쟁을 일삼으며, 백성들은 갖은 부역에 탐관오리의 탐학에 시달리며, 해마다 자연재해가 끊이지 않고 북쪽과 남쪽의 오랑캐들이 언제 쳐들어올 지 불안한 상황이라면 야심가 정여립에게는 거사를 계획하기에 충분한 조건이 되는 것이다. 그리고 "인걸이 역사를 지배하는 것이 아니라, 시대가 그러한 인걸을 필요로 한다."고 하였듯이 이러한 시대적 분위기 속에서는 정여립과 같은 혁명성을 가진 인물의 출현을 필요로 하였던 것이다.

그래서 선조수정실록에는 북계 쇄민刷民으로 인해 동요가 있고, 북쪽의 여진족과 남쪽의 왜구가 위협해 오고 있는 국가적 위기 상황을 맞아 백성들이 난을 일으킬 조짐이 있어 이를 기화로 정여립이 거사를 도모하였다고 했다. 당시에 해서 지방에 떠도는 말이 "호남 전주 지방에 성인이 일어나 우리 백성을 구제할 것이다. 그때에는 수륙의 조예皂隸와 일족·이웃의 요역과 추쇄의 일을 모두 감면할 것이고, 공·사천과 서얼을 금고 하는 법을 모두 혁제할 것이니 이로부터 국가가 태평하고 무사할 것이다."라는 것이 있었는데, 이것은 시대적 상황으로 보아 당연히 백성들이 갈구하던 바이다. 이 같은 소문이 저절로 생긴 것이든 아니면 정여립이나 송익필 등이 고의적으로 퍼뜨린 것이든 간에 당시 백성들의 실상이 그만큼 어려웠으므로 혁명이 필요한 시기였음을 말해 준다.

또 선조 23년(1590) 성혼의 상소에 "역적이 이미 참주斬誅 되었는데도 백성들이 난을 기대하는 마음이 없어지지 않아서 정여립은 죽지 않았다느니, 그의 죽음이 아깝다느니, 큰 군사가 일어날 것이라느니, 반역의 진상이 밝혀지지 않았다느니 하는 유언비어가 꼬리를 물고 일어나 떠들썩하다"하였던 점도 당시의 상황을 반영한 내용들이다.

다섯 번째로 정여립이 조직하여 운영한 대동계는 일반적으로 알려진 계와는 성격이 다르다. 이 당시 정여립의 동향을 파악한 조헌은 대동계가 역모의 징조로 보였고, 이건창李建昌의 '당의통략黨議通略'에도 대동계를 역모의 증거로 보고 있다. 물론 조선에는 이보다 앞서서 전국 도처에 계 조직이 있었던 것으로 보이며, 그 중 정여립의 대동계는 잘 운영되는 것 중의 하나라고 볼 수도 있다.

그러나 정여립의 대동계는 다른 계에 비해 정치적 성향이 강하여 양반·승려·천민 등에 이르기까지 참여 범위가 모든 신분을 초월하였으며, 조직의 범위 또한 특정 군현郡縣을 너머 광역적이라는 점, 그리고 활쏘기와 같은 무술 연마에 치중하였던 점 등의 주요 특징을 이루어 이것을 단순히 향사례鄕射禮 성격으로도 볼 수는 없다. 당대의 저명한 유자로 자타가 인정하는 정여립이 당시 가장 고역에 시달리던 '수군水軍'이나 '보인保人' 출신 사람들과 교류하였으며, 명종 조에 문정왕후 이후 총령 보우를 처형하고 불교에 대한 일대 탄압과 승려들에 대한 심한 박해가 행해지고 있는 상황에서 금산사·송광사와 구월산 등지의 승려들과 교류했던 사실에 주목할 필요가 있다. 그리고 여러 고을로부터 비용을 조달하는 방법이라든가, 정해왜변 때 동원 능력 등을 고려하면 필요시에 민란 봉기 형태로만 모인다고 하더라도 상당한 위력을 발휘할 수 있었을 것이다.

정여립의 대동계는 군대처럼 대기 상태에 있어서 언제라도 군사적 행동으로 가동할 수 있는 조직이 아니라 필요시에 일반 민란처럼 자연스럽게 봉기될 수 있는 단체로 조직원들이 대부분 일반 백성들이었다고 보아야 할 것이다. 그래서 갑자기 고변이 이루어져 쫓기는 상황에서는 바로 대동계 조직을 동원할 수 없었던 것으로 보인다.

이와 관련하여 사건 당시 잔당 토벌 및 사후 수습책임을 맡았던 전라감사 이광李洸이 선조에게 한 말을 참고할 수가 있다. 선조가 "역변이 발각될 당시에 군기軍器가 있었을 텐데 끝내 찾아내지 못한 것은 무엇 때문인가?" 하니, 이광이 대답하기를 "역괴逆魁가 유자儒者로 자처하였으니 병장기 등을 제조하고 사들이고 싶어도 형편상 불가능했을 것입니다. 따라서 병기를 필시 미리 준비해 두지 않았기 때문에 아무리 찾아도 없었던 것입니다." 하였다. 선조가 "그렇다면 정여립이 맨주먹으로 난을 일으킬 계획이었는가?" 하니, 이광이 답하기를 "적모敵謀를 헤아리기는 어렵습니다만 사세로 헤아려 보건대, 내지內地 군현郡縣의 병고兵庫는 대부분 방수할 만한 성벽이 없습니다. 따라서 적이 초기에 반드시 농기구를 들고 일어나더라도 한 고을의 병기고를 불시에 덮친다면 군기가 절로 충분할 텐데 미리 준비할 필요가 있겠습니까?" 하였다. 이광은 누구보다도 정황을 잘 파악할 수 있는 위치에 있었고, 비교적 중립을 취한 노수신의 문객으로 특정 당파에 노출되지도 않았을 뿐더러, 정여립의 잔당에 대한 처벌을 완만하게 하였다 하여 녹훈 대상에서 제외된 사람이었기에 그의 말은 상당히 신뢰감이 있는 것이다. 이것은 또한 민인백의 기록과도 거의 일치한다.

여섯 번째로 참위설을 유포한 점이라 하겠다. 물론 참위설의 유포와 관련하여 "학식이 뛰어나고 말을 잘 해서 많은 사람들의 존경을 받았던 정여립이 정신 착란증이나 과대망상 광의 어리석은 행동으로 집권을 망상했으리라고 믿어지지 않는다."라는 이야기도 있다. 그러나 당시 시대상으로 보아 참위설이나 풍수지리설 등은 상당한 영향력을 지니고 있었기 때문에 참위설의 유포가 어리석은 행동이라고 여겨지지는 않는다.[16] 오히려 이를 근대 정치 이론으로 말한다면 국민들을 의식화하는

16 참설을 정치적으로 이용한 사례는 많이 있다. 鄭道傳이 "一土運盡 木子爭王" 이라는 글을

정치 선전의 한 방법이라고 볼 수가 있는 것이다.

그래서 정여립은 잡술에 통하여 중국에서 '감여堪輿'와 '성기星紀' 같은 여러 술서를 사들여 뜻을 같이하는 사람들과 더불어 강설하였다고 한다. 이에 대해 누구보다도 정여립 사건을 가까이서 지켜본 이항복은 정여립이 황해도 무식인 및 산승들과 사귀면서 세상을 어지럽히는 말을 만들었다고 하여 정여립과 관련된 참설의 유포가 있었음을 인정하고 있다. 그리고 이능화李能和는 정여립이 목자木子 운운云云하며 참설을 유포시킨 장본인이요, 정감록鄭鑑錄을 이용하여 민심을 선동한 최초의 인물이라고 하였으며, 일본인 촌산지순村山智順도 정여립이 정치적 목적으로 '목자망木子亡 전읍흥奠邑興'이라는 참설을 이용하였다고 하였다.

일곱 번째로는 거사 계획을 사전에 알았다는 사람들이 있을 뿐만 아니라, 동인 측이 주관한 국청에서 이기李箕·이광수李光秀·황언륜黃彦綸·방의신方義臣·박연령朴延齡·승僧 성희性熙 등 공모자라고 지목된 사람들 대부분이 혐의 사실을 자복 하였다. 특히 승 성희의 문서 중에는 정여립이 임금이 된다는 밀계까지 있었다고 한다.

그리고 고부에 사는 한경韓憬이 정여립 밑에서 글을 배웠는데, 정여립의 집에 가서 보니 그의 행동에 의심이 나서 아무런 하직 인사도 하지 않고 돌아와서 식음을 전폐하며 문 밖을 나가지 않고 그 아우 척惕에게 말하기를 "머지않아 큰 사변이 날 것이다."하였으며, 선조 21년 (1588) 가을 나사침의 아들 덕준 형제가 한성시를 보러 갔다가 정여립을

나무 조각에 새겨 압록강에 띄워 하늘에서 내린 참서라 하였고, 한양 천도지 무학이 정한 계룡산 도읍 터를 반대하여 "此乃鄭氏 八百年之地 他人犯見凶"이라는 글을 옥돌에 새겨 묻어 두었다가 보이는 방법을 썼다고 한다. 또 태조 말엽에 南誾과 鄭道傳이 죽임을 당한 것과 관련하여 "後南山往伐石 釘無餘矣"라는 민요라든가, 성종때 "望馬多勝 琴於伊羅"와 연산조 때 "見笑矣盧古 仇叱其盧古 見阿盧古", 중종조 때 "其客也耶 萬孫也哉" 등이 있고, 홍경래와 대원군도 풍수적 예언이나 참언을 이용한 적이 있다. : 자세한 설명은 "金水山, 鄭鑑錄 (서울: 명문당, 1981), pp. 67-68."를 참고할 것. 또한 世宗도 경복궁에 더한 명당 여부를 따질 만큼 풍수지리설이 큰 영향력을 지니고 있었다고 한다. : 李崇寧, "世宗과 風水地理說에 관한 硏究," 學術院論文集(第二十一輯), 1982. 참고.

찾아보자 "그대들은 훌륭한 재주를 가지고 어찌 쇠미한 세대에 시험을 보려 하는가. 앞으로 몇 해만 지나면 반드시 태평성대를 보게 될 터이니, 그대들은 아직 기다리라." 하여 거사 계획이 진행 중이었음을 뜻한다. 특히 조헌은 정여립의 거사 계획을 일관되게 주창하였으며, 이 사건으로 희생된 이길도 정여립의 반역 상을 감지한 바가 있다.

남인의 가문에서 태어나 정여립 사건에 대한 논의를 지켜본 실학자 이익李瀷(1681~1763)이 "누가 기축옥을 말하면서 '정여립의 일은 믿을 수 없다.'고 한다. 그러나 나는 정여립의 모사한 것이 사실이라고 생각한다."라고 하였던 점도 상당한 의미가 있으며, 조경趙絅이 지은 정언신의 비문에도 정언신과 정여립이 같은 동인東人이면서 동종同宗 관계에 있음에도 정여립을 '역적'으로 규정하고 있었다. 그리고 정여립 사건으로 가장 많은 피해를 입은 이발이 자신의 과거사를 깊이 후회하였던 점도 정여립의 거사 계획을 간접적으로 시인함을 뜻하는 것이다.

여덟 번째로 정황 추정만으로 거사 계획을 부정할 수는 없다. 정여립의 거사 계획을 부인하는 사람들은 사건 발생 후 기존의 기록들을 일단 의심하여 애매한 곳을 찾아낸 후 단편적인 기록들을 조합하여 당시의 상황을 가정 또는 추론하고 있다. 오랜 세월이 지난 후의 일인데다가 자료마저 극히 제한적이어서 의혹을 가질 만한 여지가 상당히 많은 것은 사실이다. 그렇다고 해서 당시의 정황을 가정하여 결론을 내는 것은 무리라고 본다. 많은 사람들이 장기간의 논의 과정을 거처 찬술한 선조실록·선조수정실록·국조보감 등과 같은 공식적인 주요 사서에 기록된 사실들은 확실한 증빙 자료가 없는 한 더구나 추정에 의해서 뒤집을 수는 없는 일이다. 그리고 정철과 송익필 등이 수년 전부터 해서 지방에서 공작을 시작하여 고변 과정, 변숭복과 민인백의 정여립 타살 작전, 기축옥사의 진행 등 일련의 입체 작전을 그토록 완벽하게 하였다는 것은 현실성이 없을 뿐더러 여러 사서의 기록을 번복하기에는 부족하다.

김용덕 등은 정철의 다음과 같은 행동에 많은 의심을 가지고 정여립 사건의 조작설을 주장하지만 합리적이지 못하다. 정철은 김장생에게 "정여립이 반드시 몸을 피하리라." 하였는데, 실제 그날 밤 정여립이 도주하였다는 장계가 올라왔고 이 사실을 김장생金長生이 정철에게 알리자 이미 그는 알고 있었으며, 주위 사람들이 모두 입궐을 만류하였음에도 결국 선조를 만나 위관의 소임을 맡게 되었다는 것이다. 이 같은 기록은 동인이라면 무차별 비난을 한 김장생의 기록인 만큼 사실일 것이다. 또 전후 상황으로 보아 정철의 행동에 의혹을 품을 수도 있다.

그러나 누구보다도 당시의 정황과 정철을 잘 알고 있는 김장생이 이처럼 의혹을 살 기록을 남길 리가 만무하다. 당시 정철은 입궐을 반대하는 사람과 찬성하는 사람들 사이에 있었기 때문에 정철의 행동을 사건 조작과 연계시키기는 무리가 따른다. 역사 기록의 해석은 성서를 읽듯이 해서는 아니 되며 오히려 그 틀을 넘어서 저자의 의도를 발견해야 한다고 하지만, 김장생의 기록은 있는 그대로일 뿐 역으로 유추하거나 확대 해석할 자료가 아니라고 본다.

굳이 김장생의 기록 의도를 고려한다면 김용덕이 주장하는 내용과 반대되는 방향으로 해석하는 것이 더 타당하다. 즉 김장생은 세간의 비난을 받아 가며 사건에 개입하려 한 정철과 성혼의 태도를 충성스런 신하의 모습으로 보고 기록했을 가능성이 더 높다. 조정의 중신으로 나라에 큰 변고가 생기면 입궐을 하는 것이 상례이기 때문에 정여립 사건이 발생하자 많은 중신들이 입궐을 서둘렀으며, 그 예로 정철보다 먼저 노수신이 병든 몸으로 입궐을 시도하였던 것이다.

성혼은 정철에게 "변괴가 벼슬아치에서 일어나 장차 파급될 우려가 있으니 만일 시배東人로 하여금 이 옥사를 다스리게 한다면 그것은 불로 불을 구하려고 하는 것이나 다름없어 꺼질 날이 없을 것이다. 나라 일이 심히 중대한데 어찌 몸을 돌아보겠는가."라고 하며 입궐을 독려하였던 것이다. 그래서 정철은 측근들과 상의하여 정여립이 도주하였다는 장계가 올라 온지 4일 만인 10월 11일에서야 선조를 만났다. 이는 사건의 수습을 서인들이 주도적으로 맡아 그들의 세력을 만회하는 데 보다 유리하게 하자는 의도였다.

그리고 정철이 정여립은 도망할 것이라고 미리 말하였던 것은 자신의 짐작라고 볼 수 있고, 도망 사실이 장계를 통해 올라와 김장생이 정여립에게 사람을 보내 알리자 정철은 이미 알고 있었다는 것은 장계가 도착한 시간이 밤늦은 시각이어서 바로 알리지 않다가 새벽이 되어서야 알렸기 때문에 이를 곧 사전에 알았다고 단정할 수 없는 것이다. 당시 조정과 지방 관아의 사정을 조보朝報나 자기 사람들을 통해 알고 있었던 점 등도 감안한다면 이런 사실만으로 사건 자체가 조작이라고 단정하는 것은 너무 지나친 추정이라 하겠다.

정철이 위관(우의정)의 소임을 맡은 것은 사건이 발생하고 한 달이 훨씬 지난 11월 8일로 당시까지는 정언신이 우의정으로 있으면서 정여립과 관련이 있는 사람들에 대한 처단을 나름대로 주도한 이후이다. 사건이 일단 마무리되었다는 뜻으로 선조가 정여립의 복주를 종묘에 고하고 교서까지 반포한 때가 10월 27일이었다. 정철은 지함두 등 관련자들이 승복하고 처벌을 받은 이후에 위관이 되었고, 정철 주도의 옥사에 기폭제가 된 양천회의 상소가 접수된 시기도 10월 28일이어서 서인 측에서 보아 미진하다고 생각되는 것들을 대상으로 옥사를 진행시켰던 것이다.

다만 정철을 비롯한 서인들은 항상 동인을 제거하려는 생각은 가지고 있었다. 그래서 정여립 사건이 발생하자 이를 좋은 기회라고 생각하여 자기 사람들을 통해 조사한 사건의 전모를 정철이 선조에게 보고하여 옥당의 많은 사람들을 놀라게 하였다. 정철이 위관이 되어 추국청을 왕래할 때 반드시 성혼의 집을 들렀고, 정철이 국청에서 늦게 나오면 성혼이 역시 와서 보기도 하여 모든 일을 서로 상의해서 하지 않는 것이 없었던 것이다.

정철이 위관이 되어 가장 먼저 해야 할 일로 생각한 것은 당시 좌의정이던 동인의 이산해 등의 세력을 약화시키거나 제거하는 것이었다. 그래서 성혼과 상의해서 과거에 이조판서로 있으면서 정여립을 황해도사와 김제 군수로 추천한 이산해 등을 시비 삼고자 하였던 것이다. 결국 정철·성혼·송익필 등 서인들은 이 사건을 계기로 그간의 열세를 만회하고 동인을 제거하기 위한 작업에 진력한 것이지 미리부터 사건을 조작하였다고 보기는 어려운 것이다.

마지막으로 정여립의 거사 계획을 확인할 수 있는 것은 유일한 일차 자료인 민인백閔仁伯(1552~1626)의 '토역일기討逆日記'이다. 성혼의 문인이기도 한 민인백의 이 일기를 필자가 살펴 본 바 의심이 가는 부분이 전혀 없는 것은 아니지만, 대체적으로 사실에 가까운 기록을 하고 있다. 이를 뒷받침하는 이유는 다음과 같이 정리할 수 있겠다.

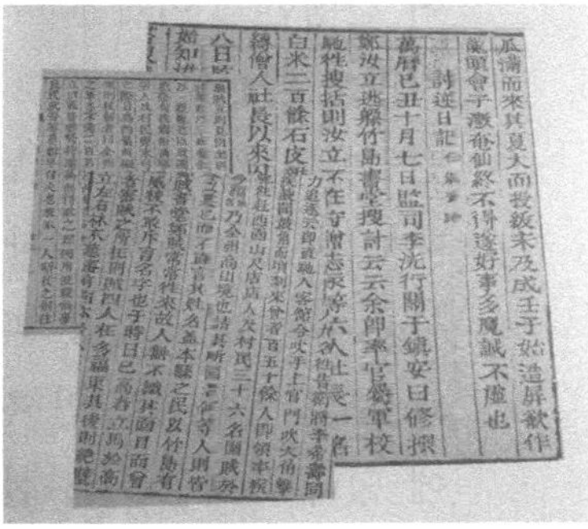

▲ 민인백의 토역일기

(1) 일기 내용의 서술에 있어 현장감이 있고 매우 자세하게 표현하고 있다. 일이 진행된 시간과 주변의 분위기는 물론 정여립의 최후 장면의 옷차림까지 소상하게 기록하고 있어 조작이라고 보기에는 너무나 사실적이다.

(2) 민인백의 당색이 분명하지 않다. 민인백은 문과에 장원급제한 사람이며 스스로 성혼의 문인이라고 말하면서도 정철과는 아무런

관계가 없을 뿐더러 동인인 이산해와도 별 감정이 없다고 하였다. 물론 민인백은 서인이 확실하고 그의 말을 전적으로 믿을 수는 없지만, 민인백이 서인으로 당색을 나타내어 드러나게 활동한 기록이 보이지 않아 당파에 소극적인 입장에 있었던 것으로 보인다.

(3) 민인백의 기록이 실록의 내용과 상당 부분 일치한다. 민인백의 토역일기는 선조수정실록의 기록 내용과 대부분 같으며, 특히 민인백은 정여립의 거사 계획 시기를 경인년(1590) 정월 경이라고 하였는데, 선조수정실록은 물론 선조실록에도 선조의 입을 빌어서 고변일로부터 두어 달이라고 하여 거의 일치하고 있는 것이다. 그래서 민인백의 문집은 고종 때 민태호閔台鎬가 수집하여 간행한 것이기는 하나, 일기 내용을 개작까지 하였다고 보여지지는 않는다.

(4) 민인백의 일기에 나타난 지명이 현재 진안과 그 주변의 지명과 대부분 일치한다. 고산高山·장계長溪·다복多福 등은 현재까지도 사용되고 있는 지명이다. 다만 민인백이 정여립의 출현을 최초로 보고 받은 장소인 신원新院은 현에서 20리(약 8.6㎞)되는 거리에 있다고 하였는데, 현재 어느 위치인지 정확하게 확인할 수가 없고, 서면西面 산척점山尺店 : 多福(근처로 추정)도 그 위치가 분명하게 확인되지 않는다.

(5) 일기에 나타난 민인백의 활동 시간대가 당시의 교통 사정 등을 감안할 때 거의 모순점이 없다. 이것은 좀 더 자세히 살펴보기로 하자.

민인백의 기록에 따라 당시의 정황과 시간을 추정해 보면[17] 민인

17 1589년 10월 14일은 현재 양력으로 환산하면 같은 해 11월 23일로 일출 시간은 07:20이고, 일몰 시간은 17:17이며, 달이 뜨는 시간은 15:30 경으로 추정된다. 당일에는 구름이

백이 장수 현에서 이른 아침에 출발하여 진안 현에 도착한 때는 당일 오후 늦은 무렵(4시경)이었다. 장수 현에서 진안 현까지의 거리는 약 60리 정도로 민인백이 말을 타고 마부와 하급관리들의 안내를 받으며 보통 걸음으로 오는데 소요된 시간이다.

객관에서 사람들을 모아 산척점을 거처 다복으로 가서 정여립의 시신을 거둔 시기는 저녁 7시에서 9시 사이로 추정되며, 자정 전후시기에 죽도서당에서 체포한 지영志永을 압송해 와 체포한 사람의 신원을 확인하였고, 다음날 날이 밝자마자 전주 감영으로 압송하여 당일 오후에 감영에 도착하였으며, 감사의 검시와 확인을 거처 당일 쌍발마로 도성을 향해 출발하여, 18일 늦은 오후나 밤에 한양에 도착한 것으로 보인다. 그래서 바로 그 다음날인 19일에 옥남에 대한 선조의 친국이 이루어졌던 것이다.

그렇다면 과연 당시 파발마나 압송하는 행렬이 전주에서 한양까지 이르는데 얼마의 시간이 필요할까? 대개 30리마다 1개소의 역이 설치되어 있었고, 한양 전주(삼례)간은 '서남대로'라 하여 도로 상태가 비교적 양호하였다고 하더라도 파발마의 경우는 1~2일, 시신 정도의 짐을 실은 마차의 경우도 3일, 소규모 호행 군대 이동의 경우 4~5일, 보통 걸어서는 6일 정도 소요된다고 보인다.[18]

끼여 있는 날씨였으며, 나무의 잎은 아직 남아 있는 상태였던 것으로 보인다.

18 '新增 東國輿地勝覽'과 '大東地志' 등에 따르면, 한양에서 전주간의 거리는 516리(약 222.9㎞)이고 한양에서 진안까지 거리는 580리, 전주에서 진안까지 거리는 90리, 진안 현에서 장수 현까지는 60리라고 기록되어 있다. 보통 걸음으로 걸어서 하루에 100리 정도를 갈 수 있고, 주야로 갈 경우에는 훨씬 더 많이 갈 수 있었다. 또 당시 조선의 도로 폭은 대로가 56척(17.48m) 중로가 16척(5m)이 원칙으로 로마 시대의 대로가 약 10m, 보행로가 약 2.4m였던 점을 고려하면 결코 좁은 길은 아니었으나, 지역에 따라서는 좁고 험한 곳도 많았으며 강은 배를 이용해야 했다.(현재 서울에서 전주까지 고속도로의 거리는 232.1㎞이다.)
미암일기에서 유희춘은 고향인 해남에 가기 위해 아침 일찍 서울을 출발하여 날이 저물면 파발마를 통한 문서 전달에 있어 긴급명령일 경우에는 '현령식 전달방식懸鈴式傳達方式'이라 하여 역졸이 탄 말에 방울을 달고 다녔는데, 대급大急일 경우에는 3개, 2급일 경우에는 2개, 1급 일 경우에는 1개의 방울을 달고 달렸다. 또 지형에 따라 일정치 않고 거리의 차이가 있으나 대체로 30리마다 설치되어 있던 역을 통과함에 있어 공문의 급한 정도와 낮의 길이에 따라 차이를 두어 낮의 길이가 비교적 긴 2월부터 7월까지의 경우 대급은 6역, 2급은 5역, 3급은 4역을, 낮의 길이가 비교적 짧은 8월부터 그 이듬해 정월까지는 대급은 5역, 2급은 4역, 1급은 3역을 통과하게 되어 있으나 군사상 긴급을 요할 때에는 특명으로 쌍마雙馬를 사용하고 초면初面에 '긴급사緊急事' 3자를 써서 주야로 급주急走하도록 하였다. 또 '대명률大明律'에도 군사상 급한 공문은 주야로 달려 반드시 300리를 가야 한다고 했다.[19] 이 같은 사항들을 종합할 때 민인백이 기록한 시간적인 내용은 타당하다고 여겨진다.

(6) 민인백의 일기 내용에 대한 공개적인 시비가 없었다. 민인백이 사건 종료 후 선조에게는 물론 공식 석상에서 정여립을 체포한 경위를 누차 설명한 바 있으나, 이것에 대해 당시는 물론 그 후에도 동소만록의 기록을 제외하고는 시비가 없었다. 민인백을 사관들마저도 "패려 하고 행실이 없는 자," "개돼지 같은 사람"이라고 비난을 하면서도 민인백이 중국 사신으로 갔을 때 물건

관아에 들러 묵으며 전주까지 가는데 6일이 걸렸다. 또 10월 3일 새벽에 출발한 독포어사의 행렬을 4일 오후에 당시 상경 중이던 양천회가 충청도 尼山(현재 논산 위)에서 보았던 점등을 참고할 수 있다. 현재는 10리를 4㎞로 보고 있지만, 조선시대에는 4.32㎞이다. : 元永煥, "朝鮮時代 交通路와 驛院制의 考察," 鄕土史硏究(제7집)(광주: 한국향토사연구전국협의회, 1995), p. 8. ; 金井昊, 한양가던 옛길 답사 소고, 같은 책, p. 142.

19 파발마의 경우 수시로 말을 갈아타기 때문에 말이 크게 지치지를 않아 평균 시속 10㎞ 정도만 간다고 하더라도 거리가 약 230㎞ 정도인 전주에서 서울까지 하루(24시간) 정도가 소요된다.

을 암거래한 일과 같은 것을 시비 삼았을 뿐 정여립 사건과 관련된 문제는 제기하지 않았을 뿐만 아니라 천수을 다할 때까지 계속 조정의 주요 직책을 담당하고 있었다.

이 같은 정여립의 거사계획은 선조 28년(1595) 이성남李成南 옥사에서 다시 거론된 바가 있으며, 선조 29년(1596) 7월 이몽학李夢鶴 등이 신분해방을 요구하며 홍산에서 난을 일으킬 때 거의 같은 방법을 적용하였다. 즉 이 난의 주동자로 알려진 이몽학과 한순韓絢은 부여 도천사道泉寺의 승려들을 이용하였고, '만인동갑계萬人同甲契'라는 것을 조직하였으며, 백성들을 편안히 하기 위해서 거사하였다는 명분을 내세우고 한양으로 진격코자 하였던 것이다. 이 또한 정여립의 거사계획을 확인해 주는 것이 된다.

물론 민인백의 토역일기가 문제점이 전혀 없는 것은 아니다. 민인백은 선조 22년(1589) 3월 자신이 진안현에서 정여립을 만났다고 하면서 이때 정여립의 직위가 병조좌랑이라고 하였다. 당시 정여립은 향리에 내려와 거사를 준비하는 단계에 있었기 때문에 벼슬을 하지 않았다고 여겨지며, 지금까지 조사된 문헌 어디에서도 이 같은 기록이 발견되지 않는다. 그리고 정여립 사건 수습 후 책록한 공신들의 등급 구분에 있어 민인백의 기록과 선조수정실록의 기록이 서로 일치하지 않으며, 선조수정실록에는 없는 홍진洪進이 3등에 책록 되었다고 민인백은 기록하고 있다.

또한 민인백은 정개청鄭介清을 "만고萬古의 역신逆臣"이라고 하며 정개청이 지은 배절의론排節義論 중에 정여립이 늘 말하던 왕촉王蠋의 말과 이윤伊尹의 말이 포함되어 있다고 하였는데, 현재까지 알려진 바르는 정개청의 문집에 그런 내용이 있었다는 것이 확인되지 않고 있다. 이러한 것들은 민인백 스스로 잘못 기록한 것인지 후에 정리하여 편찬한 사람들의 잘못인지 확인할 길이 없다. 그래서 이런 것들은 민인백의 토역일기를 100% 그대로 수용하는 데는 다소 문제가 있다는 것을 뜻한다.

지금까지 정여립의 거사 계획이 있었음을 입증하였다. 이제는 더 이상 야사의 일부를 인용하거나 동인 측의 일방적인 사료를 근거하여 정여립의 거사 계획 자체가 없었다고 하는 일은 없어야 할 것이다. 또한 정여립에 대한 과대평가도 당연히 지양되어야 하겠지만, 거사 계획 자체를 부정함으로써 정여립을 일개 불평분자 정도로 비하시키는 일도 없어야 한다. 정여립의 거사계획이 당시로서는 역모로 칭해졌지만, 지금의 잣대로 보면 분명 혁명기도이기에 정치적으로 높이 평가받아 마땅하다고 본다.

4. 정여립의 사망과 연루자 처단

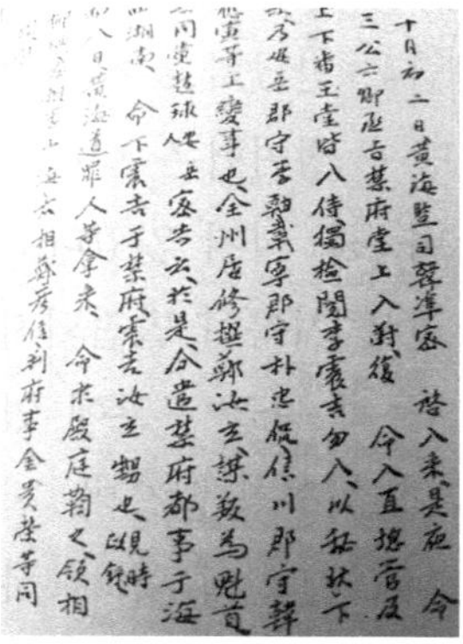

▲ 정약용의 동남소사

선조 22년(1589) 10월 2일 황해도 관찰사 한준韓準, 재령 군수 박충간朴忠侃, 안악 군수 이축李軸, 신천 군수 한응인韓應寅 등이 비밀 장계를 올려 "전 수찬 정여립이 모반한다."고 하였다. 그 장계에는 "역적들이 장차 금강을 건너 한강에 이르고 연로 봉수와 역졸의 왕래를 끊고 범궐할 것"이라고 되어 있었다. 선조는 편전에 나가 삼공과 육승지, 의금부 당상관들을 급히 들어오게 하고 숙직하는 총관摠管, 옥당玉堂 상하 번들도 모두 입시케 하여 긴급회의를 하였다. 다만 검열 이진길李震吉만은 들어오지 못하게 하였는데, 정여립의 생질이기 때문이었다.

이 자리에서 선조가 "정여립이 어떠한 사람인가?" 물으니, 영상 유전柳㙉, 좌상 이산해李山海는 "그의 인품을 모른다."고 대답하였고, 우상 정언신은 "그가 독서하는 사람이라는 것만 알고 다른 것은 모른다."라고 하였다. 이에 선조는 고장告狀을 내던지며 "독서하는 사람의 행동이 이러하단 말인가."하였다. 대신들의 요청에 따라 전라도와 황해도에 선전관과 금부도사를 급히 파견하였다.

조정의 중신들이 처음에는 이 변을 듣고 도리어 정여립 구출에 진력하여 혹자는 이이의 제자들이 무고하여 사건을 야기 시켰다 하고, 혹자는 정여립의 사람됨은 충성이 태양과 같다 하여 심지어 고변자 한준을 그르다고까지 하였다. 또 태학의 많은 학생들도 구출을 제의하여 상소를 통해 구출하려고까지 한 자가 있었다.

백유양白惟讓의 아들 진민振民은 사건이 일어났을 때 그 무리 10여 명을 모아 서로 상의하기를 "황해도의 수령은 서인들이 반이나 되고 이이의 제자가 많으니 이번 일은 아마 그들이 무고한 것일 것이다. 정수찬鄭修撰이 곧 잡혀 들어올 터이니, 우리는 마땅히 소를 올려 그 원통한 것을 호소하자."하고 유영근柳永謹으로 소수疏首를 정하기까지 하였다. 선조도 대신을 모아 이르기를 "내가 정여립의 위인을 아나 어찌 역적에까지 이르렀을까."하니, 우의정 정언신이 약간 냉소하며 보고하기를 "어찌 이런 일이 있으리이까. 그러나 잡아다가 국문 하지 않을 수가 없습니다." 하였고, "비록 서인들이라도 다 말하기를 정여립이 마음씨는 부정할망정 어찌 반역, 배반할 이치가 있을까." 하며 모두들 믿지 않았다

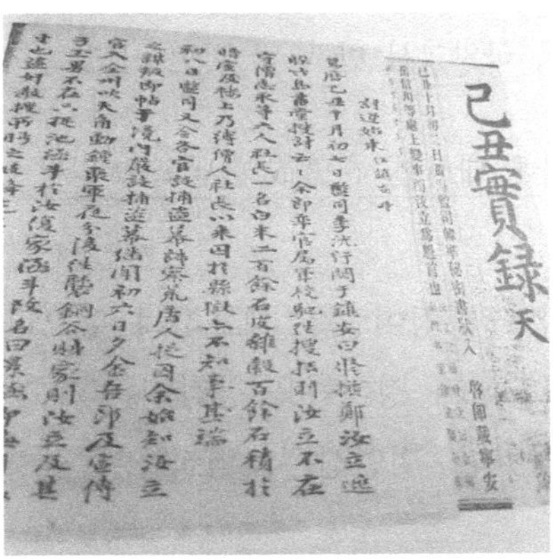

▲ 기축실록, 토역시말 - 민인백

그때 역적모의에 참가했다는 백성 두어 사람을 황해 관찰사 한준이 잡아 큰칼을 씌워서 서울로 압송했는데, 임금이 직접 국문을 하니 모두 빌어먹는 궁인들이었다. 임금

이 웃으며 말하기를, “정여립이 비록 반역을 도모하였으나 어찌 이런 무리와 공모를 하였겠는가.”하고 그들에게 묻기를, “너희들이 반역을 하였느냐.”하니 대답하기를, “반역하는 것은 모르나 반국을 하고자는 하였습니다.” 하였다. 또 묻기를 “반국은 무슨 뜻이냐.” 하니 대답하기를, “먹고 입는 것이 넉넉한 것입니다.”하였다. 이들의 일에서는 사건의 실상이 없으므로 곧 놓아 보내려고 정여립이 잡혀 오기만을 기다렸다.

표 II-4 정여립 사건 초반일지

월 일	진행상황
10. 2	황해도 관찰사 韓準의 고변
7	금부도사 柳湛의 정여립 도주보고, 전주부윤 尹自新과 판관 羅庭彦 독포어사 尹暹이 전주로 출발
8	황해도 죄인 국문
11	鄭澈이 선조를 숙배하고 비밀 보고서를 올림.
14	독포어사 삼남 파견(丁胤祐, 李大海, 鄭淑男), 정여립 자살, 옥남 등 체포.
15	정여립 시신 등을 서울로 압송 황해도 죄인 李箕·李光秀 등 승복 받은 후 처형
17	안악 수군 黃彦倫, 方義臣 등 자복 처형
19	옥남 친국
20	朴延齡 등 친국 처형
27	정여립과 邊崇福 시체 능지처참, 국왕교서 반포 및 잡범 사면
28	梁千會 상소
11. 8	鄭澈 우의정, 成渾 이조참판, 崔滉 대사헌, 白惟咸 헌납으로 임명

금부도사 유담柳湛이 전주 부에 이르러 정여립을 체포하려 했으나 이미 도피하고 없었다. 이를 조정에 보고하자 정여립을 장검張儉[20]의 망명에 비유하며 모역을 믿지 않으려 하였다. 정언신은 “역적들이 장차

20 後漢書(卷九十七) 列傳，張儉 : 왕의 노여움으로 죄 없이 도망 다닌 後漢의 名人.

금강을 건너 한강에 이르고 연로沿路 봉수烽燧와 역졸의 왕래를 끊고 모반할 계략'이라고만 한 내용에 대해서 이와 같은 중대사건을 알리는데 있어서는 마땅히 모인에게서 들었으며 모인의 제보라고 구체적으로 밝혀야 할 터인데 엉성하고 막연하게 보고가 되어 있어 무근지설일 것이므로 무고자들을 다스려야 한다고 하였다. 모두들 정여립이 올라와서 유창한 언변으로 변명할 것이라고 정여립의 상경을 고대하고 있었다. 그러나 정여립이 진안 죽도로 도피하여 자결했다는 소식이 전해지자 역모는 사실로 굳어져 버렸다. 유성룡의 운암잡록에도 선조가 처음에는 정여립의 모반을 믿지 않다가 정여립이 자결하였다는 소식을 듣고 옥사를 시작하였다고 기록하고 있다.

살아남은 정여립의 아들 옥남玉男과 박춘룡 그리고 정여립의 시신은 한양으로 압송되었다. 선조가 임석한 가운데 국청이 열리자 당시 17세이던 옥남은 자백하기를 길삼봉吉三峯이 모주이고 해서인 김세겸金世謙·박연령朴延齡·이기李箕·이광수李光秀·박익朴杙·박문장朴文長·변숭복邊崇福 등이 가끔 왕래하였으며, 승려 의연義衍과 도사 지함두池涵斗가 서당에 머물면서 공모하였다고 했는데, 이어서 문초를 받은 이광수·박연령·지함두 등의 공초가 고변의 실마리를 제공한 사람으로 알려진 조구趙球의 말과 대체로 같았다. 정홍鄭泓·방의신方義臣·황언륜黃彦倫·의연義衍 등이 복주되고, 이진길李辰吉·정여복鄭汝復 형제·한경韓景·송간宋侃·조유직趙惟直·신여성辛汝成 등은 불복하다가 장형杖刑을 당하여 죽었다.

정여립은 전라도 전주 사람으로 전라도 일대를 중심으로 역모가 이루어 져야 하는데 어떤 이유로 황해도에서 역모가 먼저 감지되었는가? 이에 대하여 선조수정실록은 정여립이 해서 지방의 풍속이 완악하여 일찍이 임꺽정의 난이 있었음을 알고, 앞서 황해도사가 되려는 뜻을 이루지 못하자 안악인 변숭복·박연령 등과 해주인 지함두 등과 모의하여 역모를 진행시켰다고 하였다. 그러나 일찍이 정여립이 해서는 율곡이 거처하는 곳으로 이곳 유생들의 상소는 모두 율곡의 사주에 의한 것이어서 공론이 아니라고 지적한 바 있으며, 하필이면 율곡 문인들의 소굴 즉 서인들이 많은 해서에서 역모를 했다는 것이 납득이 가지 않고 일련의 역모 진행이 전라도에서 더 진행되었을 터인데 전라 감사나 전주부윤과 같은 관헌들의 눈에 발견되지 않았던 점도 이해가 되지 않는다는 주장이 있다.

그래서 역모 고변 자체가 조작에 의한 무고라는 논의가 있다. 특히 김용덕은 정여립의 제자를 자처하는 안악 교생 조구의 고발로 이축이 중심이 되어 고변을 하였다고 하나 전후를 종합해 보면 송익필이 조구를 시켜서 박충간에게 제보한 것이 사실인 것 같다고까지 하였다. 괘일록掛一錄에는 박충간이 이축과 한응인을 협박하여 감사에게 보고함으로써 장계가 올라 왔다는 기록이 있고, 동소만록에는 동인에 대한 복수를 할 기회만을 보고 있던 송익필·한필 형제에 의해 조작되었다는 내용 등이 있어 이를 뒷받침 해 주고 있다. 그래서 고변 과정을 보다 자세히 알아볼 필요가 있다.

대체적인 고변의 전말은 다음과 같다. 해서의 구월산 승려 가운데 정여립의 거사 계획에 가담한 의암義巖이라는 자가 사전에 재령 군수 박충간에게 비밀리에 알렸으나 박충간은 망설이다가 고변하지 않았다. 또 안악 군수 이축에게 남절南截이라는 족제族弟가 항간에 떠도는 말을 듣고 알렸고, 이축이 남절을 시켜 진상을 알아보도록 하였다. 남절은 조구가 정여립의 제자라고 말하며 항상 많은 무리들과 어울려 술을 마시는 행동이 심상치 않아 이 사실을 이축에게 알렸으며, 이축은 조구를 잡아 문초하고 그의 집에서 정여립의 편지를 찾아내어 다그치자 거사 계획의 실상을 모두 고하였다. 그래서 이축은 즉시 박충간과 상의하여 신천군수 한응인과 더불어 감사 한준에게 보고하였다. 한편 박충간은 재령으로 되돌아가 정여립과 같은 무리인 이수李綏를 잡아서 문초하니 이수의 자백도 조구와 같으므로 아들을 시켜 대궐에 고변케 하였고 한준의 장계도 올려졌다.

그런데 괘일록에는 "이때 송한필이 황해도에 가서 성명을 고치고 스스로 조생원趙生員이라 하였다. 밤낮으로 동인을 원망하여 원한이 골수에 사무쳤다. 한필의 무리들이 황해도 땅에서 어리석은 백성들을 꾀어서 말하기를, '전주에 성인이 났으니 즉 정수찬이다. 길삼봉과 서로 친하게 왕래하였는데, 삼봉은 하루 삼백 리 길을 걸으며, 지혜와 용맹이 비할 데 없으니 역시 신인神人이다. 너희들이 만일 가서 볼 것 같으면 벼슬이 저절로 올 것이다.'하였다. 교생 변숭복·박연령 등 몇 사람이 그 말을 믿고서 정여립에게 가보니, 정여립도 그들을 후하게 대우하여 보냈다."라고 되어 있다. 또 "박충간이 안악에 달려가서 이축에게 말하기를 '정여립의 역적 음모가 이미 드러났으니 속히 도모해야겠다.' 하였으나, 이축은 마음이 옹졸하여 심히 어렵게 여겼다. 또 신천에 가보니 한응인은 밝은 사람이므로 그 기미를 알고 술을 마시며 거짓 취하는 채 하니 박충간이 입을 열지 못하였다. 이렇게 하기를 두어 차례 한 뒤에 드디어 이축을 협박하고 한응인을 공갈하여 감사에게 보고하여 장계를 올렸다."라고 되어 있어 송한필과 박충간의 행동에 의구심을 품을 수가 있다.

동소만록에는 "사지에 몰려 동인에 혈원을 품은 송익필 형제가 밤낮으로 궁리를 하던 중에 마침 정여립의 대동계 소식을 듣자 이름을 바꾸고 황해도에서 점술가로 변신하여 허세 있는 향반들을 유혹하여 조상 묘지, 관상, 신수를 보니 3년 내에 장상將相이 될 것이라고 속이고 도내 모처 모씨를 찾아가라고 하였다. 그리고 이씨 왕조가 곧 망하고 정씨 왕조가 일어난다는 참문을 보이며 시기가 도래하였다 하고, 호남에 왕기가 성하니 정씨 성을 가진 자가 일을 도모하면 부귀가 저절로 이루어진다고 하였다. 시골의 어리석은 사람들은 송익필 형제의 말을 믿고 호남으로 달려가 이름이 잘 알려진 정여립을 서로 찾아가 사귀고 왕래를 하니 차츰 정여립에 대한 이야기가 주막에서 나돌아 다녀 정여립은 호남에 사는데 고변이 황해도에서 이루어진 까닭이다."라고 언급하고 있으며, 정약용이 엮은 동남소사에도 안씨수록을 인용하여 비슷하게 기록하고 있다.

또 이건창의 당의통략에도 "송익필이 성혼과 정철의 문인과 빈객들 중에 호남에 사는 사람들과 함께 서로 왕래하며 모의해서 정여립이 반하려는 조짐을 자세히 조사해 가지고 시골사람들을 시켜서 밀고하게 되었다. 고변하는 글이 황해도로부터 올라온 것은 송익필이 그때 백천白川에 가서 있었던 까닭이다."라고 했다.

이와 같은 일련의 기록들은 제 2장에서 보았듯이 송익필 형제가 이발 등 동인에게 한을 품기에 충분하고 더구나 이산해·김장생·정철 등이 서로 숨겨 주어 목숨을 부지할 수 있는데다가 타고난 지모가 제갈량에 견줄 수 있어 조작을 할 수도 있는 위치에 있었다고는 말할 수 있다. 또 후에 송시열宋時烈이 "선생은 포부가 크고 세상에 대한 책임감이 강해 세도에 뜻을 가지고 있었다." 하였고, 이식李植은 "선생은 옛 도를 자처하며 비록 공경 귀인이라도 친구로 하여 모두 좋게 보지 않았고, ... 다만 그의 가문에 하자가 있었음을 덮을 생각을 하지 않았으며, 몸이 천류에 처해 있었음에도 지나치게 자존심이 강하였다. 임란을 맞아 귀양지에서 풀려 난 뒤에도 큰 소리와 거침없는 말로 시사를 비평하고 흉보았다."라고 평하였던 점등을 고려할 때 무언가 일을 벌일 인물이라는 것은 짐작이 된다.

특히 김용덕은 '동남소사'의 기록을 근거로 송익필이 사지에 놓인 자신과 일가를 구출하며 혈원을 보복하기 위해 지모를 짜낸 결과 정여립의 대동계를 천여의 기회로 생각하고 황해도 일대에서 점술가로 변신하여 호남에 왕기가 성하다는 등의 유언을 퍼뜨렸다고 하였다. 이로써 해서의 무식한 사람들이 자주 호남에 왕래하여 술자리에서 정여립의 저의가 나타났고 송익필이 조구를 시켜서 박충간에게 제보한 것이 사실인 것 같다고 하였다. 그래서 고변이 해서에서 들어오게 되었으며, 정여립은 송익필 형제의 술수와 함정에 말려든 것이라고 하였다.

그러하다면 송익필 형제야말로 정여립 사건을 조작한 주모자이자 자신의 혈원을 풀고 동인 천하를 뒤집으려는 간악한 무리라고 할 수가 있다. 과연 송익필 형제가 아버지 사련祀連이 안처겸 옥사에서 보인 방법을 시사 받아 정여립 사건을 조작함으로써 송익필 가문이 대대로 천하에 용납되지 못할 간적의 무리인가? 아니면 이들은 정여립 사건에 어느 정도까지 개입하였는가?

이에 대해서는 배상현裵相賢의 주장이 비교적 설득력이 있다. 배상현은 송익필 형제가 안씨의 화를 피해 정철·이산해 등의 집에서 보호되었기 때문에 해서로 가지 않았을 뿐만 아니라 이건창이 당의통략에서 말하는 백천은 송익필 일가의 고향이므로 도피 중에 있는 이들이 형적이 노출되기 쉬운 곳에 간다는 것은 믿기 어렵다 하였다.

또 정여립이 해서海西에서 그의 세력을 키우고자 노력한 이유와 그 흔적을 다음과 같이 설명하였다.

(1) 유사시에 군사 행동을 벌인다면 남북 협공의 이점이 있다.
(2) 해서 지방은 인심이 흉한한 데다 임꺽정의 난을 겪어 민심이 불안함으로 선동하기가 용이하다.
(3) 정여립 일파의 선동을 듣고 관민이 동요하여 집집마다 병장기를 마련하였으니 이들을 반군으로 활용할 수 있는 가능성이 있다.
(4) 이 같은 사실을 잘 아는 그는 세력을 부식하고자 하여 자신이 황해도사가 되려고 구직한 바 있으나 뜻을 이루지 못하였다.
(5) 정여립이 반란을 일으킬 조짐이 황해도뿐만 아니라 전라도에서

도 드러나 그의 친형이 고변을 시도하였다.

(6) 그의 사위 진사 김경일金敬一이 고부에서 민가의 전언傳言을 듣고 정여립에게 서문書問하였을 때 자기의 적대자가 꾸민 소리라고 호도 하였을 뿐 명백하게 밝히지 않았다. 이 같은 사실로 미루어 송익필 형제가 사건을 조작하였다고 간주하는 것은 견강부회牽强附會를 면치 못하는 것이다.

그리고 배상현은 송익필을 서인의 모주로 보는 남인 측의 기록인 '동소만록'이나 원수지간인 안씨 가의 기록인 '안씨수록'을 인용한 '동남소사'를 근거로 송익필 형제를 음험한 간괴로 보는 것은 사료 선택에 있어 형평을 잃은 것이며, 기축옥사로 실권한 동인 측에서 과거에 무리하게 송익필 일가를 환천시킨 일을 사건 조작이라고 전가하여 자신들의 결백을 주장하는 것으로 보는 것이 타당하다고 하였다.

송익필이 정여립 사건을 조작하였는지는 정확하게 확인할 길이 없다. 조작설을 강하게 주장한 김용덕 등의 추정은 배상현의 말처럼 자료 선택에 형평성을 잃은 것으로 납득하기가 어렵지만, 당시 그가 도피 중에 있었고 시사에 관여한 흔적이 여러 곳에서 나타나 어떤 형태로든 개입한 것은 사실로 여겨진다. 특히 정철이 위관이 된 이후 이발 형제 등의 옥사에는 보다 적극적으로 관여한 것으로 보인다.

문제는 정여립의 거사 계획을 부추기고 황해도에서 고변이 들어오도록 하는 일에 어느 정도 관련이 있느냐이다. 여기에 대하여는 일부 부추긴 것은 짐작이 가지만, 그 이상의 활동은 하지 않았거나 할 수 없었다고 판단되는데 그 이유를 설명하면 다음과 같다.

(1) 동소만록은 정치적으로 반대 입장에 있는 남인의 기록이고, 안씨수록은 송익필 가와 원수지간에 있는 안씨 가의 기록이기 때문

에 신뢰할 수가 없다. 오히려 동소만록에서도 "이를 무옥이라 함은 정여립의 역명을 벗기고자 함이다."라고 하였다.

(2) 환천조치 후 송익필은 광주에 한필은 해서로 피신하였지만 고향인 해서에서는 활동하기가 사실상 어려웠다. 이미 사대부들에게는 송익필 형제의 면면이 잘 알려져 있었고, 특히 고향이자 이이와 더불어 왕래가 잦았던 해서지방이 그러했다. 더구나 체포령이 내려져 도피하고 있는 형편에 고향 땅에서 활동했다는 것은 납득하기 어려운 일이다.

(3) 고변 과정에서 박충간의 공갈과 협박을 받았다는 한응인韓應寅의 행장行狀에는 고변 당시 세 수령이 협의하여 고변을 하게 되었으며, 응인이 구월산 등지에 숨어든 정여립의 잔당들을 토벌하였다고 되어 있다. 만일 응인이 고변 과정에서 소극적인 태도를 가졌거나 고변 행위가 정당한 행동이 아니라고 여겨졌다면 이 같은 기록을 행장에 남기지 않았을 것이고 1등 공신에 책록 되지도 못하였을 것이다.

(4) 송익필 형제에 의해 사건이 조작되었다면 최초 동인들에 의해 주도된 옥사에서 밝혀져야 했다. 고변이 들어온 후 처음에는 무고일 가능성이 많다하여 바로 옥사를 진행하지 않은 상태에서도 송익필 형제들에 대해서는 별다른 혐의를 찾지 못했으며, 다만, 상소를 내도록 하여 부추긴 의심만 받았다.

(5) 사건 발생 후 송익필 형제를 체포하여 취죄를 함에 있어 죄상이 뚜렷하지 않았고, 중신들의 거듭된 중벌 요구에도 선조는 이들에 대한 처벌을 비교적 관대하게 처결하였다.

(6) 이들의 인품에 대한 세인들의 평가를 고려할 때 사건의 조작 가능성은 희박하다. 만일 동소만록의 기록처럼 성명을 바꾸고 해서에 숨어들어 은밀하게 활동하였다면 그는 천인출신으로 아버

지 사련에 이어 '흉인종자凶人種子'라는 비난을 면하기 어려워 비록 서인들로부터도 비호를 받기는 어려웠을 것이다. 그러나 정철을 비롯한 서인들은 물론 동인인 이산해도 그의 도피생활을 적극 도와주었다.

여기서 송익필이라는 인물에 대해 후인들의 평을 다시 살펴보자. 인조반정 후 김장생金長生·김집金集·정엽鄭曄·서성徐渻·유순익柳舜翼 등에 의해 송익필의 신원을 요구하는 상소가 있었으나 받아들여지지 않다가 영조 26년(1750) 충청도 관찰사 홍계희洪啓禧에 의해 다시 신원 요구가 제기되었다. 홍계희는 송익필이 일세의 유종儒宗으로 후학에 끼친 공로가 크다고 강조하였다. 결국 송익필은 죽은 지 153년 만인 영조 28년(1752)에 사헌부 지평持平에 추증 되었다

그 후 고종은 "송익필은 도학과 덕행이 모두 훌륭하다."고 하였고, 특히 순종은 "지평의 벼슬에 추증된 송익필은 학문이 순수하고 지조와 행실이 엄정하였다. 그 탐욕스러운 자를 청렴하게 하고 나약한 것을 굳건하게 한 기풍은 백대토록 길이 물려줄 만하니 특별히 품계를 뛰어넘어 정2품의 품계를 주고 규장각 제학의 벼슬에 추증함과 동시에 시호를 내리는 특전은 시장이 올라오기를 기다리지 말고 시행토록 할 것이다."하여 같은 해 7월 '문경文敬'이라는 시호를 내렸다.

따라서 송익필 형제가 사건을 조작하였다고 보기는 어렵다. 다만 이들이 숨어 다니면서 동인들에 대한 비난을 하였고 그 과정에서 어느 정도 유언을 퍼뜨렸다고는 볼 수가 있겠다. 특히 송익필은 지모가 출중하고 시사에 관심이 많은 사람이었기 때문에 정여립 사건 발생 후 이발·정개청·최영경 등의 옥사에는 적극적인 개입이 있었다고 보아야 할 것이다.

(7) 사건 고변자들이 모두 공신이 되었는데 이에 대한 시비가 전혀 일어나지 않았던 사실을 주목할 필요가 있다. 조정에서는 정여립 사건을 평정한 공을 기려 박충간을 비롯한 22명에게 공신으로 책록하였다. 이들은 공신이 됨과 동시어 승진을 하였고, <표 Ⅲ-5>에서 보는 바와 같이 거의 대부분이 정승의 반열에 올라 여생을 명예롭게 보냈다. 정여립 사건에도 불구하고 조정은 여전히 동인의 세력이 우세하였으나 이들의 행위를 정여립 사건과

표 II-5 정여립사건 평난공신 명단

等級	姓 名	事件當時職位	昇 進	最終 職位	備 考
	朴忠侃	재령군수	형조참판	우의정추증	
1등	李 軸	안악군수	공조참판	영의정 추증	
	韓應寅	신천군수	호조참의	우의정	
	閔仁伯	진안현감	예조참의	지중추부사	성혼 문인
	韓 準	황해감사	호조판서	이조판서	이중호 문인
	李 綏	학사	당상	고부군수	病死
	趙 球	교생	정직	충의위	전릉군
	南 截	진사	문의현감	온양군수	남계군
2등	金貴榮	판부사	영부사	우의정	
	柳 典	영의정	–	영의정	
	俞 泓	예조판서	이조판서	우의정	松塘集
	鄭 澈	판돈영	우의정	우의정	
	李山海	좌의정	좌의정	영의정	정여립 천거
	洪聖民	호조참판	대사헌	영의정추증	拙翁集
	李 準	우부승지	이조판서	영의정추증	
	李憲國	도승지	대사간	좌의정	
	崔 滉	정언	좌찬성	영의정	이중호 문인
	金命元	형조판서	좌참찬	좌의정	이황 문인
3등	李 增	대사간	좌참찬	영의정 추증	北厓詩稿
	李恒福	문사랑청		영의정	정여립천거
	姜 紳	문사랑청	우승지	좌참찬	정여립천거
	李廷立	형조참의	참판	영의정 추증	溪隱遺稿

연루하여 탄핵하거나 배척한 사례가 없다.

선조가 고변 주역의 한사람인 이축李軸을 크게 쓰라고 명하자, 사간원에서는 이축이 전란을 맞아 숨어 다니며 자기 목숨 부지에 급급하였기 때문에 기용을 해서는 아니 된다고 강력히 반대하였다. 그러나 선조는 "공신이기 때문에 그리할 수 없다. 다른 사람과는 다른 공신이다."하며 특별대우를 하였던 것이다.

특히 고변에 가장 주도적 역할을 한 박충간朴忠侃에 대하여 사사로운 잘못들을 삼사를 비롯한 간원들이 끈질기게 무차별 공격을 가하였으나 선조는 최대한 변호해 주었으며, 천수를 누리고 죽었을 때에도 그의 죽음을 애도해 주었다. 그리고 이때 간원들이 박충간을 공격한 사항은 조정 중신으로 조부 산소를 불법으로 성묘한 일, 임란 때에 적들이 미처 오기 전에 도망친 사실 등을 문책하였을 뿐 역모 고변에 대한 시비는 없었던 것이다.

그래서 임난 후 이항복이 정철과 관련이 있다는 탄핵을 받자 영의정의 직을 물러나기를 청하며, "평난공신의 녹훈에만 편케 해 주신다면 신의 분수에 맞을 것입니다."하였던 사실에서 이항복은 스스로 평난공신이 된 것을 영예로운 것이라고 생각하였으며, 당시까지도 정여립의 거사 계획 진위 여부나 고변 과정에 대한 시비가 없었음을 말해 주는 것이다. 그리고 동인의 강경파인 정인홍 등에 의한 대북파가 집권한 광해 조에도 이들 공신에 대한 삭훈문제를 거론하거나 시비의 대상으로 삼은 흔적이 발견되지 않고 있다.

정여립은 대명률大明律의 '모반대역죄謀反大逆罪'로 백관들이 보는 앞에서 이미 죽은 몸이 능지처참陵遲處斬되었고, 조선 건국 후 최초로 정치적 이유 때문에 과방科榜에서 제외되는 신세가 되었다. 부모와 자식들은 모두 교살되었고 살던 집은 파서 연못으로 만들어 버렸다. 정여립의 첩과 노비는 공신(민인백 등)의 소유가 되었고, 가산은 몰수되었으며 일가 친지도 모두 노비가 되거나 귀양을 보냈다. 더구나 선조는 "전주는 조종의 어향이니 전주에 있는 정여립의 조부 이상의 분묘를 그곳 본궁(本官)은 낱낱이 파내어 그 족인으로 하여금 이장하도록 하고, 그의 멀고 가까운 족류들도 모두 전주에서 내쫓아 딴 고을에 살도록 하라."라고 명하였다.

정여립의 최후 장면에 대해 '자살'이 일반적이지만 남하정(1578~1751)이 쓴 동소만록桐巢漫錄에는 "정여립이 진안 죽도에서 놀고 있을 때에, 선전관이 진안 현감 민인백과 같이 관군으로 포위하고 두들겨 죽인 후 자살했다고 보고하였다."라는 기록과 관련하여 학자들 간에 서로 엇갈린 해석을 하여 정여립 사건 자체가 '진옥'이냐 '무옥'이냐를 가름하는 중요한 근거로 삼고 있다.

우선 이희권과 김용덕은 이 동소만록의 기록을 근거로 영문도 모른 채 진안 죽도에서 놀고 있던 정여립을 정철의 사주를 받은 민인백과 선전관 이용준 등이 죽이고 자살로 위장하였기 때문에 역모 사실 자체를 인정할 수 없다고 하였다. 이희권은 동인에 대해 복수만을 생각하며 숨어살던 송익필이 정여립을 역적으로 몰 심산으로 낭설과 참설을 유포시킨 후 정여립의 활동상과 결부시켜 거병계획까지 조작하여 놓고 고변이 이루어지게 하였으며, 이렇게 날조된 사건의 알리바이를 성립시키기 위해 성혼의 문인인 민인백을 시켜 때려죽이고는 자살이라고 퍼뜨렸다고 추정하였다.

김용덕은 동소만록이 동인계의 문헌이라고 하지만 비교적 공정한 입장을 취하고 있으며, 저자 남하정은 숙종·영조대의 사람인만큼 150년 전의 일을 굳이 조작하지 않았으리라고 전제한 후 정철이 변숭복으로 하여금 정여립을 유인하여 암살토록 지령하였으며, 관군의 포위로 자신이 변숭복으로 인해 함정에 빠진 것을 감지한 정여립은 죽기

전에 자기 손으로 변숭복을 죽이고 관군에 의해 타살되었다고 추정하고 있다.

그러나 우인수禹仁秀는 동소만록의 기록은 동인의 입장에서 써진 것이고 훨씬 후대의 기록이므로 전적으로 신빙할 수 없는 것이라고 하며, 정여립이 타살되었다면 같이 있던 3명도 모두 타살할 것이지 아들인 녹남을 살려 두었을 리 없었다고 하였다. 그리고 이희권 과 김용덕이 주장하는 날조설은 제시한 근거가 모두 추정에 불과한 것이고 그것도 미리 내려진 결론에 끼워 맞춘 듯 한 인상을 준다고 하였다. 그래서 타살·자살 여부를 판단함에 있어 직접 정여립을 체포했던 진안현감 민인백의 일기체 기록인 토역일기가 제 1차 사료로 중시되어야 하며, 이를 근거로 정여립은 자살이 확실시되고 나아가 모역 또한 사실로 인정되어야 한다고 했다.

남하정의 기록에 대해 이처럼 논란이 있는 것은 정여립의 거사 계획 사실 자체에 의구심을 품은 결과이다. 앞 절에서 언급한 바와 같이 거사 계획이 확증된 만큼 더 이상 재론할 가치가 없다고 하겠다. 다만 남하정의 기록에서 민인백과 함께 정여립을 타살한 후 허위 보고를 하였다는 선전관 이용준李用濬[21]의 활동이 명확하지 못한데다가, 정여립 체포를 지체하였다는 죄목으로 선전관이 처벌을 받은 사실로 미루어 앞 뒤 정황이 잘 부합되지 않으며, 비교적 객관적인 입장을 취하였다고 하는

21 '桐巢謾錄'에는 당시 선전관이 李濬慶이었다고 되어 있으나 李用濬의 오기인 듯. ; 옥남이 친국을 받은 날이 10월 19일이 정확하다면, 서울과 전주간의 거리와 교통 사정 등을 고려하면 정여립의 사망일은 민인백의 기록대로 10월 14일이 시간적으로 타당하다. 민인백의 기록에 따르면 14일 저녁 무렵에 사망한 정여립을 15일 아침에 전주 감영으로 압송하여 확인 검시를 한 후 쌍발마로 서울로 출발하였다고 하여 17일이나 18일에 이미 서울에 도착하였던 것으로 보인다. 또 선조실록에는 이용준이 민인백과 함께 정여립을 체포하였다고 되어 있지만, 선조수정실록에는 민인백이 정여립 체포를 주도한 것으로 되어 있다. 후에 이용준이 공신책록 대상자로 거론되지 않았을 뿐만 아니라 연려실기술에는 尹宣擧의 '魯書集'을 인용하여 정언신의 부탁을 받고 정언신의 형제와 정여립 간에 오간 서찰을 없앴다는 기록이 있는 점 등을 참고할 때 이용준은 정여립을 체포하는 현장에 없었던 것으로 보인다.

괘일록掛一錄의 기록이 '자살'로 명기되어 있고, 선조실록의 기록도 '자살'로 기록되어 있으며, 후대에 계속 남하정의 기록 외에는 이론이 없는 점을 미루어 볼 때 자살이 더 사실에 가깝다고 하겠다.

또한 정철·송익필 등이 정여립을 계획적으로 살해해야 할 이유는 정여립의 거사계획 전체가 조작이기 때문에 이를 은폐하기 위해서 인데, 정여립을 살해 한다고 하여 조작이 완전하게 은폐되기가 어렵고 또 다른 의혹만을 남길 여지가 많다. 그간 정여립의 패역스런 언사만으로도 죄를 씌워 처형이 가능한데 구태여 살해를 해야 할 이유는 없다 하겠다. 따라서 자살·타살 여부는 진옥이냐 무옥이냐를 가리는 데 별 의미가 없는 것이다.

민인백의 토역일기에는 정여립의 최후 장면에 대해 다음과 같이 기록하고 있다.

"……칼을 가진 자가 말하기를 '전주의 천 명 만 명이나 되는 군사들 속에서도 능히 몸을 피해 도망쳐 왔다. 지금 이곳의 군사는 불과 200명도 되지 않아 칼로 휘둘러 치면 탈주할 수 있다.' 하였다. 그러나 정여립은 '저들이 활을 겨누고 있어서 탈주할 방도가 없으며, 어찌 무고한 양민을 죽일 수가 있겠는가. 우리들이 자결하는 것만 못하다.' 하며, 돌아서서 한 사람이 짚고 있는 칼을 빼앗아 턱 밑을 치켜 올려 살이 찢어졌다. 정여립은 그자에게 다시 가까이 가자 그자는 목을 내어 칼을 받고 쓰러졌다. 칼이 번득일 때마다 한 사람씩 쓰러졌다. 정여립은 마침내 땅에 칼을 꼽고 목을 빼고 구부려 칼을 받았다. 바로 군사들을 독려하여 서둘러 가보니 정여립은 몸을 번득여 크게 부르짖기를 마치 소가 우는 듯한 소리를 내며 죽었다. 칼을 빼자 칼 구멍으로 피가 흘러나왔다. 이미 날이 어두워졌으나 달빛은 없었다. 정여립과 한 사람은 완전히 죽었고, 나머지 두 사람은 아직 생기가 있었다. ......바로 보고서를 작성하여 감사·병사·독포어사·선전관에게 나누어 보고한 후 정여립의 시신을 검시한 결과, 정여립은 무명 겹저고리를 입고 익은 삼베 끈으로 묶고 있었다. 발에 신은 짚신은 다 떨어지고 버선도 떨어져 양 엄지발가락이 나와 있었다. 가슴에는 사기 주발을 품고 있었으며 주발의 입이 가슴을 향하고 있었다."

5. 옥사의 확대

정여립 사건을 계기로 서인의 중심적인 인물인 정철이 우의정으로 위관이 되어 사건 관련자들을 조사함에 있어 정여립의 조카 집緝이 고문을 받아 승복하면서 끌어들인 사람만도 120여 인에 이르고, 그 이듬해 6월에 전주부윤으로 내려간 윤우신尹友莘이 정여립과 친밀하면서도 처벌을 받지 않은 자들 70여 인을 잡아 처형하는 등 동인계 인사들이 약 1,000여 명이나 참화를 당하였다고 한다. 사건 발생 후 약 3년간에 걸쳐 전개된 이 같은 참화를 두고 '기축옥사'라고 하기도 하고 '기축옥안'이라고 하기도 하며, '기축사화'라고 하기도 한다. 화를 당한 사람들이 대부분 호남 사람이고 그 수가 유래 없이 많은 특징을 가지고 있어 최근에 들어서는 '조선조의 광주사태'라고 명명되기도 하였다.

서인들과 가까운 김천일金千鎰은 상소를 통해 "저 살 곳을 잃은 불쌍한 백성 가운데 혹 유혹에 빠진 자가 있더라도 무지한 무리를 어찌 다 처벌할 것이 있겠습니까. 또한 천지가 물을 생성生成하는 인애한 마음을 넓혀서 용서하고 '위협에 의해 마지못해 따른 사람은 치죄하지 말라.'는 의의를 취하여 용서함으로써, 위구危懼스런 의심을 제거하고 이산된 마음을 수습하는 것이 곧 불을 끄듯이 급함을 구제하는 오늘날의 계책입니다." 하여 희생자가 최소화 되도록 해 달라고 하였다.

선조도 진사 정암수丁巖壽 등의 소를 접하고 "정암수 등이 국가의 역변을 이용하여 감히 무함하는 술책을 써서 없는 말을 날조하고 사휼邪譎의 소를 올려 현상명경賢相名卿을 모조리 지척指斥하여 온 나라가 텅 빈 뒤에야 그만두려고 하니, 그 속셈을 따져 보면 장차 어찌 하려는 것인가. 그 흉참한 양상이 더욱 해괴하다. 이는 반드시 간인의 사주를 받은 것이 단연 의심이 없으니 잡아들여 추국하고 율에 따라 죄를 적용하라. 간인들이 나라의 역변을 편승하여 나를 마치 어린애처럼 놀리려 하니, 내가 통분함을 금할 길 없어 잠자리가 편안치 못하다."라고 하였다. 그러나 서인 측에서는 10여 일 간의 끈질긴 설득으로 정암수에 대한 추국명을 거두게 함은 물론 자신들과 뜻이 다르다는 이유로 무고한 사람들을 연루시키며 옥사를 계속 확대하여 진행시켰다.

소위 역적의 무리라고 지목되는 사람들을 처단한 후 옥사가 사림에까지 번지게 된 표면적 동기는 유생들의 상소에서 비롯되었다. 최초로 서울에 올라와 상소한 호남의 생원 양천회梁千會는 이발·이길·백유양·정언신·정언지 등이 정여립과 사우死友의 교분을 맺었다 하였고, 호남 유생 정암수의 상소에서는 나사침과 아들 덕명·덕준·덕윤과 한효순·이정직·정개청·권극례·권극지·유종지·유영립·김응남·유성룡·윤기신·남언경·이언길·조대중·김홍미·이홍로·이순인·유몽정 등을 연루시켰다.

이 같은 유생들의 상소에 대해 '일월록日月錄'에는 "만약 역적사건이 드러나기 전에 이 소를 올렸다면 조헌과 서로 견줄만한 것이나, 옥사가 크게 벌어져 여러 연루자들이 두려워 떠는 때에 문득 교묘히 중상하여 비밀을 고발하는 말을 발하고 스스로 역적의 실정을 전부터 자세히 알고 있었다 하였으니, 이는 군자의 할 바가 아닐 뿐만 아니라 자신을 위해서도 큰 실책인 것이다. 하늘이 사림에 큰 화를 내리려고 이런 괴이한 귀신같은 무리를 내고, 따라서 '반복하는 해'를 가져다주었던가."라는 비판이 있다.

기축옥사는 정여립 사건을 계기로 서인 세력이 동인 세력을 타도하는 일련의 과정으로 당시 서인 측 중심인물은 정철·성혼·송익필 등이 있었다. 특히 정철은 "양천회를 사주하여 상소를 올리게 하였으며, 정암수의 상소도 정철의 손으로 작성된 것"이라는 말이 있을 만큼 사건 발생 후 위관委官(우의정)으로서 실질적으로 옥사를 주도하였다. 정철은 문장가로 보다 잘 알려져 있지만 기실은 서인의 우두머리 격인 현실 정치인이었다.

또 연려실기술에는 "당시 동서의 당이 크게 심하지 않았으니 벼슬하는 사람도 이처럼 분명히 알지 못하는데 하물며 먼 지방의 유생이 어찌 알았으리요. 여러 사람을 모함함이 이르지 않는 곳이 없으며 또 그 상소의 사설辭說이 극히 흉참하니 모두 말하기를, '정철의 꾀으로 송익필이 제술製述하였다.'하였다."라고 신빙성 있는 내용이 기록되어 있다. 성혼도 산림山林의 중망을 얻고 있던 사람으로 이이가 죽은 후 정철 등이 매사를 서찰로 상의하였으며, 옥사를 진행시키면서도 같은 관계를 유지하여 사건에 직·간접적으로 개입하였다.

그리고 송익필은 고변이 있은 후 성혼과 함께 정철의 입궐을 권하였고, 정철은 김장생의 만류에도 불구하고 입궐을 강행하였으며, 이들은 정철의 집에 기거하면서 공모하였다고 한다. 또 초야의 모든 상소를 송익필이 지었다는 말도 있어 기축옥의 결정적인 도화선이 된 양천회의 상소와 이어서 나온 양사의 논의가 정철과 송익필에 의해 이루어졌다고 볼 수 있는 것이다. 사실이 그러하다면 실로 기축옥은 정철과 송익필 그리고 성혼의 합작품이라는 동남소사의 기록과 동소만록의 기록에 수긍이 간다. 특히 정철은 겉으로는 관대한 척하면서 동인에 대한 살육을 교사함이 심하였고, 시비를 가리는 것이 아니라 사실 여부나 증거가 중요하지 않고 적초에 오르기만 하면 화를 당하지 않을 수가 없는 형편이었다고 한다.

처음에 정여립이 이이를 비난하는 태도를 서인들이 항상 통분해 여기던 차에, 정여립이 역적이 되자 서인들은 기뻐 날뛰지 않는 이가 없었다고 한다. 갑신년(1584) 이후부터 서인들은 동인의 공격을 받아 벼슬자리에 서지 못한지 5, 6년이라 울분에 쌓여 있었던 나머지 모두들 손뼉을 치면서 크게 기뻐하며 역적이 동인에서 나왔다 하였다. 그 후부터는 서인들은 정여립으로써 동인을 빠뜨리는 함정을 삼아 공공연히 떠들기를, 누구는 누구의 일족이요, 아무는 아무의 친구라 하여 역적과 친분이 두터운 자만이 스스로 반드시 죽음을 당할 줄 아는 것이 아니라, 비록 역적의 면목을 알지 못하는 자라 할지라도 동인의 명목이 붙은 자에게는 조사朝士나 유생을 막론하고 다 의구심을 품어서 옥사에 연루시켰다고 한다.

이제 옥사의 확대로 희생된 주요 인사들을 살펴보기로 하자. 먼저 정여립과 가장 친밀했던 이발李潑(1544~1589)은 자가 경함景涵이며, 호는 동암東巖이요, 본관은 광주이다. 전라 관찰사를 지낸 중호仲虎의 아들 4형제 중 둘째 아들로 무진년(1568)에 생원이 되고 계유년(1573)에 문과에 장원으로 급제하여 벼슬이 부제학에 이르렀다. 이발은 중후하고 엄정하여 젊을 때부터 학문에 뜻을 두어 서경덕의 문인인 척암惕菴 김근공金謹恭과 습정習靜 민순閔純의 문하에서 배웠고, 아버지와 절친했던 유희춘의 문하에도 자주 출입하였으며, 특히 최영경崔永慶과 가까이 지냈다. 학문에 힘을 써서 홍가신·허담·박의·윤기신·김영일·김우옹 등과 뜻이 맞는 벗이 되어 서로 원대한 포부를 기약하였다. 명성이 자자해지면서 등과 후 곧 이조 좌랑이 되어 사론을 부식扶植하여 조광조趙光祖가 하던 옛 정치를 회복하려 하였으나, 성혼·이이·정철 등과 논의가 달라 인물의 사정邪正을 논하고 아우 길洁과 함께 고향으로 물러갔다.

이발은 효성이 지극하였다. 그 어머니가 평소에 병이 많으므로 스스로 옷과 띠를 풀지 아니한 채 약 달이는 것도 종들에게 맡기지 않았다. 또 인물을 비판하기를 좋아하고, 이조吏曹에 오래 있어 인재의 진퇴를 자기 책임으로 알고 있었으므로 다른 사람의 원망을 많이 샀다. 이발은 선정전에서 선조의 친국을 받고 희천으로 귀양 갔다가 정여립의 집에서 이발이 시사를 비판한 사실이 밝혀져 다시 불려와 온 몸에 살이 온전한 곳이 없을 정도로 가혹한 고문을 받고 죽었다. 정미년(1607)에는 한호韓浩가, 경술년(1610)에는 삼사를 비롯하여 이항복·이원익·윤승훈·심희수·한응인 등이 신원을 청하였으나 이루어지지 못하였고, 인조 2년(1624)에 이원익·윤방·신흠 등의 건의에 의해 복관 되었으며 숙종 20년(1694)에 가서는 이조참판에 추증 되었다.

이길李洁(? ~1589)은 자는 경연景淵이며, 호는 남계南溪이고, 이발의 동생이다. 생원시에 올라 정축년(1577)에 문과에 부장원으로 급제하고 의정부 사인을 거처 벼슬이 응교에 이르렀다. 기축옥사가 일어나자 형 이발과 함께 가혹한 형신을 받고 위원渭源으로 유배되었다가 다시 잡혀와서 장형을 받고 죽었다. 이발과 더불어 인조 조에 복관 되었고, 숙종 20년(1694)에 부제학에 추증 되었다.

이발이 옥에 갇혀 있을 때에 "사람 알기가 어렵다 하나 정여립 같은 역적을 홀로 알아보지 못하였다. 내가 조헌의 말을 듣지 않다가 이 지경에 이르렀구나." 하였으니, 일찍이 조헌은 이발에게 이르기를 "정여립과 절교하지 않으면 장차 큰 화를 입을 것이다."한 때문이다. 이발은 자기 옷에 혈서로 쓰기를 "망령되어 역적과 사귀었다가 화가 늙은 어머니에 미쳤다. 남쪽을 바라보며 통곡하니 땅이 검고 하늘이 푸르도다."고 하며 정여립과 친하게 사귄 것을 깊이 후회하였다.

이발이 죽자 그의 늙은 어머니와 어린 아들도 잡혀와 엄형을 받고 죽었다. 어머니 윤씨는 당시 나이 82세로 죽을 때 말하기를 "형법이 너무 과하다." 하였고, 8세인 발의 아들은 "평일에 아버지가 가르치기를 집에 들어서는 효도하고 나가서는 충성하라 하였을 뿐 역적의 일을 들은 바가 없다."고 하였다. 이발과 이길의 아들은 큰아이가 11세요 작은 아이는 5세였는데 모두 죽였고 이발의 어머니는 압사형을 받았으니 을사사화乙巳士禍 때에도 이런 일은 없었다고 하며, 옥졸들도 눈믈을 흘리지 않는 이가 없었다고 한다.

앞장에서도 보았듯이 이발 형제가 정여립과 사귀게 된 것은 그 아버지 이중호李仲虎가 전라감사로 있을 때에 자주 왕래하던 중 마침 정여립의 집이 성 밑에 있어 친밀하게 되었고, 동서분당 후에도 계속 친밀하게 지냈다. 특히 시사를 논함에 있어서 누구보다도 진취적이어서 뜻이 서로 맞았다.

이발 형제 일가가 정여립과 절친했던 관계로 선조의 관대한 처분을 받기가 어려웠겠지만, 노모와 어린 자식까지 변을 당해야 했던 것은 기본적으로 정철과는 "물과 불의 사이"인데다가, 지난날 송익필 가를 환천시키는 과정에서 송익필이 품었던 한이 십분 가미되었다고 볼 수가 있다. 그러나 광해 조에 사관은 "이발·이길·백유양·정개청 등을 일러 정여립과 함께 모의했다고 하면 억울하지만, 이발 등이 적과 서로 친밀했던 죄는 면하기 어렵다. ......그러니 이발·이길에게 서로 친밀했던 죄를 받게 하는 것은 가하지만, 공모했다고 씌워 죄가 늙은이와 어린 자식에게까지 미친 것은 억울하다."라고 하였던 것이다.

그래서 선조 23년(1590) 5월 28일 김귀영은 "조목이 전파되어 알려진 것으로는 다만 정여립과 친밀하였다는 것뿐이고 별로 역모에 참여하였다는 단서는 없었다."고 하였고, 당시 조정의 중론도 이발 일가의 죄가 분명치 않다고 하였다. 더구나 서인인 윤선거尹宣擧(1610~1669) 마저도 "이발이 옥중에 중하게 걸려 있으나 명백한 죄상이 나타나지 않으므로 이원익과 이항복 등 일부의 의논이 그를 가엽게 여겼다."고 하였다.

다음은 사건 당시 우의정의 지위에 있다가 화를 당한 정언신鄭彦信(1527∼1591)에 대하여 알아보자. 정언신의 자는 입부立夫이고 호는 뢰암瀨庵이다. 명종 21년(1566)에 등과하여 우부승지와 도 절제사 등을 거쳐 우찬성으로 니탕개의 난을 맞아 함경도 순찰사가 되어 이순신·신립·김시민·이억기 등과 같은 인물들을 막하에 두고 난을 잘 평정하였으며, 문관이면서도 무관들의 존경을 받았다.

정언신은 호남 유생 양천회의 상소와 양사의 탄핵으로 파직되었다가 이발과 더불어 선조의 친국을 받고 중도부처中途付處되었으며, 정언신의 아들 율慄이 아비의 무죄를 고하는 상소를 올렸고, 정철이 우의정(위관)이 되자 옥에 갇힌 정언신은 "우리는 이제 살았다." 하기도 하였다. 그러나 그 후 정여립의 집에서 정언신의 편지가 나오자 인군을 기망하였다는 이유로 의금부에 이송되었고, 사헌부가 언신이 역적을 두호하여 고의로 옥사를 지연시킨 죄가 있으니 멀리 귀양 보낼 것을 청하여 남해로 유배되었다.

선조 23년(1590) 5월 16일 호남인 양천경梁千頃 등이 정언신이 위관으로 있을 때 고변자 10여 인을 참해야 한다는 말을 하였다고 소를 올리자 선조는 크게 노하여 정언신의 발언이 사실인가를 국청에 참여했던 조신들에게 확인하였다. 유홍兪弘·홍성민洪聖民 등은 정언신이 한준의 보고서가 재령군수 박충간을 고변자로 하고 있는 것을 보고 "이런 중대사는 마땅히 누가 누구의 진술에 의해 고변하는 것이라고 구체적으로 내용을 밝혀야 함에도 막연하게 박충간의 말이라고만 되어 있으니 이런 무근한 말을 만일 다스리지 않으면 장차 어지러움을 막을 수가 없을 것이라고 하면서 이같은 무근한 말을 하는 사람 십여 인만 참하면 허튼 소문이 가라앉을 것"이라고 주장하였다고 증언하였다.

이 같은 정언신의 발언이 문제가 되자 같은 해 7월 5일 남해로부터 잡혀 왔으나 대신을 추국한 전례가 없다는 조신들의 중론으로 결론을 내지 못하다가 7월 18일에 선조는 사사賜死의 명을 내렸다. 그러자 여러 대신들은 "우리나라에는 아직 대신을 죽인 일이 없다."하여 죽음을 면하고 다시 옥에 갇히었다. 의금부에서 정언신의 병이 중하니 빨리 처분을 해야 한다고 하자 7월 21일 갑산에 유배키로 하였다.

그러나 서인들 중심의 양사에서는 계속 정언신의 처벌을 주장하였다. 이에 선조는 "정언신의 사람됨이 불학무식하여 알지 못하는 사이에 스스로 큰 죄에 빠진 것에 불과하다. 역적이 정언신을 먼저 죽이고자 하였으니 정언신의 마음을 미루어 알 수 있는 즉 그 사정이 용서할 만하다. 정언신이 평소에 사심이 없고 나라 일에 마음을 다하였음도 사실이다." 하였다. 결국 8월 9일 새벽 도사 엄인달嚴仁達에 의해 갑산으로 유배되었다가 선조 24년(1591) 10월 그곳에서 죽었다.

아버지 정언신의 억울한 죽음을 참다못해 굶어서 죽은 율慄을 이항복이 문상하여 "대저 사람은 본래 잠깐 우거하는 것과 같은 것이니, 오래고 빠른 것을 누가 논하랴. 이 세상에 오는 것은 곧 돌아감을 뜻함이니, 이 이치를 내 이미 밝게 아나 자네를 위하여 슬퍼하노니, 내 아직 속됨을 면하지 못하여 입이 있으나 말할 수 없고 눈물이 쏟아져도 소리내어 울 수도 없네. 베개를 어루만지며 남이 엿볼까 두려워서 소리를 삼켜 가며 가만히 운다. 어느 누가 잘 드는 칼날로 내 슬픈 마음을 도려내 주리." 하며 무고한 죽음을 원통해 하였다.

정언신은 동서분당 후 양파 간에 대립 속에서도 별다른 문제가 없는 인물이었다. 다만 정여립의 9촌 아저씨 벌이였던 관계로 모종의 공모가 있지 않느냐는 의심을 샀고, 사건 발생 초반기에 위관으로서 서인들의 눈에 미치지 못하도록 처결한 일 외에는 나타난 협의가 없었다. 정여립과 상통한 편지가 몇 장 있는 것이나 그 편지 내용에 시사를 비판하는 것들은 당시 대부분의 사대부들에게는 흔하게 있었던 것이다. 그래서 정언신은 비록 동인이라고 하나 서인들과 나쁜 감정이 없었으며, 정여립과 연령 차이도 많고 서로 친밀하게 지낸 흔적이 없었음에도 불구하고 희생을 당하였던 것은 사건 초기에 위관으로 옥사를 처결함에 있어 서인들로부터 불만을 산 때문이라 하겠다.

다음은 호남 출신으로 사건 후 가장 많은 논란을 가져오게 하였던 정개청鄭介淸(1529~1590)의 희생에 대해 알아보자. 정개청은 본명이 유청惟淸이고 자는 의백義伯이요, 호는 곤제困齊이며, 본관은 철원鐵原이다. 일찍이 나주 훈도로 있을 때에 전생주부典牲署主簿로 임명하여 불렀더니, "도덕으로 근본을 세우라."는 소를 올리며 부모가 늙었음을 빙자하고 사직하였다. 그래서 곡성 현감에 임명하였으나 다시 사직하고 돌아갔다. 결국 정개청은 유일遺逸로 선조 10년에 참봉參奉에, 55세에 나주 훈도訓導를, 58세에 전생서주부를, 60세에 곡성현감에 임명된 것이 그의 관직과의 인연이고, 대부분 사직하고 학문에만 전념하였다.

개청의 가문은 대대로 나주 아전이었는데 아버지 대에 아전을 면하고 무안 땅에 이주하여 척신 심의겸의 농장을 지키고 살았다. 처음에 기대승에게 글을 배우려 하였으나 기대승이 가르치기를 거절하자 심의겸의 소개로 박순朴淳과 학문을 함께 하였다. 정개청은 성인의 도를 믿고 옛 것을 좋아하며 숨어살면서 후진을 교수하였으므로 제자들이 날로 늘어났다. 정개청의 저술은 '수수기隨手記' 9권과 '우득록愚得錄' 3권이 있었는데, 임금이 이 책을 보고 칭찬하기도 하였다고 한다.

장차 일본이 침략하는 변이 있을 것 같아 임금이 신하들에게 "장차 대장직을 맡길 만 한 자가 누구냐."하고 물으니 당시 영의정이던 박순이 천거하기를 "정개청이 이미 유학으로 이름이 났을 뿐만 아니라 실로 장수의 자질을 구비하였으니, 그 사람이면 가히 대장을 맡길 만하다."하였다. 이처럼 정개청은 조정에서까지 학문적인 능력과 인망을 크게 받고 있는 인물이었다.

그러나 정개청은 정여립과 친밀하였고 세상을 미혹시키는 '배절의론

排節義論'을 지었다는 죄목으로 잡혀 와 고문을 당한 후 평안도 위원으로 배소를 정하였다가 위관 정철이 다시 보고하여 경원慶源 아산보牙山堡로 배소를 정하고 선조 23년(1590) 5월에 그곳에 귀양 가 7월에 죽었다. 그 후 정개청에 대한 말이 승 성희性熙의 공초에서 다시 나왔다. 성희는 정개청이 정여립과 함께 있는 것을 보았다고 진술하여 임금이 유배지로 사람을 보내 정개청을 다시 잡아오게 하였으나 이미 정개청이 죽은 뒤였다.

정철은 정개청을 매우 증오하였다. 늘 말하기를 "개청은 역逆하지 않은 정여립이요, 정여립은 반역한 개청"이라 하였다. 또 서찰 내용으로 보아 정여립과 결탁한 것이 사실이며 배절의론이라는 것은 세상을 의혹 시키고 현란하게 하였다고 했다. 이보다 앞서 정개청은 정철을 평하여 "그 사람은 위선자이고 올바른 사람이 아니다."라고 하였다. 무자년(1588) 간에 정철이 오랫동안 광주에 있었는데, 정개청이 곡성 현감으로 써 근친 하러 왕래하는 즈음에 한 번도 심방 하지 않고, 심지어 그 문 앞을 지나면서도 들어가지 아니하였는데 이로 인해 정철이 감정을 품었다고 한다.

정개청은 옥중에서 소를 올려 이르기를 "이 몸이 비록 정여립과 같은 도에 있었으나 얼굴을 한 번도 본 적이 없었고, 을유년(1585)에 교정랑校正郎으로 있을 때 처음 얼굴을 보았으며, 공청公廳의 강교講敎는 불과 10여 일이었으니 어찌 친밀한 일이 있었겠습니까?"하며 정여립과 교유하지 않았다고 하였다.

또 정개청이 정여립에게 보낸 편지에서 "일찍이 덕의德義를 흠모해서, 마음이 기우러 졌다."하며, "도를 보는 데에 높고 밝기는 당세에 오직 존형尊兄 한 분 뿐이다."하였던 사실을 추궁하자, 정개청은 "정여립에게 한 번쯤 편지를 통한 것은 인사 상 보통 있을 수 있는 의례적인 것이며, 두어 마디 존칭을 한 것도 편지 중에 있을 수 있는 예이기 때문에 이를 두고 결탁하고 왕래한 것으로 보아서는 아니 된다고 하였다. 그러나 정여립과 서신을 주고받았던 사실은 본인 입으로 확인을 하였던 것이다.

그리고 배절의론은 주자가 논한 것을 읽고 느낀 바가 있어 동한東漢 시대의 절의의 폐를 밝힌 것 뿐"이라고 하였다. 즉 주자의 뜻을 취하여 생각하기를 한갓 절의의 이름만 알고 실상을 모른다면 그 폐단이 부허浮虛하여 마침내는 사욕과 이해에 빠지게 되어 정치는 바른 길로 가지 못하고 벼슬자리에는 인재를 얻지 못하여 깊이 살펴야 할 곳에 거조를 잘못함으로써 소인들로 하여금 그 틈을 타게 하여 마침내 나라가 잘 될 수 없다는 뜻이었다는 것이다. 따라서 절의청담론이라는 것은 그 의논이 분명하지는 못하나 그 실은 절의의 근본을 배양함에 있었던 것인데, 도리어 절의를 배척하였다고 하니 이는 정개청의 본심이 아니라 하였다.

정개청은 그가 지은 배절의론 서문에 다음과 같이 말하고 있다.

"동한 때의 절의와 공명을 찾는 무리에 비교하면 그 고상함이 퇴폐한 풍속을 격동시키고 나약한 인심을 일으킬 수도 있겠다. 진송 때의 청담도 이익이나 낚는 무리에 비교하면 그 세상을 깔보고 꺾이지 않는 기백이 또한 세상의 얕은 인심을 바로잡고 진정시킬 수 있겠다. 그러나 그들은 성인의 학문을 따르고 섬길 줄 모를 뿐더러 의리를 따르지 않고 내키는 대로 떠벌려서 나라를 망치는 지경에 이르러도 그릇된 줄을 모른다. 이것은 이 세상의 교화에 아무 도움이 없는 것이 분명하다."

정개청의 이 같은 배절의론은 주자의 말을 인용하여 절의의 폐단을 지적한 것이나 보는 이에 따라서 해석이 다를 수가 있다. 충성과 의리를 신하의 가장 중요한 덕목으로 삼고 있는 정통 유교 이데올로기에 비판을 가한 셈이다. 그리고 이 속에는 노장老莊을 숭상하는 청담과 절의를 동격으로 보아 절의를 격하시켰기 때문에 한 임금만을 섬기지 않아도 된다는 식으로 확대해석이 가능하고, 그간 절의를 지키다 죽은 충신과 열사들이 아무 의미를 갖지 않는 것으로 보아 질 수도 있었다.

윤선도尹善道가 효종에게 올린 상소에는 "정개청은 우리 동방의 참 선비라 하겠으며, 이황의 다음 간다."라고 하였을 만큼 이름 있는 선비였다. 그래서 동소만록에는 "정개청을 추앙하다가 목숨을 잃은 사람이 50인, 유배를 당한 사람이 20인, 벼슬길이 막힌 사람이 400여 인이나 된다."고 하여 그를 따르던 많은 후생들이 희생을 당하였던 것이다. 이로써 호남 사림에서 차지하는 정개청의 위상이 어느 정도였는지를 짐작케 한다.

인조반정(1623) 후에 정개청에게 관작을 도로 주고 무안에 사우祠宇를 세웠다. 그러나 집권 세력의 향배에 따라 여러 차례 훼철을 거듭하였다. 효종 8년(1657)에 송준길의 요구로 정개청의 사우를 헐고 그 고을에서 위판을 불사르며 그 재목과 기와로 마구를 지었다. 윤선도가 만언소를 올려 이 조치의 부당함을 주장하였으며, 숙종 3년(1677)에 당시 우의정 허목許穆의 노력으로 사우가 다시 복구되어 '자산서원紫山書院'이라는 이름까지 내렸다. 그러나 숙종 6년(1680) 가을에 허물었으며, 숙종 17년(1691)에 다시 세웠으나 숙종 20년(1694)에 훼철 논의가 있다가 숙종 28년(1702) 6월에 또 헐어 버렸다. 이러한 치폐가 숙종 대에만도 4~5차나 이루어져서 장기간 동안 호남 사림의 분열이 한층 악화되었고 조정은 많은 원성을 샀다.

정개청은 정철과 더불어 당시 호남의 실력자라고 할 수 있는 유희춘으로부터 학문적 능력을 인정받았으나,[22] 정철과는 달리 당시 이이 주

22 유희춘은 그의 일기에서 정철이 정개청보다 학문적 능력이 더 있다고 하였으며, 유희춘은

도의 정치 상황에 보다 비판적인 입장에 있었다. 정개청은 대부분 독학으로 학문적 역량을 키웠으나 기본적으로는 박순·허엽 등과 더불어 서경덕의 문인으로 통하며, 노장적老莊的 성격이 강한 남명의 영향을 많이 받았다. 따라서 정개청의 학문적 경향은 이황과 이이 중심의 도통과는 다른 것이었고, 더구나 여자를 끼고 술이나 마시는 정철의 모습이 정개청의 눈에 소인배의 행위로 보인 것은 당연하다 하겠다.

정개청이 정여립의 집터를 보아주는 등 서로 친밀하게 지냈다는 기록이 있으나 그 사실 여부는 확인할 길이 없다. 하지만 당시 사림들의 활동 성향으로 보아 정개청과 정여립은 잦은 교류를 한 것으로 보이며, 더구나 시국에 대하여 같이 비판적이었기 때문에 그들의 생각과 주장은 서로 통하였다고 생각된다.

다음은 영남 출신으로 희생을 당한 최영경崔永慶(1529~1590)에 대해 살펴보자. 최영경의 자는 효원孝元이며, 호는 수우守愚이요, 본관은 화순이다. 조식曺植의 문인으로 일찍이 경주 참봉에 제수 되었고, 주부·수령·도사·좌랑 등의 벼슬에 임명되었으나 다 나가지 않았다. 집이 가난하여 끼니를 잇지 못하였고, 옷 한 벌 온전한 것이 없어 출입할 때 남의 것을 빌려 입는 형편이었지만 조금도 걱정하지 않았다.

성혼이 최영경을 만나고 나서 이이에게 "내가 최영경을 보고 돌아오니 홀연히 맑은 바람이 소매에 가득함을 깨달았다."라고 말한 후 최영경의 이름이 사림 사이에 널리 퍼졌다. 그러나 최영경은 이이·성혼 등과 좋은 관계를 가지지 못하였다. 이이가 처음 조정에 나왔을 때 사람들이 모두 "옛날 어진 사람이 다시 나왔다." 하였으나. 최영경은 "그렇지 않다." 하여 이이의 제자들로부터 배척을 당한 바 있다. 그리고 성혼이 "퇴계는 학문이 깊으니 아마 남명은 그와 같지 못하다."라고 하자,

이발의 아버지 이중호와 나덕명의 아버지 나사침과 각별한 교분을 가졌고, 정여립의 아버지 정희증과도 친밀하였다.

이로부터 최영경과 성혼의 관계가 소원해졌다고 한다.

최영경은 정여립과의 관계를 "정축년(1577)에 자식을 잃고 발인하여 양천陽川 땅에 있는 선인의 묘소 아래 초빈 하였는데, 어느 날 해질 무렵에 이발이 역적과 함께 찾아왔습니다. 이 몸이 나가서 보니 이름도 모르는 한 사람이 그 옆에 서 있었는데, 이발이 아무개라고 하였사옵니다. 그래서 여막으로 인도하여 들어와 세 사람이 동숙했는데 곡읍 중이라서 차분하게 이야기를 하지는 못하였으나, 그의 사람됨을 대충 보니 교만하고 오만한 사람이라, 이 몸은 그의 사람됨을 매우 미워하여 그 후에 이발·안민학의 무리들에게 교제하지 말라 하였습니다."라고 진술하였다.

최영경의 죽음에 대하여는 병사냐 자살이냐 타살이냐 등등 많은 의문이 있다. 연려실기술에는 김상현金尙憲의 '석실어록石室語錄'을 인용하여 "정홍조가 잡혀 오게 되자 최영경이 정여립과 상종했던 사실이 탄로될까 봐 겁이 나서 죽은 것이라고 사람들이 의심하였다." 라고 되어 있다. '동소만록'에는 무근한 말을 만들어 낸 홍정서洪廷瑞가 국청에 잡혀가게 되자 겁이 나서 감사 정홍조鄭弘祚에게 "너한테 들은 말이니 숨기지 말라. 다른 말 말고 나 하라는 대로 해서 환란도 부귀도 함께 누리자."고 말하였다는 것이다. 그렇게 못하겠다는 홍조를 회유와 협박으로 발설자를 만들어 놓고 국청에 나가 홍조에게서 들었다고 공술 하여 홍조가 국청에 끌려갔으나 여섯 차례나 형을 받으면서도 끝내 발설을 부인하였다. 뿐만 아니라 홍정서가 무근한 말을 만들어 놓고 지적할 사람이 없으므로 자기를 증거로 삼으려 하나 비록 무상한 사람이지만 어떻게 최영경 같은 어진 사람을 모함에 빠뜨릴 수가 있느냐고 실토하였다. 이에 반좌율로 처벌될 것을 두려워한 홍정서가 옥졸을 매수하여 병으로 하루에 한두 잔의 술밖에는 식음을 거의 전폐하고 있는 최영경을 독주로 써 살해했다는 것이다. 선조도 "내가 이 무렵의 일을 알 수 없고 또한

누구의 소행인지 알 수가 없으나 최영경이 독물로 살해된 것은 확실하다."고 하였다

정홍조가 말하기를 "최공은 운치가 있는 사람이고, 나 같은 사람은 한낱 땅벌레와 다를 바가 없다. 매양 내 발이 최공의 문에 미치지 못한 것을 부끄럽게 여겼고, 지금 내 나이도 늙었으니 설사 속여 대답하고 산다 해도 사람들은 반드시 욕하기를, '이 사람이 전에 최 모를 억울하게 죽였다.'할 것이니, 내 자손을 둘 땅이 어디인가." 하였다. 이 같은 최영경의 사인에 대한 문제는 오랫동안 당파 간에 시비의 대상이 되었으나 명확한 것은 밝혀지지 못하였다.

정여립 사건이 나던 때부터 '문사랑問事郎'으로 끝가지 국문에 참여한 이항복에 따르면 "기축년에 역적의 옥사가 일어나니 역적의 무리가 다 말하기를 '길삼봉은 상장이 되고 정팔용과 정여립은 그 다음이다.' 하므로, 조정에서 드디어 길삼봉의 소재를 찾게 되었다. 역적의 무리중 이기·이광수 등과 김세겸 그리고 박문장이라는 사람 간에 진술 내용이 각각 달라서, 삼봉의 나이의 늙고 젊음과 몸의 살찌고 여윔이 전후가 아주 틀리는데, 공초 속에서 최영경과 근사한 것만 뽑아내어 '역적이 공초한 것인데, 의젓한 최영경이다.' 하고 낭설을 유포시킨 후 포교를 풀어 최영경을 체포하고 또 그 집을 수색하여 이황종李黃鍾의 편지를 발견하였다. 그 편지 가운데 시사를 극력 비방한 말이 있고, 역적의 옥사를 사림의 화단이라고 한 말까지 있어서 마침내 옥사가 중하게 진행되었다." 고 하였다.

모두들 삼봉이라는 인물이 곧 최영경이라 하여 그의 죽음이 임박해지자 이항복은 유성룡에게 최영경의 원통함을 극력 말하며 구해 주기를 청하니 "내 같은 자가 어찌 감히 구할 수가 있겠는가. 사인舍人은 이와 같이 너무 강개하지 말라. 세상인심이 심히 험하니 부디 말을 삼가해야 한다." 하며, "세상은 측량할 수 없는 것이다. 일이 번져 가면 어

찌 벗어날 수 있겠는가. 천금 같은 몸을 천만 소중히 하라."하였다. 이처럼 기축옥사 시에는 몸조심을 위해 누구나 선불리 개입하기를 꺼리면서 사건은 억제할 수 없는 형태로 진행되고 있었던 것이다.

최영경은 항상 "정철은 색성소인索性小人"이라고 비난하였으며, 두 번째 옥에 갇혀서 공술하기를 "이이가 선비들 사이에 명망이 두터워, 한 때 젊은 무리들이 그에게 붙어서 벼슬길을 틔우려고 신에게 와서 이이를 칭찬하므로 신은 웃으며 답하지 않았더니, 이것으로 신이 이이를 헐뜯었다고 하였으므로 여러 사람의 신에 대한 비방이 일어나 오늘날 신이 화를 얻게 되었습니다."하였다. 이처럼 최영경은 정철을 싫어하고 이이를 전부터 대수롭지 않게 생각하였기 때문에 이들과 이들의 제자들로부터 공격을 받는다는 인식을 하고 있었다. 이는 학문적인 경향이나 처세 방법에 있어 이미 오래 전부터 서로 다른 입장에 있었음을 뜻한다.

그러나 이항복은 "뒤에 당시 사람들이 모두 송강이 최영경을 죽였다고 하였다. 그러나 송강은 최영경을 모함하고 해치려는 뜻이 없었고, 오로지 양천경과 강해姜海 등이 서로 날조하고 선동한 것은 분명하였다. 그럼에도 이 일에 성혼이 모주로 모함을 당하였고, 나까지 정철의 심복이라고 공격을 받았다."하기도 하여 정철 등을 두호하는 듯한 말을 하고 있다. 하여튼 옥사가 진행되던 시기에는 정철로서도 통제를 할 수 없을 정도로 많은 모함과 무고가 있었던 분위기였다.

처음 최영경이 진주옥에 갇히자 거의 천여 명의 선비들이 옥문밖에 모여들었다. 최영경이 옥문을 닫고 들이지 아니하여 그들은 밖에서 노숙해 가면서 수일동안 흩어지지 아니하였다. 이처럼 최영경은 영남에서 명성을 얻은 선비로 심문을 하던 관리들까지도 그의 인품에 감동하였다. 이항복이 자를 들고 최영경의 키를 재면서 말하기를 "이름을 들은지 오래이나 만나지 못하였는데, 오늘에야 손으로 피부를 만져 본다. 세상에 태어나 이 노인을 보지 못하고 헛되게 일생을 지낸 것은 마치 서울 사는 아이가 종루를 못보고 죽는 것과 같다."하였다. 또 이항복은 "죄인을 심문하다가 참으로 거인을 만나 보았다."하였다.

최영경의 희생은 영남 사림들로 하여금 많은 반향을 불러일으켰다. 최영경은 기축옥사로 희생된 인사 중에 가장 먼저 그의 명예가 회복되어 임란 중이던 선조 27년(1594)년에 신원됨과 동시에 대사헌에 추증 되었다. 그러나 영남의 사림들은 숙종 조에 이르기까지 최영경을 죽게 한 장본인으로 정철 등 서인들을 지목하며 정치적 투쟁을 계속하였던 것이다.

기축옥사는 지금까지 보아온 주요 인사 외에도 억울하게 화를 당한 사례가 많았다. 도사 조대중曺大中이 부안의 관창과 이별하며 눈물을 흘린 것을 "적을 위해 울었다"고 와전되어 고문을 받다가 죽었다. 또 조사 김빙金憑은 평소 눈병을 알아 바람만 쏘이면 눈물을 흘렸다. 정여립을 추형할 때 날씨가 너무 추워 김빙은 흐르는 눈물을 어쩔 수가 없었는데, 이로 인해 국문을 받다 죽었다.

그리고 백유양은 아들 4형제 중 막내 수민壽民이 전주에 사는 정여립의 형 여흥의 딸에게 장가를 들었다. 그래서 수민은 정여립에게 글을 배우기도 하였다. 이런 일 때문에 정여립과 공모하였다는 죄목이 씌워져 부자 모두가 죽임을 당하고 말았다. 아들 진민振民이 옥중에서 소를 올리기를 "신의 아비의 죄는 역적과 두텁게 사귀었다는 것으로 죄준다면 죽어도 유감이 없으나 역모를 알았다고 묻는다면 천만번 원통합니다."하였다. 이처럼 호남의 선비로 정철과 뜻이 다른 사람들은 크고 작은 형률을 적용하여 대부분 희생되었으며, 그 가문이나 학문적 흐름의 존립 기반마저도 허물어졌다.

앞서도 언급한 바와 같이 기축옥사는 정철·성혼·송익필 등 서인들에 의해 직·간접적으로 주도된 사건이었다. 특히 정철은 동서 분당이 있기 전부터 매사에 불평이 많았고 평소 사감 또한 많은 사람이었다. 정철은 이조 좌랑이 되어 벼슬을 전형할 때에 반드시 공론으로 다루려고 하여 상관인 이조판서와도 어긋나는 것이 많았다고 한다. 그리고 정철은 구봉령具鳳齡·신응시辛應時 등과 더불어 김효원을 소인이라고 하고 깊이 배척하였다. 정철이 장차 남으로 돌아갈 때 이이에게 "효원을 배척하라"고 당부하기도 하여 누구보다도 동인에 유감이 많은 사람이었다.

선조 11년(1578) 정철의 조카 정인원鄭仁源이 당시 우의정 강사상姜士尙이 술을 좋아하며 말을 적게 하고 사람을 대할 때 코를 만지는 버릇이 있는 것을 보고 술을 가지고 정철에게 권하기를 "인생이 얼마입니까? 어찌 스스로 고생을 사서하십니까? 바라건대, 숙부도 부디 입을 열지 마시고 단지 코나 만져서 정승의 자리를 얻어 우리같이 궁한 일가나 살려 주십시오." 하였으나 듣지 않았고 한다.

이이가 정철을 평하여 "정철은 충성스럽고 청렴하며 굳세고 개결介潔했으나, 술을 좋아하여 취하면 반드시 실수를 하니, 식자들이 부족하게 생각하였다."고 하였다. 정철은 서인으로부터 우율牛栗 다음가는 추앙을 받았지만 큰 화를 불러오게 한 우두머리라는 평이 있는 만큼, 자의든 타의든 기축옥사로 당쟁을 돌이킬 수 없는 지경으로 몰아간 장본인이라고 할 수 있다. 이와 같은 인물인 정철에 대한 평을 살펴보자.

먼저 임금인 선조가 정철을 극렬히 배척하였다. 신묘년(1591)에 이르러 정철에 대한 탄핵이 빗발치자 선조는 "정철의 다른 죄는 고사하고라도, 그가 음으로 호남 지방 유생을 움직여서 저와 반대되는 뜻을 가진 자는 일대에 이름난 사대부일지라도 모두 역적으로 몰아 기필코 죽이려고 하였다. 그 간사한 꾀가 이루어지지 못하고 저희들의 속셈이 모두 드러나서 사세가 극히 궁하게 되자 또 대간을 시켜서 君父를 협박하여 마침내 저의 뜻대로 하였으니, 이 한 가지 일만 가지고도 옛날의 간신들 중에 그 유례가 드물 것이다. 따라서 그 마음씨가 참혹하고 독하기가 칼날보다 더하니 생각하면 기가 막힌다."하였다. 선조실록에도 양천회의 상소 문제에 관하여 이르기를 "정철 등이 자기들과 틀린 사람들을 모두 다 잡아서 죽이자는 모략으로 양천회를 사주하여 진술하게 한 것이었다."고 평하였다. 그래서 정철은 선조 24년(1591)에 강계로 귀양을 가는 신세가 되었다.

그 후에도 선조는 정철에 대한 극언을 서슴지 않았다. 선조는 "정철의 간독한 것은 천고의 간웅인데, 성혼이 정철의 심복이 되었으니 철의 마음은 곧 혼의 마음으로서 둘이면서도 하나인 것이다. 천지와 귀신이 밝게 굽어보고 있으니 머리털이 마르지 않은 아이들이라도 또한 알 것이다." 하며, "이것은 조정과 상하에 끼침이 만고에 씻지 못할 오점인 것이다. 어찌 은하의 물을 시원스럽게 끌어대어 이 수욕羞辱을 씻을 수 있겠느냐. 한갓 스스로 통탄할 따름이다."라고 하였다.

한편 서인들로부터 화를 당한 사람이나 동인 측의 정철에 대한 비난은 너무 극렬하여 서인 측에서 변명할 여유조차도 가질 수가 없는 정도였다. 나덕윤羅德潤은 상소를 통해 "정철이 사납고 강퍅한 성질로써, 이에 화단을 얽어 만들 괘를 내어 온당치 않은 무리들을 모아 그 세력을 확장하고, 몰래 함정을 베풀어 무고한 사람을 빠뜨리며, 공법을 칭탁하여 사사 원수를 갚아, 평생에 눈 흘긴 조그만 혐의까지도 모두 보복하려 하였던 것입니다. 그리하여 밖으로는 경박한 무리들을 충동시켜 일도의 사론을 가장하여 천청을 현란하게 하고, 안으로는 간사한 무리들을 사주하여 대간의 성세를 빌어 불측한 무함을 얽어, 밤낮으로 끊임없이 공격하여 반드시 죽을 땅에 몰아넣으려고 생각하였던 것입니다." 하였다.

숙종 17년(1691) 정무서鄭武瑞 등의 상소에서는 "정철이 몸소 방략을 지시하고, 혹은 초야에서 고변케 하되, 손수 그 소장을 기초하며, 혹 그럴듯한 흔적을 엿보아 위조하여 만들고, 혹 맹랑한 일을 무고해서 일을 꾸미되, 혹 늦어질까 겁나는 것은 밀계해서 두루 받아들이시도록 만들고, 혹 빈틈이 있을까 겁나는 것은 유언비어를 만들어 부합시키니, 대개 그가 아뢰어 죄를 만드는 것이 비록 주흥周興과 래준신來俊臣[23] 등의 각박함이라도 이보다 더할 수는 없었습니다."라고 하였다.

결국 이발·정개청 등에 대한 신원은 인조 3년(1625)에 와서 모두 이루어지고, 기축옥사에 대한 재평가가 이루어지는 과정에서 성혼의 아들 문준과 정철의 아들 홍명 사이에 서로 책임전가가 벌어져 양 가문 간에 심한 불화가 있기도 하였다. 그러나 정철은 "대개 정철과 성혼은 합하여 한 몸이 되었으니, 정철은 몸뚱이요 성혼은 그 머리이다."라는 식으로 후일 사림들에 의해 동인들을 희생시킨 모주로 탄핵을 받았으며, "정철과 더불어 압록강 동쪽에 같이 태어났음이 부끄럽다"는 정도에 이르기까지 많은 비난을 받았다.

이와 같은 정철에 대한 극단적인 비난들은 모두 사실로 받아져야 할까? 명백하게 단정키는 어려우나 피해자 혹은 동인 측 인사들에 의한 일방적인 원성이라고 보는 것이 타당하다. 이점에 있어서 최영경에 대한 논의가 한창일 즈음 당시 집의 신흠申欽의 말을 참고할 수가 있다. 신흠은 "오늘날의 공론은 정철이 옳다고 하는 자는 최영경을 구원하였다고 하고, 정철을 공격하는 자는 최영경을 옭아매어 죽였다고 하오니 양론이 모두 중도를 잃었습니다. 정철은 대신의 몸으로 무근한 낭설을 막지 못하고 최영경을 말라죽는 데서 벗어나게 하지 못하였으니 비록 구원했다는 말이 있더라도 구원했다고 논하기 매우 어렵습니다. 그러나 만일 이를 가리켜 함정을 만들어 겉으로는 구원하는 척하고 숨어서 해쳤다고 하면 그 죄명이 또한 바른 것이 아닙니다." 하였다.

그리고 유성룡은 기축옥사에 연루된 사람들을 신원 요청하는 상소에서 "기축년의 일은 여러 신하들이 나라를 등진 죄를 고루 가지고 있

23 당나라 측전무후 때 악명 높았던 형관들.

는 것이지 어떤 한 사람에게 그 허물을 넘길 일이 아니다."라고 하였다. 물론 유성룡의 성품이 시비에 분명치 못하다는 평도 있으나, 조정 중신으로 그것도 동인의 편에서 정여립 사건을 시종 경험한 사람이기 때문에 상당히 신뢰할 수 있는 지적이다.

결과적으로 이이가 죽은 뒤 정권에서 밀려난 서인 세력들은 정여립 사건을 계기로 수많은 동인 측 인사들을 연류 시켜 옥사를 확대시켰고, 그 결과 지역적으로는 호남 지역의 사류들이 분열과 희생을 당한 반면, 가해자 측의 주류는 대부분 이이와 깊은 인연이 있거나 이이의 문정에 출입하던 문인들로 기호 지방의 서인 측이라는 특징을 안고 있다. 이것은 한국 정치사에서 호남인들에 대한 최초이자 가장 큰 정치적 박해가 되었던 것이다.

기축옥사를 두고 이미 오래 전부터 사화라고 불러야 한다고 하였다. 최영경의 문서 중에 있는 이황종의 서신에서 시사를 극렬히 비난하며 역모 사건을 사림의 화단이라고 한 것을 비롯하여 성문준成文濬이 윤해평尹海平에게 보낸 글에서 기축옥을 사화라고 하였고, 정홍명鄭弘溟도 기묘사화와 유사하다고 하였으며, 정약용도 동남소사에서 사화라고 언급하는 등 많은 사람들이 '기축옥사' 대신 '기축사화'라는 용어를 사용하였다. 그러나 숙종 조에 대사헌 이선李選과 장령 안규安圭가 전 현감 정동익鄭東益이 양홍도梁弘度의 묘갈명에 "이길李浩이 기축사화에 죽었다."라고 쓴 것을 문제 삼으며, "경신년(1680)에 법도를 바로잡은 뒤에는 '사화'라는 두 글자를 제거하였다."라고 하였던 것으로 보아 이 당시 논란 끝에 옥사로 정리한 것으로 보인다. 그리고 동소만록에는 "기축의 일을 사화라 하면 신묘의 일을 어찌 사화라 할 수 있겠는가."하며, "기축의 일은 사류들 중의 원옥이 아니고, 간당들 중 역옥이다."라고 하였다. 이 같은 논란 속에 이희권의 연구에서는 당연히 사화로 호칭되어야 한다고 했으며, 이이화는 "기축옥사는 당쟁을 이용한 사화士禍이다."라고 하였다.

과연 기축옥사를 '사화'라고 할 수 있는가? 아니면 단순히 '옥사獄事'인가? 이를 규명하기에 위해 정여립 사건의 진행 과정을 사건 발생에서부터 단계별로 나누어서 생각해 보도록 하자.

먼저 제 1단계라고 할 수 있는 역모 고변이 있었던 선조 22년(1589) 10월 2일에서부터 같은 달 28일 양천회의 상소가 접수되기까지는 동인 측의 주도하에 정여립과 공모자들을 중심으로 옥사를 진행시켜 일단 마무리를 지웠다. 정여립이 동인에 속해 있었기 때문에 사건을 축소·은폐·왜곡 내지는 조기에 마무리 지으려는 모습이 있었던 시기이다. 이 시기는 관련자들에 대한 처벌이 이루어졌기 때문에 분명 '옥사'라고 하는데 무리가 없다.

제 2단계는 양천회의 상소가 접수된 후 정철이 위관의 소임을 맡아 앞의 동인 중심의 옥사에서 미진한 점과 동인 세력을 제거 내지 약화시키려는 시기에는 최영경·정개청·유몽정·백유양 등 많은 사림들이 무고하게 희생을 당당한 시기이다. 이는 사림에 화가 미쳤기 때문에 '사화'라고 명명할 수도 있겠으나, '사화'를 '척신 내지 훈구세력의 자기 분열 현상 또는 사림들에 대한 보복'이라고 본다면 가해자인 정철의 무리가 척신 세력도 훈구 세력도 아니기 때문에 이론이 발생하게 된다. 지금까지 이 사건을 '사화'라고 보는 사람들은 바로 이 단계에 무게를 두고 있다.

제 3단계는 선조 24년(1591)에 정철이 배척을 받아 물러나는 시기부터 임란까지의 기간으로 동인들이 그간 서인들로부터 당한 수모를 보복하고 서인들을 제거하는 일련의 작업이 있었던 때이다. 이것은 제 2단계의 경우와 주객이 바뀌었는데, 이 또한 사림들이 화를 입었다고 보아 '사화'라고 볼 수도 있을 것이다.

다시 정리를 하자면, 제 1단계는 옥사임이 분명하고, 제 2단계는 동인 측에서 보면 사화이나 서인 측에서 보면 옥사이다. 또 정도의 차이는 있겠으나 제 3단계는 제 2단계의 경우와 반대되는 것이 된다. 따라서 정여립 사건 중에 유래 없이 사림에 많은 희생을 내고 정철 등의 치우친 처결로 큰 정치적 파장을 불러왔지만, 정여립 사건 전체를 놓고 본다면 '기축옥사'라고 하는 것이 더 타당하다.

정여립이 사건으로 천여 명이 희생되었다는 기록이 여러 곳에서 발견된다. 과연 이것이 사실일까? 400여 년이 훨씬 지난 지금에 와서 정확한 사실은 밝히기 어려우나, <표Ⅲ-6>에서 보는 바와 같이 이 사건으로 희생된 사람들 중 이름이 사서에서 확인된 사람은 사망자 115명, 찬배자 29명, 피수자 54명, 파직인 34명으로 도합 232명이다. 사망자는 이 외에도 전주부윤 윤우신尹友莘이 70여 명을 처형한 적이 있고, 임지林地 일가와 성희 등 30여 인과 주민 20여 인을 나포한 사실과 기타 이름이 밝혀지지 않은 하층민들을 포함한다면 이보다 훨씬 많은 수백 명에 이를 것으로 짐작되나, 사망자가 천여 명 내지 수천 명이라는 설은 무리라고 본다.

다만 전주 일대 정여립의 친인척과 문도들이 대부분 희생을 당하였고, 정개청 한 사람으로 인해 "50명이 죽었고, 20명이 유배되었으며, 400명이 과거에 나가지 못하는 처지가 되었다."는 동소만록의 기록과 당시 관학의 유생으로 조금 이름이 있는 자는 모두 금고 되었다는 기록 그리고 이름 없이 죽어 간 하층민들 등을 고려한다면 사망자, 찬배자, 피수자, 파직인 그리고 과거 길이 막힌 사람까지를 생각하면 1천 여 명이 훨씬 넘을 것이다. 류성룡도 운암잡록雲岩雜錄을 통해 유사한 기록을 남겼다.

표 II-6 정여립 사건으로 인한 희생자 명단

구분	성 명
死亡者	吉雲節, 姜涀, 金世謙, 金濱, 金憑, 金國柱, 金況, 金榮一, 金景業, 金得麟, 金彦檘, 金命龍, 金廷(精)一(여립의 사위), 林遂, 朴延齡, 朴春龍, 朴應逢, 朴杙, 朴文長, 朴希孝, 方義臣, 白石(여복의 종), 白惟讓, 白壽民, 白振民, 白興民, 裵光義, 邊崇福, 宣弘福, 僧 性喜, 蘇德䞉, 宋侃, 辛汝戒(남원선비), 四伊, 石乙屎(私奴) 李箕, 李光秀, 李潑(母, 子 3명, 妻, 妾), 李洁(妻, 子 3명), 李汲, 李獜慶(子 3명), 李雲吉, 李辰吉, 李彦吉(김제 군수), 李傳, 李廷犀(妻 南씨), 李廷忱, 僧 義衍, 梁千會, 柳德粹, 柳克新, 柳宗智(참봉), 柳夢井, 柳夢鶴, 李黃鍾, 柳永慶, 尹起莘(참봉), 梁泂(선비), 梁千頃, 尹毅中, 鄭汝立(妻, 子), 池涵斗, 鄭汝復, 鄭汝興, 鄭汝會, 鄭玉男, 鄭弘, 鄭紹 ,鄭緝, 鄭彦信, 鄭彦忱, 鄭慄, 鄭彦憘, 鄭介淸, 趙惟直(남원 선비), 趙仁後(子), 曺大中(전라도사), 池景涵, 曺敏中(사마) 蔡之穆(광양훈도, 교생등 10여명), 崔永慶, 崔餘慶, 崔睦, 崔應春, 黃彦倫, 韓憬, 洪汝諶, 洪汝誠, 黃廷擇, 洪稅 이상 115명
竄配者	金宇顒, 羅德明, 羅德峻, 羅德潤, 羅德顯, 羅德憲, 羅表, 羅汝綱, 申湜, 林達, 林檜, 沈憬, 李璣玉, 李士浩, 李澐, 李蕍, 李沆, 李鶖, 安衛, 李經, 李緯, 林地, 鄭彦智, 鄭叔男, 鄭彦惕, 鄭彦悌, 韓百謙, 洪宗祿, 洪議臣 이상 29명
被囚人	金敬止, 金沔, 金昌一, 金涔, 金瓚, 康復誠, 金命龍, 金應會, 金承緖, 金命龍, 南彦經 朴天挺, 朴大鵬, 朴浚, 方大進 方大遂, 羅士忱, 申湜, 沈碩道, 僧 心懷, 僧 心淨, 李大立, 李克扶, 金克成, 李克祧, 李有慶, 任尹聖, 梁山龍, 李慶南, 柳思敬, 柳 渶, 林恡, 鄭昌衍, 鄭經世, 趙宗道, 曺敏中, 曺守訓, 曺守誠, 曺守弘, 曺守欽, 曺守敬, 曺守正, 曺守憲, 趙鳳瑞, 鄭弘祚, 鄭思讓, 僧 志永, 韓浚兼, 洪楘, 洪峻, 僧 休靜, 僧 惠熙, 僧 希性, 洪截 이상 54명
罷職人	金弘微, 康復誠, 金昌一, 金榮一, 康宗允, 金穎男, 金順命, 金垓, 金應南, 盧守愼, 南以恭, 朴承宗, 朴宜, 朴光玉, 宋言愼, 宋瑄, 沈景, 尹毅中, 任國老, 李純仁, 李渭賓, 李輅, 任國老, 李廷鸞, 鄭之誠, 鄭胤福, 鄭琢, 鄭協, 鄭仁弘, 崔彭貞, 洪可臣, 洪敏臣, 洪聖民, 許鏜 이상 34명

24 '己丑實錄(地)'의 분류 방법과 내용을 기초로 하여 선조(수정)실록, 燃藜室記述, 大東野乘, 己丑錄 그리고 柳一之 및 申福龍의 논문 등을 참고하여 조사함.

정여립 사건의 결과로 희생된 사람의 규모는 실로 그 유래를 찾아 보기가 어려울 만큼 큰 것이었다. 더구나 동인과 서인의 대립, 학문적인 배경과 향촌 사회의 갈등 등이 복합적으로 작용하여 이루어진 것이기 때문에 그 정치적 파장 또한 매우 커서 100여 년이 지난 숙종 조에까지 시비의 대상이 되었던 것이다.

지금까지 기축옥사의 전개과정을 주요 부분만 개괄적으로 살펴보았다. 옥사의 전말에 대해 동인의 입장과 서인의 입장에 따라 서로 다른 주장을 하고 있을 뿐만 아니라 상대 당을 너무 일방적으로 매도하는 등의 극단적인 비난을 하고 있다. 그 가운데 발견된 주요 특징을 보면 다음과 정리할 수 있다.

첫째, 정여립의 거사 계획에 대해서는 그 사실을 대체로 인정하여 별다른 시비가 없었고, 정철이 위관으로 있는 동안 억울하게 역모의 누명을 쓰고 희생된 사람들과 관련된 일들이 주종을 이룬다.

둘째, 정철은 자의든 타의든 옥사 처결에 지나침이 컸으며, 정철 실각 후 정철에 대한 동인들의 무차별적인 비판 역시 너무 일방적으로 매도한 경향이 크다.

셋째, 표면적으로는 동인과 서인의 대립이라고 할 수 있겠으나, 서로 지난날의 사사로운 감정이 많이 작용하였다. 무엇보다도 이발과 송익필 간에 나쁜 감정이 극에 달하였던 점을 들 수가 있다. 그리고 정개청과 최영경이 오래 전부터 이이와 정철 등을 소인배라고 하며 가벼이 보았고, 이이의 후학들과 정철 또한 정개청과 최영경에게 나쁜 감정을 가지고 있었던 것이다. 이 같은 사실은 화를 당한 최영경·정개청 등이 국청에서 스스로 말하였거나 주로 동인들이 정철 등을 비난할 때 공통적으로 지적하는 내용이어서 신빙할 만한 내용이다.

넷째, 학문적 성향에 있어 노장적인 성격이 강한 남명 문인들과 한층 개혁 지향적인 서경덕의 문인들이 대거 희생을 당하였던 것은 학문적 배경의 차이가 옥사를 무리하게 진행시키도록 작용하였다고 할 수 있겠다. 한 걸음 더 나가 시국을 보는 시각의 차이도 대립을 격화시킨 주된 요인이 되었다. 정여립 사건이 발생할 당시 조정의 공론은 동인들이 잡고 있었으며, 사건이 발생한 후에도 이산해·유성룡 등이 건재하였던 것은 동서간의 대립 차원을 넘어 정개청 등이 시국관에 있어서 보다 과격하거나 진보적이었다고 볼 수 있는 것이다.

다섯째, 영남 출신의 최영경은 바로 신원이 되어 그 여파가 비교적 적었으나, 호남 출신인 정개청에 대해서는 숙종 조에까지 시비의 대상이 되어 직·간접적인 피해가 영남보다 호남이 더 많았다. 더구나 기축옥사 처결의 주모자로 지목된 정철이 호남에 인연을 두었던 관계로 호남 지식인들의 분열이 한층 심각하였다. 이것은 정여립 사건 후 호남이 정치적으로 소외되고 그 입지가 약화되는 계기가 되었다.

6. 선조실록의 수정 편찬

조선에서 실록의 편찬은 가장 중대한 국가사업의 하나였다. 역사를 사실대로 기록하기 위해 자료 수집에서부터 세심한 주의를 기울었다. 특히 사실을 기록한 사관에게 누가 되지 않게 그 이름을 밝히지 않음은 물론 당대의 왕이 사망한 후에 가서 실록도감이라는 공식 기구를 설치하여 편찬하곤 하였다.

사관은 학식과 문장이 뛰어난 사람을 엄선하여 임명하였고, 왕의 동정을 빠짐없이 사실대로 기록하는 것이 사관의 책무였다. 사관이 기록한 사초는 사관 자신 외에는 그 누구도 볼 수가 없는 것이었다. 김일손金馹孫의 사초로 야기된 무오사화戊午士禍의 경우에도 임금인 연산군이 일부 뽑아 간추린 내용만 보았을 뿐 대신들의 강력한 반대로 사초를 직접 보지는 못하였다.

사초는 사관이 처음 작성한 것을 토대로 춘추관 시정기時政記와 기타 사료 중에서 중요한 사실을 뽑아 초초初草를 작성하고, 초초를 수정 정리한 중초中草 그리고 최종적으로 총재관摠裁官과 도총관都廳官이 수정 가필을 거친 正草로 나누어진다. 이 중에서 초초와 중초는 모두 자하문紫霞門밖 서일암遮日岩 개천에서 세초연洗草宴을 통해 그 흔적을 없애 버린다. 결국 누가 어떻게 기록하였다는 것이 영원히 밝혀지지 않는 것이다. 따라서 일단 편찬된 실록은 사료로서의 절대적인 가치를 가지기에 충분한 것이었다.

그런데 선조실록은 조선사에서 처음으로 수정해서 다시 편찬하는 과정을 겪게 되었다. 선조실록은 광해조 원년부터 편찬에 들어갔다. 선조가 사망하자 실록을 만드는데 신흠申欽과 이정구李廷龜가 유사당상有司堂上이 되었고, 이항복이 총재관摠裁官이 되었다. 신흠이 이항복에게 말하기를 "25년 동안의 사적(임란전)은 그날그날 일을 다 찾아서 기록하자면 비록 10년이 걸린대도 물어서 성취시킬 수가 없을 것이요. 그때 명공거경名公巨卿의 행적이 뚜렷하게 남의 이목에 있는 것이 많으니, 만일 이것만 기록해서 마치 열전처럼 만든다면 당시의 사적이 모두 드러날 수 있을 것이며, 곤월袞鉞의 의義도 여기에 인해서 얻을 것이요"하여 이항복도 이에 따르기로 하였다.

그러나 얼마 안 되어 북인의 이이첨李爾瞻·정인홍鄭仁弘·기자헌奇自獻 등이 정권을 장악하자 기자헌이 총재관이 되어 실록 편찬을 주도하게 되었다. 그런데 임진왜란 전의 기록들은 전란으로 모두 소실되었고, 선조 조에 사관이던 조존성趙存性·김선여金善餘·박정현朴鼎賢·임취정任就正 등이 사료를 불태우고 도망을 가버린 바람에 참고할 사초가 없었다. 그래서 각도의 감사로 하여금 여러 도감의 등록·승정원일기·력년기歷年記 등을 실어 보내도록 명하였다.

광해군 2년(1610) 11월 경연관 서경우徐景雨가 "기축·경인·신묘 3년간의 일에 대해서는 신빙할 글이 없다. 그 중에서도 역므를 다스린 전말과 난을 평정한 실상에 대해서는 뒷사람들이 정확하지 시비를 가릴 줄 몰라 겨우 20년이 지난 지금 입으로 전해지고 귀로들은 것이 각각 다른데, 요즘 들어 논의가 더욱 분분하여 유감스런 일이다."라고 하여 편찬 작업에 어려움이 많았던 것이다.

팔도를 통해 수집된 자료도 거의 없어 유희춘과 이정형李廷馨의 개인 일기, 배삼익裵三益의 연도별 조본, 이수준李壽俊과 유조인柳祖認의 행조일기 등과 문중에 소장하고 있는 자료들을 활용하여 완성하기에 이르렀다. 광해군 원년(1609) 7월에 시작하여 광해군 8년(1616)년 11월에 완성한 실록은 총 221권 116책으로 총재관 이하 220여 명이 참여하여 북인 정권의 주도하에 만들어졌다.

그러나 인조반정 후 집권한 서인 측은 선조실록은 무필誣筆이 많아 수정을 해야 한다고 제기 하였다. 인조 원년(1622) 8월 이수광李睟光은 "선조 조의 실록은 적신 괴수에 의해 편찬되어 부끄럽고 욕됨이 심하니 당연히 고쳐 찬술해야 합니다." 하였고, 이정구李廷龜는 "선조실록은 이항복이 총재가 되고 신이 문형文衡으로 제학 신흠과 함께 찬수 하다가 계축년(1613) 옥사로 죄를 입어 쫓겨났습니다. 그러다가 이이첨이 정권을 잡게 되자 그 초고를 모두 깎아 없애 볼 수 없게 하였으니 이는 그들이 싫어하는 말을 제거한 것입니다."라고 하여 실록의 수정을 강력히 제기하였다. 그러나 이괄李适의 난과 정묘·병자호란이 일어나는 등 국사가 크게 어려움에 직면하여 바로 실록을 수정하는 작업에 들어가지 못하였다.

그러다가 인조 19년(1641) 2월에 예조 주관으로 이식李植과 최명길崔明吉 등이 계속 상소하여 실록의 수정을 강력히 건의하였으며, 특히 이식은 다음과 같이 상소하였다.

"역사는 일대의 전장이요 만세의 귀감이다. ……나라가 있으되 역사가 없으면 나라가 아니며, 역사가 있으되 공정치 못하면 역사가 아니다. ……대저 나라는 망할 수 있어도 역사는 망할 수 없다는 것이 고금의 지론인데, 지금은 나라가 망하지 않았는데도 역사가 먼저 망하였다. 게다가 무망誣罔한 붓이 성미盛美함을 더럽혀 놓아 천년 후에까지 영영 씻길 희망이 없으니, 어찌 이 나라 신자로서 죽어도 끝이 없을 아픔이 아니겠는가.

당시 사관도 이식의 상소를 접하고 실록 수정의 당위성을 다음과 같이 말하였다.

"당초 실록이 기자헌과 이이첨의 손에서 이루어져서 모두 애증에 따라 포폄褒貶을 마음대로 하였다. 그리하여 선정先正의 유현儒賢인 이이·성혼 같은 분과 당대의 명신인 박순·정철·유성룡 같은 인사들을 모두 없는 일을 날조하여 극구 모함하였고, 기타 사류로서 조금이라도 명망이 있는 사람들이 모두 비방과 배척을 당하여 한 사람도 면한 자가 없었다. 그러나 그들의 당비黨比로서 이산해李山海 같은 무리들은 내용을 꾸며대어 극구 찬미하여 마지않았다. 기축년 정여립 역옥의 경우 그 흉모와 모반한 사실이 분명하게 드러났는데도 상변한 사유나 옥정의 전말 등은 이산해 등이 모두 없애 버렸다. 일일이 엄호하여 교묘하게 말을 꾸미고, 정철이 얽어 만들어 낸 것으로 오로지 돌리면서 기묘·을사 사림의 화와 같은 점이 있는 것처럼 하였으니 속임수로 혼란시킨 것이 이와 같았다. 그리고 이이첨이 선조 말년에 죄를 얻은 까닭에 그의 사사로운 한을 풀려고 감히 멋대로 비방하는가 하면 못할 말이 없어 허위와 속임수로 내용을 채웠으므로 사람들이 모두 통분해 여겼다. 그래서 반정 당초부터 개수하려는 뜻이 있었으나 착수하지 못하고 지연되다가 이때 이르러 이식이 차자를 올려 청하였다."

이로부터 실록 수정 편찬 작업이 본격적으로 착수되어 팔도 감사에게 일러 사초와 야사를 수집토록 하였으며, 대제학 이식과 검열 심세정沈世鼎이 무주 적상산赤裳山 사고에서 잘못된 곳을 뽑아 정리하였다. 그리고 이조판서 이경증李景曾의 건의에 따라 인조 21년(1643)에는 도성밖에 사국史局이 설치되었다. 그러나 수정 작업을 주관하던 이식이 인조 25년(1647) 6월에 죽음으로써 완성하지 못하고 그 마무리를 효종 조로 넘기게 되었다.

효종 5년(1654) 4월과 효종 8년(1657) 1월에 "실록으로 더러운 역사가 되었다."고 하며 심지원沈之源이 개정 편찬을 서두르자고 건의하여 채유후蔡裕後 주관 하에 김육金堉이 감수를 맡아 실록수정청實錄修正廳을 설치하고 본격적인 수정 작업에 들어갔다. 그래서 효종 8년(1657) 9월 3일에 이르러 세초연洗草宴을 열고 수정실록의 완성을 보게 되었던 것이다. 이는 인조반정 후 무려 30여 년간에 걸쳐 많은 어려움 속에 서인들 주관 하에 편찬된 것이었다. 선조 재위 41년간의 기록을 1년에 1권으로 하여 모두 42권으로 편찬하였는데, 전반 30권은 이식이 후반 12권은 채유후 등이 주로 편찬하였다.

완성된 수정실록에는 부록을 통해 "......실록을 편찬할 때 간흉이 총재하여 주장하면서 모두 자필로 단정하여 깎아 내고 덧붙였었다. 그 간흉들은 세상에서 외면되어 도당이 매우 적고 조정에 들어찬 전후의 인사들을 모두 원수로 대하였다. ......이는 결과적으로 그 명신들만이 모함을 받은 것에 그치는 문제가 아니라 성세의 청명한 미덕을 더럽게 물들인 것이다"라고 하였다.

또 채유후는 편찬 후기를 통해 "선조실록의 찬수는 오로지 적신의 손에서 나와 사관의 문자를 몰래 삭제하고 근거 없는 설화를 만들어 내어 거짓으로 헐뜯는 등 멋대로 비방하기에 온 힘을 쏟아 드디어는 제신諸臣으로부터 조정의 일에까지 미쳤으니 어찌 통탄할 일이라고 아니하겠는가."하였다.

결국 수정실록이 편찬된 이유는 정여립 사건 때문인데, 선조실록의 기사와 수정실록 기사의 두드러진 차이점도 정여립 사건에 대한 처리 방식에 있다. 선조실록에는 정여립 사건에 대한 내용을 가급적 단순하게 기록하면서도 정철 등에 의해 무고한 인사들이 희생을 당하였다는 내용을 부각시키고 있는 반면, 수정실록에는 이이·성혼·정철·조헌 등을 두호 하면서 이들의 상소문을 자세하게 수록하고 있다. 그래서 선조실록이 동인들의 입장을 기술한 것이라면 선조수정실록은 서인들의 입장을 대변한 것이라고 볼 수가 있다. 임란으로 사초가 없어진데다가 당파의 이해가 엉켜 있어 그 어느 것도 직필이라고 하기가 어렵겠으나 정여립의 거사계획 사실만은 공히 인정하였다. 그리고 양 당파의 주장을 함께 파악할 수 있는 장점이 있다. 그러면 선조실록과 선조수정실록의 차이점을 보다 구체적으로 살펴보기로 하자.

현재 가장 잘 알려진 '태백산본太白山本'을 기준으로 그 형식과 내용면을 서로 비교해 볼 수 있겠다. 먼저 형식적인 면에서의 차이점을 보면, 명칭에 있어 선조실록은 '선종연경대왕실록宣宗昭敬大王實錄'이라고 한 반면, 수정실록은 '선조연경대왕수정실록宣祖昭敬大王修正實錄'이라 하여 '종宗'을 '조祖'라고 바꾼 차이점이 있다. 또 선조실록은 총 221권으로 그 분량이 방대한 반면, 수정실록은 총 42권에 불과하고 이중에서 임란 전의 기록이 26권이며 특히 정여립 사건과 관련이 많은 20년에서 25년 사이의 기록이 전체의 4분지 1을 차지한다. 그래서 정여립 사건과 직접적인 관련이 많은 임란 전의 기록이 대부분을 차지하고, 임란 후의 기사는 상대적으로 적다.

선조실록은 실록 작업에 참여한 사람들의 명단을 모두 싣고 있으나 수정실록에서는 참여자들의 명단이 없는 대신 부록을 두어 수정 범례, 채유후의 후기, 이식의 상소 내용이 실려 있다. 또 선조실록이 왕이 즉위한 날부터 사망한 날까지의 사실을 년 월 일 순에 따라 편년체로 편찬하였는데 비해, 수정실록은 이를 월별로만 기록하고 빠진 부분을 보충하는 방식을 취한 점 등이 형식적인 차이점이라고 할 수 있다.

다음으로 내용 면에서 보이는 가장 뚜렷한 차이점은 주요 인물에 대한 평가가 서로 다르다는 것이다. 선조실록에서는 조식曹植의 상소 내용을 자세하게 수록하고, 조식이 죽자 "학문은 산처럼 우뚝하고 바다처럼 깊고 넓었으며, 의표儀標는 서릿발 같이 깨끗하고 덕성은 난초처럼 향기로웠으며, 마음은 유리병과 가을 달 같아 티 없이 맑고, 행동은 상서로운 별과 구름과 같아 사람들의 덕이 되었다."라는 등 그에 대한 칭찬을 장황하게 설명한 점이 특징적이었다. 또 기대승奇大升에 대해 "가히 보배로운 그릇이요 세상에 보기 드믄 인재"라고 하였으며, 서경덕에 대해서도 우의정에 추증한 일과 함께 그의 행적을 아주 긍정적으로 평가하고 있다.

반면 이황李滉이 세상을 떠나자 그가 죽었다는 사실만 간단하게 기술해 놓았고, 이이李珥에 대해서도 "이조판서 이이가 졸하였다."라고만 해 놓았을 뿐 그의 행적에 대해서는 기록을 하지 않았다. 그리고 선조실록에서는 서인의 영수로 지목된 박순·성혼·정철·심의겸 등에 대한 비판 기사가 많다. 성혼에 대해서는 사관의 논평을 통해 "산야에 있을 때에는 은일로 자처하다가 급기야 높은 명성이 떨치자 세력이 재상을 압도할 정도였다. 이리하여 청탁과 뇌물이 분분한데도 혐의스럽게 여기지 아니하며 부박한 무리들이 그 문하에 많이 모이게 되었다."라고 한 후, "박순·이이와 더불어 편당의 사사로움에 빠졌다."하면서 비난하였다.

특히 이이를 비판하는 기사가 두드러지게 많다. '삼윤三尹사건'과 '계미삼찬癸未三竄사건'을 계기로 동인들은 이이를 집중 공격하기 시작하였고, 직접 피해 당사자인 동인의 송응개宋應漑가 이이를 극렬히 비난한 내용을 선조실록에 싣고 있다. 또 평소 이이의 사람됨을 칭찬하던 김우옹金宇顒도 "이이가 이미 군자와 소인을 나누어 놓고 조제調劑하여 화평하려는 것은 부당하고, 이이야말로 소인이며 한 시대를 농락한 처사를 하고 있다."라고 하며, 상소를 통해 이이를 비판한 기사가 돋보인다.

그 외에도 이이에 대한 비판적인 기사가 많이 있으며, 사관의 글을 통해서도 "부모에게 용납을 받지 못하고 도망쳐 중이 되었다가 뒤에 환속하여……. 척리(심의겸)의 추천으로 청반에 올랐고, 박순의 추천으로 이공貳公 : 贊成이 되었는데, 관직이 높아질수록 뜻이 교만해지고 기량은 작은데다 책임이 무거웠으므로 때에 맞는 조처를 해 내지 못하였고, 자기의 의견만 옳다고 하고 적임자가 아닌 자를 추천하여 사사로이 은혜를 팔았다."라고 비판하였다.

반면 수정실록에서는 이황과 이이를 당대의 최고의 인물로 극찬하고 있다. 이황을 일러 당시 대유大儒로 추앙을 박고 있다고 하며 그의 글과 주장을 많이 수록하였고, "학문에 있어 조광조 이후 그와 겨룰 자가 없다."라고 하였다. 또 이이에 대해서는 "임금이 이이의 죽음 소식을 듣고 너무 놀라서 소리를 내어 통곡하였으며, 3일 동안 소선素膳을 들었고 위문하는 은전을 더욱 후하게 내렸다……. 나면서부터 신이神異하고 큰 뜻이 있어 어리석거나 지혜 있는 자를 막론하고 마음으로 그에게 귀의하지 않는 자가 없었다. 국론과 민원民言이 모두 '이이는 도덕과 충의의 정신으로 꽉 차있어 흠잡을 수 없다.'고 칭송하였다."라고 하고 있다.

선조실록에서는 서인의 중심인물 중 한 사람인 정철에 대한 비난이 노골적이었다. 당시 사간원에서 정철을 집중 공격하는 내용에 "정철이 중간에서 이간하여 화를 만들어 못할 짓이 없었는데, 전후 유생들의 말은 모두 철이 시킨 데서 나온 곳이요, 공론은 아닙니다……. 당초 의견을 결탁한 것이 이 사람이요, 세력을 잃고 불평하여 조정에 이간질 한 것도 이 사람이요, 이이가 그를 위해 힘써 변명하다가 사류들과 대립된 것도 이 사람 때문입니다." 라는 등의 기사를 소개하고 있다.

선조실록에서는 또 정철이 옥사를 다루면서 옥사확대의 결정적이 계기가 된 양천회의 상소 말미에 "이는 정철 등이 자기들과 의견이 다른 사람들을 모조리 죽이기 위하여 양천회를 사주하여 올린 것이다."라고 하였고, 정암수의 상소도 정철이 초한 것이라며 이로 인해 무고한 사람들이 많이 피해를 당했다는 내용이 주류를 이루고, 이이와 성혼에 대한 기사가 내용 면이나 분량 면에서 아주 적다. 그리고 선조실록에 정암수와 양천회의 상소 내용 전문이 실려 있음에도 불구하고 수정실록에서는 동인 측을 비난하는 주요 내용을 줄여 다시 실었고, 정인홍鄭仁弘 등을 비난하는 양홍주梁弘澍의 상소와 정언신을 비난하는 양형梁詗의 상소를 소상하게 실었다. 또 동인의 영수라고 할 수 있는 허엽許曄에 대한 비판이 유독 많은 점이 두드러지고, 이발·김우옹 등을 비난하는 내용도 많은 특징이 있다.

내용상 두 번째 차이점은 선조실록에 비해 수정실록에서는 서인들의 기사를 대폭 증가시킨 것이라 하겠다. 수정실록에서는 이이의 상소와 말을 거의 그대로 실었고, 성혼·조헌·이귀·변사정·신급 등과 같은 서인은 물론 그들을 따르던 유공진·서태수 등과 같은 유생들의 상소도 수차에 걸쳐 전문을 모두 실어 임란 전의 기록들은 분량 면에 있어 이들의 상소가 대부분을 차지하도록 하였다.

이이의 경우 선조실록에서는 '민언소萬言疏'와 같은 상소문을 짧고 간략하게 실었는데 비해, 수정실록에서는 이이가 조정에서 선조에게 했던 말과 누차 있었던 상소문 전문을 모두 실어 실록이 아니라 이이의 문집으로 착각할 정도로 이이에 대한 기사가 많다. 그러나 이이의 활동이 동인들의 표적이 되었던 선조 15년(1582)과 17년(1584)에 대한 기록이 몇 쪽에 불과한 것도 주목할 만하다. 조헌의 경우 임금인 선조로부터 배척을 당한 자이지만 장문의 상소 내용을 6편이나 싣고 조헌의 행위가 충성스런 것이라는 점을 강조하고 있으며, 그 상소에는 이산해·이발·정여립 등 동인의 유명 인사들을 맹렬히 비난하는 내용이 들어있다. 조헌의 이 같은 상소에 대해 선조실록에서는 동인들로부터 배척을 당한 송익필의 서주를 받은 것이라고 되어 있다.

세 번째 차이점은 선조수정실록이 선조실록을 수정·보완하는 목적에서 쓰인 만큼 특정 기사에 대해서는 선조실록의 내용을 보충 설명하는 형식을 취하거나, 이미 실려진 내용을 추려서 다시 실어 그 내용을 강조하는 방식을 도입한 점이라 하겠다. 선조 18년(1585) 의주목사 서익徐益의 상소 내용은 이미 선조실록에 그 전문이 실려 있음에도 불구하고 주요 부분을 추려서 중간 중간에 부연설명을 넣고 있다. 또 양천회 상소 경우에도 선조실록에 역시 전문이 실려 있는데도 다시 중요 부분을 추려서 싣고 잇는 것이다.

내용 면에서 보이는 네 번째 차이점은 정여립 사건에 대한 기록이다. 선조실록에서는 정여립 사건을 개략적으로 다루고 있으나, 수정실록에서는 정여립의 출생에서부터 죽음에 이르기까지 소상하게 기록하며 정여립이 명백한 역적이라는 점을 강조하고 있다. 그리고 정여립이라는 인물은 처음부터 역적의 기질이 있었다는 점을 누차 언급하고 있다. 또 선조실록에 기록되지 않은 내용으로 사건 후 일의 수습에 참여한 사람들이 공신으로 책록된 사실과 그 과정들을 수정실록에는 자세히 기록하고 있다. 선조실록을 수정하여 다시 편찬하게 된 가장 주된 이유가 정여립 사건 때문이라는 사실을 말해 주는 것이 된다.

지금까지 살펴 본 바와 같이 선조수정실록의 편찬은 그 형식적인 면이나 내용면 공히 '정여립 사건'과 같은 동인과 서인 간에 정치적 대립의 결과로 이루어진 것이다. 그리고 선조실록 편찬 당시 집권세력이었던 동인에 반대 되는 서인 세력이 그 후 한국정치사의 주역이 됨으로써 수정작업이 가능할 수 있었다. 무엇보다도 중요한 것은 국가 공식 기구를 통해 이미 편찬된 실록을 조선 역사상 최초로 다시 수정하는 작업을 할 수밖에 없었을 만큼 당시의 정쟁은 정치 사상적으로 중대 사안이었던 것이다. 서인들의 입장에서는 그들의 정치이념에 도전적인 동인들의 진보적 정치이념을 역사 속에 그것도 '실록'이라는 사서를 통해 응징하지 않을 수 없었기 때문이다.

선조실록의 수정편찬은 그간 사료로서 절대적인 가치를 가지고 있었던 왕조실록도 정치권력에 의해 수정될 수 있다는 선례를 남기게 하였다. 그래서 숙종 조에 있었던 '현종개수실록'과 영조 조에 있었던 '경종수정실록' 편찬에 명분을 제공하였고, 이 같은 일련의 실록 수정편찬이 모두 서인들의 주도하에 이루어졌다는 사실에서도 중요한 정치적 의미를 가진다. 이것 또한 인조 이후의 조선은 진보세력이 몰록하고 충군사상忠君思想을 제일로 삼는 정주학 중심의 보수적 정치이념을 가진 서인들이 권력의 중심부에 있었다는 사실을 확인시켜주고 있는 것이다. 이로써 선조실록보다는 퇴계와 율곡중심의 기록인 선조수정실록이 한층 정당화 된 조선 정치사를 다시 검토해 보는 작업의 필요성도 있는 것이다.

선조실록의 수정편찬은 아쉬운 점 또한 많이 있다. 당시 정치적으로 당면한 문제였던 종계변무宗系辨誣, 일본과 여진에 대한 대응방법, 문묘종사 문제, 향약의 실시, 서얼허통庶孼許通 등과 같은 문제들을 처리하는 과정에서 동인과 서인의 입장이 각기 다르게 나타났을 것으로 보이나, 수정실록의 편찬에도 불구하고 그런 것들을 소상하게 확인하기가 어렵다. 16세기 후반 조선의 정치에 대한 연구를 효율적으로 하기 위해서는 보다 신뢰할 수 있는 자료 발굴이 한층 절실하다.

결국 정여립사건은 역사를 다시 써야 할 만큼 중대한 정치변혁이었음이 분명하다. 더구나 정여립사건으로 인해 16세기 역사기록 상당수가 지워져야 했던 것은 정말 가슴 아픈 일이 아닐 수가 없다. 사관이 사초를 내놓지 못하고 스스로 무덤에 묻게 하였고, 주고받은 서찰과 상소문 같은 것도 불에 태워버림으로써 진실이 왜곡되고 정쟁에서 승리한 무리들의 주장이 정의가 되어버렸다.

금산사 전경

정여립 사건의 정치사적 의미

정여립 사건의 정치사적 의미

1. 호남인들에 대한 기피 현상

정여립 사건의 발생으로 인해 관서 지방과 마찬가지로 전라도 지방이 역향으로 몰려 불이익을 당하였다는 기록이 많이 발견된다. 그러나 지금까지 그것에 대한 명확한 증거를 제시한 문헌이 발견되지 않았다. 막연하게 짐작만으로 전라도 지방이 정여립 사건 때문에 피해를 입었다고 한다면 거론조차 하지 않는 것이 더 좋다. 다행히 최근에 들어 역사적인 배경과 여러 가지 사례를 통해 호남 지방에 대한 기피 현상 내지는 호남인들의 저항 의식을 연구하는 학자들이 생겨났다.

1) 기피현상의 역사적 실재

우선 호남 사람들에 대한 기피 현상을 역사적으로 설명되기도 한다. 신라 경순왕의 후손인 김부식金富軾이 찬 한 삼국사기는 백제의 타락과 의자왕이 황음무도荒淫無道했다고 과장함으로써 신라가 백제를 멸망시킨 정통성을 찾으려 했다는 것이다. 그 후 백제의 역사는 더욱 왜곡되어 끝내는 3천 궁녀와 낙화암의 전설이 모순 없이 회자되었고, 식민지 사학에 의해 삼국 시대를 신라 중심으로 기록하였다고 한다. 그렇다면 이것은 한국 고대사에서 백제의 위상을 약화시킴으로써 호남 지방을 하찮은 변방으로 보도록 한 것이 된다.

다음으로 흔히 고려 태조 왕건의 유훈인 훈요십조에서 호남의 기피 현상을 이야기한다. 즉 왕건이 임종 시에 대광大匡 박술희朴述希에게 "내가 죽더라도 차현車峴 이남과 공주강(금강) 아래의 사람들에게 벼슬을 주지 말라."는 말을 남겼다. 이 같은 왕건의 유훈은 고려조 당시에 상당한 영향을 주어 문신 이규보李奎報같은 사람도 호남을 좋게 보지 않았다. 이규보는 "땅이 넓고 사람이 굳세어 순조롭지 아니하고 교활한 꾀를 쓰기를 좋아하며 벌떼같이 일어나기를 좋아한다."라고 하였다. 더구나 이 유훈은 정인지가 찬술한 고려사에 기록됨으로써 인간의 운명을 상당 부분 풍수지리설로 설명하던 조선시대에는 물론이고, 지금까지도 학계와 정·관계에 이르기까지 편견에 사로잡힌 나머지 호남 사람들의 품성을 이야기하는 지표로 삼아 왔다.

그래서인지 조선 초기부터 예언서로 민간에 널리 전파되어 온 '정감록鄭鑑錄'에는 풍수를 곁들어 마치 호남이 해악의 온상 인양 다음과 같이 비하하고 있다.

> **"산맥이 북쪽으로 옮겨 차현이 되었는데 그 남쪽으로는 산의 형상이나 물의 형세가 다 되돌려 달아나니 나라의 명을 거역할 자가 반드시 여기(금강이남)에서 나오리라. 백제의 옛 땅은 기풍이 사납고 굳세어 마땅히 큰 난을 꾸밀 것이나 이는 모두 도깨비불처럼 덧없는 짓이다. 호남은 산이 등을 돌려 달아난 것이 많으니 적자와 간사한 무리들의 굴혈이다. 나라의 권병을 잡은 자는 그 사람들을 끌어 쓰기를 좋아하지 말라. ……남원경은 주산이 낮고 객산이 웅장하므로 서자가 요사스러운 일을 도모하여 사대부에게 해를 입힐 것이다. 무진(광주)은 풍속이 흉하고 사나우며 이에 산수가 역시 약**

하니 張씨나 李씨가 난을 일으키면 운이 좋게 패하지 않고 수십 년을 견딜 것이나 만조백관이 거의 굶어 죽으리라. ......금성산(나주)은 골격이 드러난지라 무당을 좋아하는 풍속이 있으며, 이 고장 사람들은 저주를 받아 재앙을 면치 못하리라.”

조선 조정에서도 임금을 비롯한 중신들이 호남에 대해 편견을 가지고 있었다. 성종 6년(1475)에 이맹현李孟賢이 말하기를 “전라도는 인심이 각박하고 악하여 도둑이 무리를 지어 일어나고 아랫사람이 윗사람을 능멸하는 일이 흔히 있다.”하였고, 대사헌 이극기李克基도 “견훤 이후 고려 5백 년을 지내고 조선조가 되어서도 거의 1백 년이 되었으나, 남은 풍속이 아직도 없어지지 않아서 사람들이 완악頑惡하니 명심하고 교화하지 않으면 고칠 수 없을 것이다.”[25]라고 하여 조선 초기부터 조정의 중신들이 이 같은 인식을 많이 하고 있었다.[26]

25 성종실록, 6년(1475) 5월 17일(을축)조.. ; 성종 조에는 조정에서 호남의 풍속에 대해 자주 거론하였다. 13년 4월 5일(계묘)에는 李昌臣·姜龜孫등이 “전라도의 풍속이 본래부터 포악하고 사납다.” 하였고, 대사헌 李壽一은 “전라도 풍속이 강한 하여 집주인을 살해하는 자도 있다.”라고 하였다. 또. 영사 尹弼商은 “전라도 풍속이 본래부터 야박하고 악독하다고 한다.”라고 하였다. 그리고 성종 18년(1487)에 당시 전라도 관찰사이던 金宗直이 호남에 도둑과 수적이 많고 나주에 淫祀가 심하다는 것 등을 보고해 왔고, 19년(1488)에는 金楣가 전라도 악습 6가지를 말하였다.

26 이 외에도 호남에 대해 부정적인 발언을 한 것들을 보면 다음과 같다.
○ 성종실록, 10년(1479) 1월 24일(신사)조 : 도승지 洪貴達이 “호남은 대개 습속이 强悍하여 도망한 노비들이 모이는 곳이 되었으되, 그 주인이 능히 제어하지 못하고, 도리어 능욕을 당하며, 겨우 죽기를 면한 자가 자주 있으니 이것은 다른 도에 없는 바입니다.”라고 하자, 李克培가 말하기를 “서로 다투며 살상하는 것은 비단 이 도만 그런 것이 아닙니다. 그러나 다른 도보다 심할 뿐입니다.”하였다. ○ 연산군일기, 5년(1499) 5월 7일(병인)조. : 전라 관찰사 安琛이 보고하기를 “본 도는 인심이 음란하고 간사하다.”라고 하였다. ○ 명종실록, 11년(1556) 1월 21(신사)조. : 윤원형은 “호남의 인심이 완고하고 사나워서 비록 조그마한 혐의라도 꼭 그 부모의 무덤을 파헤친다.”라고 하였다. ○ 선조수정실록, 21년(1588) 6월 1일(임오)조. : 鄭惟吉은 “호남의 풍속은 다른 곳과 달라서 관리를 혁파하는 일이 주민의 소에 의해 한 번 이루어진다면 앞으로 구제하기 어려운 폐단이 생길까 염려된다.” 하였다. ○ 광해군일기, 9년(1617) 10월 19일(경술)조. : 정원에서 보고하기를 “호남

특히 누구보다도 공정한 입장에 있어야 할 국왕과 사관들의 호남에 대한 인식은 어떠하였는가? 먼저 국왕의 호남에 대한 인식을 살펴보면 다음과 같다.

○ **성종 : 전라도는 옛 백제의 땅인데 백성들이 견훤이 남긴 풍습을 이제껏 고치지 못하므로 그 풍습이 이와 같은 것이다.**

○ **중종 : 전라도 인심이 완악함이 경상도보다 심하다는 것은 본시 말해 온 바이지만, 지금은 경상도 또한 그러할 뿐만 아니라 다른 도 또한 그러하니 이것은 교화가 아래에 펴지 못한 때문이다.**

○ **명종 : 전라도 인심이 아무리 사납다 할지라도 감사監司가 된 자가 백성을 자기 자식처럼 잘 어루만지고 돌본다면 그 도 백성들도 부모처럼 사랑할 것이다.**

○ **인조 : 호남은 지나치게 강한 풍습이 있다고 한다.**

위에서 보는 바와 같이 국왕까지도 호남에 대해 좋은 감정을 가지고 있지 않았다. 그리고 사실만을 기록해야 하는 사관의 경우도 다음과 같이 비판적이다.

○ **명종조 : 전라도 풍속이 야박하고 악하다.**

○ **인조조 : 호남의 인심이 매우 악해졌기 때문에 방백이나 수령이 조금이라도 뜻에 맞지 않으면 의례 모함하는 짓을 하**

의 인심이 고약하고 선비들의 습성이 아름답지 못합니다."하였다. ○ "己丑錄(上)," 國譯 大東野乘(Ⅳ)(서울: 민족문화추진회, 1984), p. 489. ; 嘯浦遺稿, 乙未封事 : 湖南一道風習則不修職分 思出其位 常以譏議 人物誹謗 朝政爲士子標致人 若不如己 則必欲殺之 少有嫌隙則必致誣陷. ○ 星湖全書(五), 僿說: 人事門(生財)(서울: 여강출판사, 1984), p. 276. : 全羅道西南皆海 東以大嶺爲界 人好方術 善夸詐俗擴悍 行旅不得舍宿 全爲甚.

였다.

○ 영조조 : 남도의 풍속이 교사스러워 정사나 명령으로 변화시킬 수 있는 일이 아니다.

○ 영조조 : 남도의 풍속이 교사스럽다.

더구나 영조 조에 이중환李重煥은 스스로 호남에 가본 적이 없다면서 "호남은 땅이 멀고 풍속이 더러워 가히 사람이 살 곳이 못되며, ...사람들 또한 교활하여 도리가 아닌 것을 위해 쉽게 움직인다."라고 하였다. 이처럼 이중환이 호남을 악평한 이유는 아마도 개인적인 감정이 크게 작용하였거나 여항에 흘러 다니는 말을 기록한 것으로 보인다.

호남의 대표적 유생으로 시대적 격변기를 살았던 황현黃玹(1885~1910)도 "세상에서 호남은 인재가 많고 의리를 숭상한다고 하였는데 이것은 진실로 거짓이 아니다……. 호남의 인심은 풍속이 변하기를 지극히 하여 교활하고 반복하며 착한 사람을 모함하여 형벌을 받게 하는 것을 좋아한다. 모든 환관이나 궁중의 심부름꾼, 하급 관리들의 집에 어두운 밤에 쫓아가서 청탁하고 부탁하여 어질고 착한 자를 해쳐서 그 해가 다른 도에까지 가게 하는 자도 역시 호남 사람이 많았다."라고 하며 호남인들을 비판하였다. 황현의 이같은 지적은 그도 호남 출신으로 고금의 서적을 통해 공부하며 직접 몸으로 체득한 경험에서 나왔다는 것에서 상당한 의미가 있다고 하겠다.

특히 제정 러시아가 한반도에 대한 세력 확장의 정책 자료로 활용하기 위해 1900년에 발행한 '한국지韓國誌(KOPEH)'에도 호남에 대한 언급이 있었다. 한국지에는 "한국 사람들은 대부분 선량하고 정직하며 외국 사람들까지도 쉽게 믿는다."고 전제하면서도 "전라도에 사는 사람들은 자기 자신의 이익만을 추구하며 이익을 위해서라면 가장 뻔뻔스런 배반까지도 할 태세가 되어 있는 염치없는 위선자와 사기사(꾼)처럼 여겨지고 있다."라고 하였다. 이는 어떤 자료와 누구의 말을 듣고 기록한 것인지는 알 수 없으나, 국가의 중요한 정책문서를 작성하면서 이루어진 것이기 때문에 신빙할 만한 기사이다. 이것은 1900년도 당시에 호남 사람들에 대한 기피 현상이 한국 사회에 여전히 엄존하고 있었음을 실증해 주는 것이다.

그러나 호남에 대해 악평만이 있는 것은 아니다. 중종 조에 "남방 삼도는 천부의 땅인데 호남 일대는 더욱 부유한 곳입니다."라고 한 것이라든가, 대사헌 채무택蔡無擇이 "영남과 호남의 두 지방은 생산이 풍부한 지방으로 인물이 살기 좋은 땅이라 실로 우리나라의 근본이 되는 곳입니다,"라는 등이 그것이다. 특히 임란 중에 선조는 "전라도는 나라의 울타리로 호남이 없으면 국가가 없는 것과 같다."라고 강조하였다.

또한 인조 조에 이괄의 난이 일어나 정경세鄭經世가 인조로 하여금 영남으로 피하기를 청하자 김류金瑬는 "영남에 충의로운 선비가 많기는 하나, 그 풍속은 '문'을 숭상하고 '무'를 숭상하지 않으므로 도움을 받기 어렵습니다. 호남의 풍속은 대부분 무예를 숭상하니, 지금의 계책으로는 이곳으로 거동하시어 진무하고 수용하는 것만 못합니다. 그러면 회복을 기대할 수 있을 것입니다."하였다. 이는 호남이 다른 지역보다 위급할 때 더 믿고 의지할 수 있는 지역이라고 조정에서는 인식하고 있었다는 것을 뜻하는 것이다.

위의 풍습에 대한 기록들은 기록자의 편견이 강하게 내포된 것이라고 볼 수가 있다. 보는 이의 입장과 시각에 따라 호남인들을 비난할 수도 있으며, 칭찬할 수 있는 것이다. 이것은 경상도나 충청도 등과 같은 사람들에게도 마찬가지이다. 그래서 왕건의 훈요십조와 이중환의 택리지 등에 대한 허구성을 지적하여 "호남을 기피하기 위해 악의적으로 날조된 것이며 과학적인 근거가 없다."라는 주장까지 생겨났다.

그리고 이러한 것들은 모두가 호남의 풍습이 그러하다는 것이지 호남의 사람들이 다른 지역 사람들보다 유별나게 원래부터 그렇다는 것은 아니라고 본다. 그래서 이중환도 "진실로 어진 사람이 그 지역에 살면서 부유한 업을 밑받침으로 하여 예의와 문행을 가르친다면 또한 살지 못할 지역은 아니다. 또 산천이 기이하고 훌륭한 곳이 많은데, 고려에서 조선에 이르도록 크게 드러난 적이 없으니 한 번쯤은 모였던 정기가 나타날 것이다."하였다.

그러면 실존하고 있는 호남에 대한 기피 현상이 생겨나게 된 동기가 신라와 백제의 해묵은 원한, 훈요 10조, 정감록과 같은 것들 외에는 없는가? 필자는 이러한 것들 외에도 여러 가지가 있다고 본다. 그 대표적인 것을 두 가지를 든다면 호남만이 가지는 지리적인 특징이 그 하나이고, 호남의 형편을 유교적인 시각으로만 바라본 소치가 그 둘이라고 여겨진다.

2) 호남의 지리적 특성과 유교적 편견

먼저 호남이 가지는 지리적인 특성을 살펴보자. 성종 조에 호남 출신이자 6년간이나 김제 군수를 역임한 김미金楣 : 南原人가 호남의 풍습이 다른 도에는 볼 수 없는 것이라고 다음과 같이 비난을 하고 있지만, 그 내용을 자세히 들여다보면 다른 의미로 해석이 가능하다.

"전라도는 옛 백제의 땅이니 그 유풍이 아직도 남아 있어 완악하고 독한 풍속이 다른 도에 비하여 더욱 심합니다. 그곳의 도적은 혹 집에 불을 지르거나 혹 길가는 사람을 저격하여 약탈함으로 세상에서 이르기를 호남의 습속에, 강도는 있어도 절도는 없다고 하는 것이 이 때문입니다. 또 왜의 옷을 입고 왜의 말을 하는 수적

이 있어 해포海浦에 출몰하면서 몰래 행선行船을 엿보고 있다가 배 안에 있는 사람을 다 바다에 던지고 몰래 도서에 숨고 하여 마치 귀신과 물 여우와 같으므로 관리가 이를 잡으려 하더라도 누구든 어찌할 수 없으니 이것은 다른 도에 없는 일입니다. 그 죄를 범하고 도망하여 숨은 자는 세력 있는 백성과 교활한 사람과 서로 표리가 되어 긴 울타리에 겹문을 만들고 다투어 굴혈窟穴을 지어 줍니다. 만일 본주本主가 근심하는 자가 있으면 공금公禁에 참여하지 않고 심한 자는 혹 불량한 자를 모아 본주를 구축하여 상처를 입혀서 가도록 하니 이것 또한 다른 도에 없는 일입니다. 그 귀신을 숭상함에 있어서는 강만岡巒·임수林藪가 모두 귀신 이름이 붙어 있으며, 혹 목인木人을 설치하거나 혹 지전紙錢을 걸어 생황을 불고 북을 치며, 주적이 낭자하고 남녀가 어울려서 무리 지어 놀다가 노숙하면서 부부가 서로 잃어버리기까지 하여도 조금도 괴이하게 생각지 않습니다. 그 음일淫佚을 좋아함에 있어 여항의 백성이 처첩을 서로 도둑질하고 서로 원수가 져서 첩소牒訴가 고슴도치의 털처럼 복잡합니다. 심지어 期功의 親을 보기를 범인凡人과 같이 하여 혹 아우가 형의 첩을 생피相避 붙고, 종이 마님을 간통하여 인륜을 무너뜨린 자가 간혹 있었으며, 사치스런 풍속을 논하면 여염과 읍리의 의복이 곱고 화려하며, 시골의 천한 백성들은 음식을 물을 퍼 쓰듯이 해 먹으므로 풍년에 절제할 줄 모르고 한 번 흉년을 만나면 강보襁褓의 어린아이까지 유리합니다. 능범陵犯하는 풍속은 아랫 사람이 윗사람을 업신여기고, 천한 이가 귀한 이에게 행패를 부리며, 병졸이 장수를 모함하고, 이민吏民이 수령을 꾸짖어 욕하며, 명예를 구하고 분수를 범함이 이르지 않는 데가 없습니다. 근일에 광산에서 군수를 사살한 일은 입으로 참아 말할 수 없습니다. 대저 이 여섯 가지는 모두 다른 지방에 없는 풍속이니 개혁하지 않을 수 없습니다."

위의 김미가 주장한 것들은 아마도 자신이 김제 군수로 재임할 적에 경험한 사실들을 바탕으로 한 내용들이어서 대부분 사실로 보아도 될 것이다. 그러나 김미가 이 같은 풍습이 다른 도에는 없는 것이라고 조목조목 말하고 있으나, 몇 가지 지리적인 특성을 제외하고는 대부분 다른 지방에도 흔히 있을 수 있는 일들이다.

즉 강도가 있는 것, 서리들이 수령을 괴롭히는 일, 자연신을 숭배하는 일, 남녀가 어울리는 일, 윗사람을 범하는 일 등은 비단 전라도에만 국한되어 나타나는 현상이라고 보기가 어렵다. 비교적 유교 사상의 교화가 잘 이루어졌다고 하는 영남 진주에서는 강희맹의 첩을 고을 아전들이 다투어 간통하였다는 일이 있었다. 또 영남에 도적이 날뛰면서 살인과 약탈을 공공연하게 하고 있다든지, 영남 유생들이 진사시에 난동을 부렸다던가, 영남의 성담成潭이라는 자가 아우의 아내와 간음하고 아우를 죽였다는 등의 현상들은 어느 도를 막론하고 흔하게 있을 수 있는 일들인 것이다. 그래서 기미가 주장한 내용은 그 실상이 평범한데 너무 부정적인 시각에서 본 것으로 여겨진다.

다만 왜놈의 옷을 입고 왜놈 말을 하는 사람이 있다는 것은 호남 지방이 일본과 교류가 잦았고 왜구가 자주 출몰함에 따른 현상으로 경상도와 같은 내륙지방에는 없는 내용이다. 산에는 산적이 있었고, 바다에는 해적이 있었으며 유독 호남에는 왜구에 의한 괴로움이 비교적 많았던 것이다. 인조가 영남 출신 정경세에게 "경도 남방 사람인데 남방의 습성은 과연 온순한가." 하자, 정경세는 "남방이라 하여 어찌 모조리 온순하겠으며, 북방 역시 어찌 모조리 과감하겠습니까. 영남에 비해 호남이 다소 강한 풍습이 있을 뿐이며, 진주 이하 영남과 호남의 습성은 서로 비슷합니다."하였다. 결국 김류의 말처럼 차이가 있다고 하더라도

"영남은 무武보다 '문文'을, 호남은 '문'보다 '무'를 숭상하는 지역"라는 정도이다. 또 수많은 도서로 이루어진 바다와 관련된 특이한 풍습과 왜구에 의한 약탈 등과 같은 특수 환경에서 오는 불가피한 것들은 당연히 내륙지방과는 차이가 있게 마련이다. 이것도 호남만이 다른 풍습을 가지고 있는 것이 아니라 위 정경세의 말처럼 영남의 남해안과 호남의 남해안은 그 풍습이 서로 비슷하다고 보는 것이 옳다고 여겨진다.

이와 같이 분명 자연적인 환경에 따라 지역적인 차이는 있는 것이다. 그래서 호남의 경우 호남만이 가지는 기후, 풍토 등 환경적인 특징을 중심으로 이 지방의 사상이나 의식의 형성을 해명하는 것이 옳다. 이로써 이곳의 문화니 풍습이니 하는 것들도 타당한 설명이 가능할 것이다.

호남과 가장 손쉽게 비교될 수 있는 지역은 영남으로 이 두 지역을 비교해 보면 다음과 같은 몇 가지 차이점을 발견할 수 있다.

(1) 영남은 태백산맥에서 분기하는 소백산맥이 남해안까지 이어져 하나의 울타리 형태를 취하고 있는데 비하여, 호남은 차령·노령산맥 등으로 나누어짐에 따라 지역이 분산되어 있다.
(2) 영남의 강은 일부 동해안을 제외하고 모두 낙동강으로 합류되는데 비해, 호남은 금강·만경강·영산강·섬진강 등이 각기 다른 방향으로 흘러가고 있다.
(3) 영남 해안은 수심이 깊고 도서가 적어 물산이 단조로운 반면, 호남 해안은 수심이 비교적 얕고 수많은 도서로 되어 있으면서 물산이 다양하고 풍부하다.
(4) 영남은 중소지주층이 많은 밭농사의 비중이 높은 반면, 호남은 대지주의 출현이 용이한 쌀농사 중심의 광활한 평야 지대가 많다.

(5) 영남은 신라 문화권이라고 지역을 하나로 한정하는데 무리가 없겠으나, 호남은 백제 문화권이면서도 현 충청도와 서로 구분이 된다.

위와 같은 지리적인 특성은 조선시대와 같이 교통 통신이 발달되지 못한 때에는 풍습이나 문화적 특성에 많은 영향을 주었다. 이와 관련하여 여러 가지 현상들을 도출해 낼 수 있을 것이나, 호남지방은 각종 물산이 풍부하고 주식인 쌀농사 중심의 평야 지대가 많다는 점에 유의하면서 인구 이동 현상과 더불어 몇 가지 특이점을 생각해 볼 수 있겠다.

먼저 호남지방의 인구 이동현상부터 살펴보자. 우리나라 성씨의 본관은 기본적으로 살던 곳을 중심으로 하여 고려조에 대부분 이루어진 것으로 알려져 있다. 본관제가 성립된 배경은 백성을 지역별 계층별로 분류하여 신분 질서를 유지하고, 일정한 지역에 백성을 거주시킴으로써 인민의 유리를 막고, 징세와 조역을 효율적으로 수행하는 데 있었다. 그래서 고려 시대의 본관은 본적과 거주지를 모두 의미하였다.

그러나 고려 후기부터 왜구의 침입과 토지 경작 등 정치·사회적 변동으로 본관지를 떠나 다른 지방으로 이주하기 시작하였다. 몽고의 침입으로 수십만의 인구 이동이 있은 이래로 고려 정종定宗 때부터 우왕禑王 때까지 삼남 지방에 왜구의 침입이 격렬하여 호남 해변 지방 사람들은 내지로 이주하여 거의 사람이 살지 않았다. 그러다가 조선에 들어와서는 정치가 안정되고 왜구의 침입이 줄어들자 오히려 외지인들이 호남으로 많이 이주하였다.

특히 태종 18년에 경상도 지방의 흉년으로 순천·낙안·광양·구례 등지로 이주한 사람들이 많았으며, 세종 5년에 한 해만 해도 호남으로 이주한 사람의 수는 서울이 190명, 류후사留後司 621명, 충청도가 2,394

명, 강원도가 1,043명, 경상도가 1,455명, 황해도가 22명, 평안도가 10명 함길도가 107명 등 모두 5,842명이었고, 세종 20년에는 남원 지방에만 해도 1,100여 명이나 외지인들이 이주해 왔다. 이는 당시의 인구 규모로 보아 상당한 수에 이르는 것이고 통계에 잡히지 않은 류이민까지 감안 한다면 대규모 인구 이동이 있었던 것으로 여겨진다. 그 결과 호남 지방에는 농토 또한 많이 개간되었다.

표 Ⅲ-1 각 도별 인구 현황

도별 / 시기	경기	충청	전라	경상	황해	강원	함경	평안	계
태종 4년	38,138	44,476	39,151	98,015	29,441	29,238	28,693	52,872	360,024
세종10년	60,745	100,790	94,248	173,759	71,897	29,009	66,978	105,444	702,870
증 가 율	1.59	2.27	2.41	1.76	2.44	1.00	2.33	2.00	1.95

표 Ⅲ-2 각 도별 토지 현황(단위 : 결)

도별 / 시기		경기	충청	전라	경상	황해	강원	함경	평안	계
세종 14년		207,199	236,300	277,588	301,147	104,772	65,919	130,413	308,751	1,632,089
임란 직전	문헌비고	150,000	260,000	440,000	430,000	110,000	28,000	110,000	170,000	1,698,000
	반계수록	147,370	252,503	442,189	315,026	106,832	43,831	63,831	153,000	1,524,582
증가율		0.71	1.07	1.59	1.05	1.02	0.53	0.49	0.50	0.93

그래서 국가에서 받아들이는 세도 호남 지방이 단연 으뜸이었다. 임란 전 국가에서 1년에 받아들이는 총 수세 량인 1,037,497석의 3분지 1이 넘는 353,744석을 전라도에서 납부하였고, 특히 쌀의 경우에는 230,789석을 납부하여 전체 492,222석의 약 2분지 1을 차지할 만큼 국가 재정의 핵심적 역할을 하였다.

또한 이성계가 고려 유신들을 대대적으로 제거하고 새로이 조선을 건국하면서 개경을 중심으로 경기도와 황해도 일대에 살던 씨족들이 대거 삼남 등지로 이주하였으며, 조선 초기 북쪽 변방의 여진족을 몰아내고 4군과 6진을 개척하는 과정에서 사민정책徙民政策이 추진되어 조선 전기 내내 인구 이동이 이루어졌다. 특히 연산군 조부터는 전정과 군정이 문란해지면서 류이민이 많아졌고, 녹봉을 받는 감사 등을 제외한 대부분의 관속과 무인들은 가솔들을 데리고 근무지를 이동하였으며, 대규모 사화가 자주 발생하고 당쟁이 격화됨에 따라 가솔을 이끌고 유배되는 경우가 허다하여 유배지에서 자손을 낳고 정착하는 경우도 많았다.

호남 지방에서 인구 이동이 심했던 사실은 사족들에게도 마찬가지였다. 조선시대에 공인된 사족이라고 할 수 있는 생원과 진사의 합격자 동향에서 이를 볼 수가 있다. 사림들의 진출이 뚜렷했고 비교적 입격자의 수가 많으며 약 100년 정도의 기간 차이가 나는 중종 조와 선조 조의 생원과 진사시험 합격자 수를 성관 별로 비교하면, <표Ⅳ-3>과 같이 전반적으로 인구이동이 이루어지고 있는 가운데 호남과 충청 지방의 주요 도시는 토착 성씨나 이들 지역을 본관으로 하는 사람들의 감소율이 경상도에 비해 현저하고 외지에서 유입되는 타성의 비율이 높다. 이는 경상도 지역이 이곳을 본관으로 하는 씨족들의 감소 속도가 근소하였는데 비해, 호남과 충청 지방은 토착 씨족들이 크게 감소하여 외지인들과의 출입이 많았음을 뜻한다.[27]

27 李樹健, 嶺南學派의 形成과 展開(서울: 일조각, 1995), p. 20. ; 세종실록지리지에 의거 경상도의 성씨를 분석하여도 같은 결과가 나온다. 즉 경상도는 타도에 비해 토박이 성인 토성과 이주 성인 來姓·屬姓의 성관 수가 가장 많은 동시에 15세기 초에 이미 없어진 亡姓은 가장 적다. 이러한 현상은 경상도 열읍에서 생겨난 성씨의 토착 성이 강인하여 타도에 비해 유출이 적었음을 뜻하는 것이다.

표 Ⅲ-3 중종, 선조 연간 주요 지역 생원·진사 합격자의 관향별 분포율[28]

地域別	都市名	時期	貫鄕數	貫鄕別 生·進合格者數				比 率		
				土姓(A)	地域姓(B)	他姓(C)	計(D)	A/D	B/D	C/D
전라	전주	중종	26	16	11	15	42	0.38	0.26	0.36
		선조	19	11	5	17	33	0.33	0.15	0.52
	남원	중종	14	7	0	15	22	0.31	-	0.69
		선조	18	3	9	16	28	0.10	0.32	0.58
	나주	중종	19	13	13	11	37	0.35	0.35	0.30
		선조	24	7	10	18	35	0.20	0.28	0.52
	광주	중종	20	10	8	12	30	0.33	0.26	0.41
		선조	21	4	14	14	32	0.12	0.43	0.45
	영광	중종	12	3	6	6	15	0.20	0.40	0.40
		선조	7	0	3	7	10	-	0.30	0.70
충청	청주	중종	11	4	0	8	12	0.33	0.33	0.67
		선조	30	5	3	33	41	0.12	0.07	0.81
	충주	중종	12	3	1	9	13	0.23	0.07	0.70
		선조	19	3	0	24	27	0.12	-	0.88
	공주	중종	7	0	1	7	8	-	0.12	0.88
		선조	14	0	11	9	20	-	0.55	0.45
	진천	중종	4	0	1	3	4	-	0.25	0.75
		선조	12	0	3	13	16	-	0.18	0.82
	홍주	중종	6	0	0	6	6	-		1.00
		선조	7	0	2	5	7	-	0.28	0.72
경상	안동	중종	17	6	21	8	35	0.17	0.60	0.23
		선조	19	9	16	14	39	0.23	0.41	0.36
	상주	중종	14	3	7	4	15	0.20	0.46	0.34
		선조	15	8	9	11	28	0.28	0.32	0.40
	선산	중종	13	9	8	5	22	0.40	0.36	0.24
		선조	11	3	4	5	12	0.25	0.33	0.42
	영천	중종	9	1	3	13	17	0.05	0.17	0.78
		선조	17	6	6	11	23	0.26	0.26	0.48
	성주	중종	15	8	5	10	23	0.34	0.21	0.45
		선조	15	7	7	9	23	0.30	0.30	0.40

28 "司馬傍目 : compact disc(성남 : 한국정신문화연구원, 1997)."

이와 같은 호남 지방의 대규모 인구 이동, 생산량의 증가, 세수량의 증가 등은 어떤 결과를 가져 왔는가? 그 첫 번째로 지적할 수 있는 것은 부정을 하는 관리들이 많아지게 되었다는 것이다. 선조 16년(1583)에 호조에서 삼남 지방의 부정 관리들을 조사한 결과 적발된 자의 수가 전라도 10명, 경상도 3명, 충청도 3명으로 나타나 호남이 가장 많았다. 또 1886년 호남의 전운사轉運使 : 漕運使로 간 조필영趙弼永같은 사람은 3년 만에 소론의 갑부가 되었다고 할 정도로 수탈을 많이 하였다.

이와 관련하여 황현은 "호남은 재물이 풍부하여 관리들의 욕심을 채워 줄 만하였다. 무릇 호남에서 벼슬을 하는 사람들은 백성들을 양이나 돼지처럼 여기면서 마음대로 묶고 빼앗았으며, 일생동안 종과 북을 치면서 사방에서 빼앗았다. 그리하여 서울에서는 '아들을 낳아 호남에서 벼슬하며 살게 하는 것이 소원이다.'라는 말이 떠돌 정도였다."라고 하였던 것이다.

이 같은 문제와 관련하여 일제의 식민지 농업정책으로 생긴 소작민의 증가, 농가 부채의 증가, 악성 고리대금업의 성행, 작물 선매 행위의 성행 등과 같은 문제들이 호남 지방에서 가장 심하였고, 소작쟁의의 발생도 전국의 약 33%를 차지할 만큼 많았다. 호남의 이러한 사실들이 호남인들에게는 원寃으로 외지인들에게는 기피 현상으로 작용하였던 것이다

두 번째로 지적할 수 있는 것은 지방 토호들의 수탈이 한층 심해진다는 것이다. 호남으로의 류이민의 증가는 토호 세력의 성장과 더불어 양민들을 수탈하는 결과를 가져왔다. 류이민들은 전답을 가지고 있지 않기 때문에 토호들에게 의탁하여 살아갈 수밖에 없어 토호들은 이런 약점을 편리할 대로 이용하여 류이민들을 고용하거나 노비로 쓰게 되었다. 이들 지방 토호들은 양민들을 착취하는 수준을 너머 이미 조선 초기부터 수령을 위협하는 정도에 이르렀으며, 국가 기강이 더욱 해이

해진 선조 조에는 더 말할 나위도 없었던 것이다. 그래서 이익은 호남 호족들의 행태에 대해 "곡식이 흔하기 때문에 강한 호족들이 재물을 모으기가 쉬워서 좋은 옷에 좋은 말을 탄 호족들이 곳곳에서 뽐내며 약한 백성들을 괴롭히지만 관에서도 능히 막지 못한다."라고 하였다.

세 번째로는 물산이 풍부하기 때문에 사람들이 나태해 지기가 쉽다는 것이다. 이점에 대하여서는 황현은 호남의 습속이 거칠어진 원인을 다음과 같이 밝히고 있어 이를 음미해 볼 필요가 있다.

> **"호남은 우리나라 남쪽의 울타리로 산천 경계가 뛰어나고 물산이 풍부하여 나라 전체가 먹고 입는 자원의 절반을 호남에 의지하고 있다. ……그러나 땅이 기름진 곳에 사는 백성들은 편해지기 쉽고, 편하게 되면 음탕한 마음이 생겨 사악한 마음이 일어나게 된다. 그래서 재산이 넉넉한 사람들이 늘어나면 사치를 좋아하고 의협을 경시하게 되어 백성들의 성품이 경박스러워져 어려움을 잘 견디지 못하게 된다. 또 농사란 오직 논에만 의지하고 있으므로 매번 큰 가뭄이 들 때면 언제나 가장 먼저 기근에 허덕이게 되어 좌도와 우도의 바닷가 넓은 개펄에는 사람을 때려죽이고 남의 재물을 빼앗는 간사한 무리들이 옛날부터 계속 있어 왔다."**

네 번째로 지적할 수 있는 것은 향촌이 불안해 진다는 것이다. 토착인들과 외지에서 이주해 온 사람들 간에는 기본적으로 생활 습관에서부터 경제 능력에 이르기까지 많은 차이점이 있기 마련이다. 이들이 서로를 이해하고 공생하는 여건을 마련하려면 많은 시간이 필요하다. 그러나 이들에게는 예의와 염치를 생각하기에 앞서 생존을 위해 대립과 갈등을 이겨내야 하는 것이 우선 과제였다. 지금까지 살펴본 몇 가지 내용들은 호남인들을 기피하는 한 원인이 되었다.

호남에 대한 그릇된 인식은 호남이 가지는 지리적 특성문제 외에도 유교적 편견에 기인한 면도 있다. 주지하다시피 유학 사상은 조선의 통치 이념이다. 그래서 조선 초기부터 향사례鄕射禮와 향음주례鄕飮酒禮 등으로 유교적 세계관을 백성들에게 교화하는데 많은 노력을 경주하였다. 특히 성종 조에는 경국대전을 완성하여 재가녀再嫁女 자제에 대한 관리 등용을 제한하였으며, 도승법度僧法을 혁파하여 승려들을 엄하게 통제하는 등 불교를 배척하고 보다 적극적인 숭유 정책을 실시하였다. "대저 정치의 대체가 높고 낮음은 풍속의 아름답고 악함에 달려 있다."라고 하며 풍속을 바로잡는 일에 많은 노력을 기울었다. 그래서 지방관으로 파견되는 사람들의 가장 중요한 임무 중에 하나가 바로 백성들에게 유교적 가치관을 전파하는 것이었다.

그런데 호남의 경우는 유교 사상의 전파가 다른 지역에 비해 다소 늦었다. 호남은 해안이 길고 도서가 많은데다가 왜구들의 침입이 잦아 중앙의 통치력이 미치기가 어려웠고, 앞서 김미가 주장한 내용에 있는 토속적인 풍습이 많이 남아 있었다. 이 같은 호남의 풍습들은 유교적인 시각으로 바라보면 보다 부정적으로 보였음은 너무나 당연하다.[29] 그래서 유난히 성종 조에 호남에 대한 비판이 심했던 것이다.

유학이 교조적으로 발전함에 따라 호남에 대한 그릇된 인식 또한 증폭되어 갔다. 조정의 중신들은 물론이거니와 호남의 정황을 보고하는 일선의 수령들은 대부분 유교적 사고방식이 몸에 푹 배인 사람들이었다. 호남의 인심이나 풍습을 악평했던 사람들 즉 이맹현·김미·이익·이

29 특히 유학자 金宗直이 전라도 관찰사로 있을 때에 그의 눈에는 場門(상업)이 성행하여 도둑이 늘어났고, 해안의 수적들의 날쌘 활동, 나주 錦城山에 사설 神祀가 많은 것 등이 폐단으로 보였다. 그래서 조정에 이를 금하도록 하여달라고 보고했으나, 성종은 장문은 무역에 힘쓰게 하는 것이니 폐할 수가 없는 일이고, 수적들이 居刀船을 이용하는 일은 논의를 해 보겠으며, 다만 淫祀를 숭상하는 일은 大典에 있으니 감사가 알아서 조처하라고 하여 김종직의 의견 모두에는 동의하지 않았던 것이다. : 성종실록, 18년(1487) 6월 20일(무자)조.

중환·황현 등은 모두 유학에 밝은 사람들이다. 산천과 바다에 제사지내고 남녀가 서로 어울려 춤추고 노래하며 살아가던 호남 민중들의 생활상이 삼강오륜으로 절여진 이들 유학자들의 눈에 좋은 모습으로 보였을 리가 만무하다.

결국 전라도 사람의 기질이 어떠하고 경상도 사람의 기질이 어떠하다는 이야기는 타당하지 않다고 보아야 한다. 물론 산간벽지에서 사는 사람은 산 생활에 익숙하여 사고방식도 산을 중심으로 갖는 경향이 있을 것이고, 바닷가에 사는 사람은 험난한 바다와 큰 물고기에 익숙해져 있는 것은 당연하다. 하지만 이것을 비약시켜 전라도 전체가 어떠하고 경상도가 어떠하다는 사고는 옳지 못하다.

우리나라 성씨는 고려 시대에 와서 이루어졌으며, 안동 김씨 하면 그들의 조상이 안동에 살았고, 전주 유씨 하면 역시 그들의 조상들이 전주에 살았던 것이다. 정여립 사건 당시에나 지금은 비록 전라도에 살고 있지만 본관이 경주인 사람은 그들의 조상이 경주에 살았다는 것이다. 따라서 경상도 사람이니 전라도 사람이니 하는 것을 구분하는 특별한 기준은 없는 것이다.

3) 정여립 사건과 호남의 침체

한편 신라와 백제간의 감정, 왕건의 훈요십조, 정감록 그리고 몇몇 사람들에 의한 호남인들에 대한 비판적 견해들은 조선조 중엽에 들어와서 일부 지리적인 현상들을 제외하고는 많이 희석되었다. 왜냐하면 너무나 오랜 세월이 흘렀고 기피 현상 자체가 타당한 근거를 갖고 있는 것이 아니었기 때문이다.

더욱이 조선은 개국 때부터 전주목을 완산부로 승격시켰고, 호남을 기피하라는 고려 태조의 유훈을 부질없는 것이라고 하며, 이씨 왕조의 고향이 호남임을 강조하였다. 특히 용비어천가에는 "양자강 남쪽을 기피하여 사자使者를 보낸다고 하더라도 칠대七代의 왕조를 누가 능히 막겠는가. 공주강 남쪽을 싫어하여 자손들에게 주의를 시킨다고 한들 도읍이 아홉 번 변하는 것이 어찌 사람의 뜻이겠는가." 하였다. 이는 고려 태조가 호남을 기피하려고 했지만 호남에서 이씨 왕조가 탄생한 것은 사람의 뜻이 아닌 하늘의 뜻이라는 것을 설명한 것이다. 따라서 조선조에 들어와서는 국왕부터 "대저 풍속의 아름답고 악함은 위에 있는 사람이 몸소 실행하여 통솔하는데 있는 것이다."라는 시각을 가지고 있어 기본적으로 호남을 나쁘게만 보지는 않았던 것이다.

그 결과 호남의 많은 인재들이 조정과 재야에서 현실 정치에 참여하게 되었다. 태종 조에 인재를 발탁해 쓰기 위해 각도 관찰사로 하여금 현량을 찾아 이름을 써서 자세히 보고하라 하니, 경기도 50명, 강원도 40명, 경상도 51명, 전라도 81명, 충청도 8명, 평안도 12명, 함길도 20명, 황해도 2명이 천거되어 호남이 가장 많았다. 또 성종 조 이후 사림들이 정계에 본격적으로 진출하면서 호남인들이 많이 등용되었으며, 호남 사람이 벼슬길에 나가면 서로 남모르게 후원해 주는 전통도 있었던 것이다.

명종 8년(1553)에 삼공들이 건의하여 인구 증가를 이유로 초시 선발 인원을 성균관시와 한성시에 각 8인을 더하여 선발하고 향시는 경상도와 전라도에 각 10인, 충청도와 경기도에 각 6인, 강원도와 황해도에 각 6인을 늘이자는 논의가 있었다. 이것이 실행되지는 않았지만, 선발 인원을 서울보다 지방에 더 많이 늘이고자 하였으며, 전라도를 경상도와 동일한 수로 늘이는 것도 논의하여 전라도에 인구가 늘고 인재 또한 많았음을 짐작케 하는 것이다. 그래서 이중환도 택리지에서 고려 태조의 호남에 대한 유훈이 조선조에 와서는 있으나마나 하였다고 했다.

그러나 정여립 사건이 발생한 이후에는 다른 현상이 나타났다. 정여립 사건은 호남에서 발생하여 조선 왕조 체제에 도전한 역모 사건이라고 규정되었고, 그 결과 많은 호남인들이 희생을 당했다는 사실에서 지금까지 논의된 내용과는 몇 가지 중요한 차이점을 발견할 수가 있다. 정여립 사건이 있었던 조선 선조 대를 분기점으로 하여 전반기와 후반기로 구분하여 그 차이점을 찾아보도록 하자.

먼저 임진왜란 후 공신 책록 내용에 대하여 살펴보자. 조정에서는 공신도감을 설치하여 전쟁 중에 공이 많은 사람들에 대해 공신으로 책록하는 일을 추진하였다. 의주까지 임금과 더불어 고통을 함께한 86명에게는 호성공신扈聖功臣에, 전란 중 이몽학의 반란을 평정한 5명에 대해서는 청난공신淸難功臣에, 직접 일본군과 대적하여 싸운 공이 있는 18명에 대해서는 선무공신宣武功臣에 책록하였다.

그러나 공신을 책록함에 있어 목숨을 걸고 싸운 사람들보다는 임금 가까이에 있으면서 비위나 맞추며 오히려 자기 목숨을 부지한 사람들이나 시중을 든 내시와 같은 사람들이 더 우선시 되었고, 책록하는 기준이나 대상에 있어서도 공정하지 못하였다.

그래서 당시 사관은 "공을 세운 데에는 진실로 선후가 있고 경중이 있는 것이니 논공하여 서용 하는 때에도 마땅히 선후와 완급이 있어야 하는데, 논공하는 즈음에 사사로운 정의를 앞세우고 공의를 무시하여 서로 친밀함과 뇌물의 다과로서 할 뿐 신상필벌의 의리를 돌아보지 않고 멋대로 논상 하였으며, 호종한 공신이 되는 것이 한갓 후세에 비웃음을 살까 하여 식견이 있는 사람들은 이를 부끄럽게 여겼다."고 하였다. 그래서 이덕형李德馨과 이호민李好民같은 사람들은 자신이 공신 책록 대상자로 거론되자 스스로 제외 해 줄 것을 누차 요청하기도 하였다.

당시 사관은 또 "임진왜란 때 창의하여 절개를 세운 사람이 없지 않았다. 정인홍鄭仁弘·김면金沔·곽재우郭再祐는 영남에서 의병을 일으켰고, 김천일金千鎰·고경명高敬命·조헌趙憲은 호남과 호서에서 절개를 지키고

표 III-4 임진왜란 선무공신 현황

구분	이름	본관	生居	科擧	官職 및 功績
1등	李舜臣	德水	서울	武科	전라좌도수군절도사,노량해전에서 전사
	權 慄	安東	서울	文科	전라도사,郭嶸의예하에서활동,금산·행주산성 전투,영의정 추증,이항복의 장인
	元 均	原州	平澤	武科	경상우도수군절도사,漆川梁 해전에서 전사
2등	申 點	平山	서울	文科	강원감사,謝恩使로 明에 원병 요청
	權應銖	安東	新寧	武科	경상도방어사,영천·문경전투,좌찬성추증
	金時敏	安東	槐山	武科	진주목사,진주성에서 전사
	李廷馣	慶州	豊德	文科	동래부사,이조참의
	李億祺	全州	-	武科	전라우도수군절도사,漆川梁 해전에서 전사
3등	鄭期遠	東萊	서울	文科	공조좌랑,남원전투에서 전사
	權 悏	安東	서울	文科	사헌부장령,明의 원병 교섭
	柳思瑗	文化	서울	文科	병조좌랑,書狀官으로 明의 원병 교섭
	高彦伯	濟州	江華	武科	영원군수,서울탈환 참점
	李光岳	光州	서울	武科	곤양군수,김시민·곽재우 예하에서 참전
	趙 儆	豊壤	서울	武科	경상우도방어사,행주산성전투참전
	權 俊	安東	固城	武科	순천부사,이순신 예하 당포해전 참전
	李純信	全州	서울	武科	혜산진첨절제사,경상우도수군절도사
	奇孝謹	幸州	長城	武科	선전관,원균예하참전, 정유재란시 자살
	李雲龍	載寧	淸道	武科	옥포만호,이순신막하,경상좌도수군절도사

죽었는데, 그들의 공열功烈은 너무나 찬란하고 열렬하여 충의의 기개를 고취시킬 수 있음은 물론 뒷날 나약한 사람을 굳세게 하기에 충분하였다. 이들의 이름을 거두어 경종景鐘에 새겨 후세에 보인다면 명교明敎에 관계되는 바가 어찌 적다고 할 수 있겠는가." 하였다. 그러나 이들은 공신록에서 제외되었으며, 특히 전란 중 바다에서나 육지에서나 격전을 많이 벌였던 호남 지방의 사람들에 대한 배려가 너무 미흡하였던 것이다. 일부에서는 "임진왜란을 통하여 수많은 창의 장사가 나와 전투에 공을 세우고 혹은 장렬한 전사를 한 후로는 호남인에 대한 대우가 달라

졌다."고도 하지만, 이는 사실과 다른 것으로 공신 책록에서부터 호남인들에게 결코 후대하지 않았다

7년이라는 장기간 동안 전쟁을 치렀기 때문에 18명인 선무공신의 숫자를 86명인 호종공신과 서로 바꾸어 책록 한다고 하더라도 그 공로에 비하기가 부족할 터인데, 24명을 공신으로 책록한 내시의 숫자보다도 적어 너무 소홀히 하였다. <표 Ⅷ-5>에서 보는 바와 같이 전란 중에 나타난 공적이 뚜렷한 데에도 누락된 사람들이 많았던 것이다. 결국 몸을 던져 나라를 구하고자 하다가 순절한 사람들이 임금을 수행한 내시나 말을 다루는 하급관리인 이마理馬보다 못하다는 뜻이 담긴 공신 책록이었던 것이다.

그러면 어째서 이 같은 현상이 나타났는가? 이는 무엇보다도 임금인 선조가 임란 중에 자신이 가졌던 편견과 사사로운 감정이 크게 작용하였기 때문이다. 비변사에서 직접 전투에 참여한 사람들을 호종한 사람들에 못지않게 대우해야 한다고 누차 건의를 하여도 선조는 "힘껏 싸운 장사들에 대해서는 그 공을 기록하지 않을 수 없겠으나, 우리나라 장졸에 있어서는 실제 적을 물리친 공로가 없다."라는 시각을 가지고 있었다. 선조는 또 피난길에 함께 동행하며 자신을 돌봐 준 사람들에 대한 사사로운 배려를 더 우선시 하였다.

다음으로 생각할 수 있는 것은 정여립 사건의 영향이다. 호남 지역에서 많은 격전이 있었음에도 불구하고 <표 Ⅳ-4>를 보면 공신으로 책록된 사람들에서 호남 출신을 찾아보기가 어려우며, <표 Ⅳ-5>를 보면 전공이 뚜렷한 데에도 공신 책록에 누락된 사람들은 대부분 호남 출신이거나 호남에서 기병한 사람들이다. 또 거제 현령으로 벽파진 전투에 참여하여 공신 책록대상으로 논의되었던 안위安衛가 정여립의 조카라는 이유로 책록되지 못하는 등 정여립 사건으로 호남에 대한 선조의 인식 그리고 당쟁과 관련된 조정의 중론이 상당 부분 작용하였던 것이다.

표 Ⅲ-5 공신책록에 누락된 사람

순번	이름	본관	生居	科擧	官職 및 功績
1	高敬命	長興	光州	文科	울산군수,광주에서 기병,금산에서 전사
2	高從厚	長興	光州	文科	현령,진주 남강에서 자결,삼장사(김천일,최경회)
3	郭再祐	玄風	宜寧	文科	진주목사,한성좌윤,함경관찰사,의령에서기병
4	金德齡	光州	光州	武科	진해·고성에서 기병,옥사,성혼문인
5	金得龍	晉州	恩津	武科	이순신부관,노량해전에서 전사
6	金 沔	高靈	金川	薦擧	경상우도병마절도사,거창·고령에서 기병
7	金千鎰	彦陽	羅州	遺逸	판결사,나주에서 기병, 남강에서 자결,李恒문인
8	宋象賢	礪山	古阜	文科	동래부사
9	申 砬	平山	廣州	武科	한성판윤,三道都巡邊使,충주에서 전사
10	李桂年	淸州	海南	武科	남원판관,김천일과 남강에서 자결
11	李廷鸞	全義	全州	文科	전주부윤, 전주성 수성
12	鄭仁弘	瑞山	陜川	學行	영의정, 합천에서 거병
13	鄭起龍	昆陽	尙州	武科	경상도수군절도사,신립예하 금산전투 참전
14	鄭 運	河東	靈巖	武科	이순신 선봉장,좌수영에서 전사
15	鄭忠信	光州	光州	武科	권율예하에 참전
16	趙 憲	白川	沃川	文科	공주제독관,700의사와 함께 전사
17	崔慶會	海州	綾州	文科	경상우도병마절도사,진주에서 전사,좌찬성추증
18	禹致積	丹陽	-	武科	순천부사,원균예하 노량해전에 참전
19	金應瑞	鎭海	경상	武科	경상우도병사,평양성 탈환 참전
20	金應緘	-	-	武科	별장, 조전장, 함안전투
21	李時彦	全州	서울	文科	종사관,군량미 조달
22	韓明璉	-	信川	-	경상우도 별장,권율과 함께 참전
23	李守一	慶州	서울	武科	장기현감,경상좌도수군절도사,
24	金太虛	廣州	密陽	武科	옥포만호,팔공산에서 기병
25	裵興立	星山	井邑	武科	흥양현감,한산도해전 참전
26	安 衛	順興	金堤	文科	거제현령,벽파진전투 참전, 여립의조카
27	靈 圭	密陽朴	公州	-	청주·금산의병,금산에서 전사
28	惟 靜	豊川任	密陽	僧科	俗名 應圭,의령·순천 의병
29	處 英	-	-	-	금산·남원전투에 참전
30	休 靜	完山崔	安州	僧科	俗名 雲鶴,묘향산에서 거병

표 Ⅲ-6 조선조 진사 및 생원시험 합격자의 왕조별 지역별 분포[30]

地域 / 王名	서울	安東	開城	原州	平壤	忠州	尙州	公州	全州	南原	羅州	光州	계
世宗	86	3	0	2	4	2	1	0	2	8	0	0	108
成宗	71	2	0	3	0	0	4	2	6	3	9	3	103
연산	205	4	1	1	1	6	7	2	11	8	10	2	258
중종	929	36	18	8	3	13	15	8	43	22	37	30	1,162
명종	672	39	22	9	14	1	18	4	33	11	16	23	862
선조	1,206	43	56	20	27	28	28	21	36	28	35	34	1,562
계(A)	3,169	127	97	43	49	50	73	37	131	80	105	92	4,053
%	78.2	3.1	2.4	1.0	1.2	1.2	1.8	0.9	3.2	2.1	2.6	2.3	100
순위	1	3	5	11	10	9	8	12	2	7	4	6	
광해	593	54	12	10	8	7	12	10	12	14	18	8	758
인조	1,047	23	23	22	25	14	36	19	21	41	25	15	1,311
효종	529	23	7	15	11	7	3	3	10	13	3	6	630
현종	671	25	12	16	16	23	16	4	30	26	13	14	866
숙종	2,294	114	44	58	34	114	37	70	82	52	57	31	2,987
경종	340	9	8	23	7	18	15	6	5	4	12	11	458
영조	1,830	101	90	64	55	50	52	60	31	22	24	25	2,404
정조	738	69	57	39	26	45	28	13	8	16	20	10	1,069
순조	1,322	80	89	73	53	34	40	42	17	10	9	15	1,784
헌종	486	47	30	43	30	12	23	26	13	8	2	6	726
철종	373	24	6	24	25	25	22	28	10	12	1	4	554
고종	945	97	84	105	190	116	113	137	61	86	8	28	1,970
계(B)	11,168	656	462	492	480	465	397	418	300	304	192	173	15,507
%	72.0	4.2	3.0	3.2	3.1	3.0	2.6	2.7	1.9	2.0	1.2	1.1	100
순위	1	2	6	3	4	5	8	7	10	9	11	12	
증가율 (B/A)	3.53	5.17	4.81	11.44	9.98	9.30	5.44	11.30	2.29	3.80	1.83	1.88	
합계	14,337	783	559	535	529	515	470	455	431	384	299	265	19,560

이번에는 호남인들의 과거 진출 동향을 알아보자. 먼저 과거 진출의 교두보라고 할 수 있는 생원과 진사의 합격률 동향을 '사마방목司馬榜目'

30 司馬傍目 : compact disc(성남 : 한국정신문화연구원, 1997). ; 총 40,649명이 수록된 자료를 필자가 검색하여 재구성한 통계임.

을 통해 시기별 지역별로 비교해 볼 수 있겠다.

생원과 진사는 문·무과나 잡과 합격자들처럼 벼슬길이 보장되지는 않았지만 국가로부터 사족으로서의 지위를 공인 받는 신분이라는 중요성을 가지며, 성균

관에서 수학한 후 문과에 응시할 수 있는 자격이 주어지기 때문에 양반층의 출세 가도에 제일 먼저 거쳐야 할 과정이다. 또한 그들은 벼슬길에 나가지 않더라도 그 호칭만으로도 사회적 명예를 인정받았다. 그래서 조선 사회에서 이들 생원과 진사는 문과급제자의 약 3배에 해당되는 양반의 중심 세력이었다. 특히 사림 세력의 활동이 활발하고 향촌세력이 보다 강화된 16세기 조선에서 생원과 진사의 위상은 당시 가장

표 Ⅲ-7 생원·진사 세기별 거주지 분포 및 변화 추이

시기 \ 지역	서울	경기	충청	경상	전라	강원	황해	함경	평안	미상	계
15	253	51	40	102	81	29	11		7		574
16전	1,224	163	175	501	428	64	55	21	20	1	2,652
16후	1,319	154	217	411	324	44	54	21	50		2,594
17전	2,126	187	533	565	547	132	120	37	82	2	4,331
소계(A)	4,922	555	965	1,579	1,380	269	240	79	159	3	10,151
%	48.5	5.5	9.5	15.6	13.6	2.6	2.4	0.8	1.5	0	100
순위	1	5	4	2	3	6	7	9	8	10	
17후	2,487	429	690	705	556	200	147	54	100	9	5,377
18전	2,197	449	789	642	479	206	178	54	168	11	5,173
18후	1,605	593	658	543	331	162	194	109	260		4,455
19전	1,871	679	717	736	394	273	151	117	375	86	5,399
19후	1,256	1,063	1,327	1,193	854	470	519	378	769	1	7,830
소계(B)	9,416	3,213	4,181	3,819	2,614	1,311	1,189	712	1,672	107	28,234
%	33.3	11.4	14.8	13.5	9.3	4.6	4.2	2.6	5.9	0.4	100
순위	1	4	2	3	5	7	8	9	6	10	
증가율 (B/A)	1.91	5.79	4.33	2.42	1.89	4.87	4.95	9.01	10.52		2.78
합계	14,338	3,768	5,156	5,398	3,994	1,580	1,429	712	1,831	110	38,385

영향력 있는 정치 집단의 하나로 이들의 향배가 정국에 지대한 영향을 미쳤다. 따라서 생원과 진사 합격자의 지역적인 분포를 파악하는 일은 중요한 의미를 가진다.

<표 Ⅳ-6>에서 보는 바와 같이 선조 조까지 주요 도시별 생·진사 입격자 수는 호남의 경우 전국에서 전주가 2위, 나주가 4위, 광주가 6위, 남원이 7위를 차지하였으나, 선조 이후에는 전주가 10위로, 남원이 9위로, 나주가 10위로, 광주가 12위로 확연히 뒤떨어졌다. 또한 정여립 사건으로 가장 피해가 심했던 전주와 나주는 급격한 하락 율을 보이고 있다. 반면 타 지역의 경우에는 상대적으로 입격자 수와 순위가 전반적으로 상승하는 추세를 나타내고 있다.

임진왜란 후 인구의 감소와 더불어 "팔도의 전결이 평상시 전라도 전결 수에 불과하다."고 할 만큼 전국의 토지가 피폐해진 상황에서 호남은 다른 지역에 비해 농토가 잘 보존되고 인구의 변동이 적었음에도 불구하고 생원·진사 합격자 수에 현저한 감소를 보인 것이다. 이것은 정여립 사건으로 인해 벼슬길이 막힌 자가 타 지역에 비해 많았으며, 후학을 길러야 할 사람들이 대부분 희생되는 바람에 학문적 분위기가 위축된 것이 가장 큰 이유이다. 그리고 중앙 정부를 원망하는 호남인들이 스스로 과거 길을 포기한 결과라고도 풀이된다.

이 같은 사실은 전라도의 주요 도시에만 나타나는 현상이 아니라 전라도 전체를 보아도 마찬가지 결과가 나타난다. <표Ⅳ-7>에서 보는 바와 같이 전라도는 17세기 초반까지만 해도 서울, 경상도에 이어 3위를 차지하던 합격자 수가 17세기 후반 이후에는 5위로 떨어지며 그 감소율도 전국에서 가장 높다. 조선조 당시 큰 영향력을 가진 정치 집단인 생·진사 합격자들의 이 같은 동향은 그만큼 호남인들의 입지가 약화되고 소외되었음을 뜻한다.

이번에는 조선 사회에서 최고 영예의 길이라고 할 수 있는 문과급제자 수의 시기별 지역별 추이를 같은 방법으로 살펴보자. 조선에서 국가 정책을 결정할 수 있는 고위 관료가 되기 위해서는 문과 급제가 필수적이고, 관료의 수직적 이동성을 파악하기 위해서는 문과 급제자에 대한 분석으로 충분하다고 할 수 있다. 그래서 이들의 동향을 파악하는 일은 생원과 진사들의 동향 이상의 가치가 있다.

문과에 응시하려는 사람은 본인의 거주지가 기재된 단자를 록명소錄

표 Ⅲ-8 문과 급제자의 세기별·시험별 주거지 분포

세기·시험 \ 도별		서울	경기	충청	경상	전라	강원	황해	평안	함경	합 계
	식 년 시	59	10	11	41	21	20	3	4	4	173
15	증 광 시	9	7	4	10	3	3	1	1		38
	비정기문과	21	5	4	13	8	6	4	6		67
	식 년 시	276	36	38	85	75	6	19	10	13	558
16	증 광 시	53	4	5	11	5	2	4			84
	비정기문과	427	37	32	77	59	18	14	4	1	669
소계(A)		845	99	94	237	171	55	45	25	18	1,589
	%	53.2	6.2	5.9	14.9	10.8	3.5	2.8	1.6	1.1	98.9
순위		1	4	5	2	3	6	7	8	9	
	식 년 시	158	22	63	108	78	34	8	33	20	524
17	증 광 시	266	15	32	69	19	7	18	2	2	430
	비정기문과	362	22	44	29	26	5	9	5	5	507
	식 년 시	201	96	113	175	124	31	33	220	31	1,024
18	증 광 시	302	21	86	86	42	16	7	20	3	583
	비정기문과	522	103	123	25	36	11	13	56	26	915
	식 년 시	209	42	100	237	134	23	21	335	17	1,118
19	증 광 시	460	57	66	68	27	15	14	35	17	759
	비정기문과	644	173	155	141	84	33	56	133	63	1,482
소 계(B)		3,124	551	782	938	570	175	179	839	184	7,342
	%	42.5	7.5	10.7	12.8	7.8	2.4	2.4	11.4	2.5	97.5
순 위		1	6	4	2	5	9	8	3	7	
증 가 율(B/A)		3.80	5,57	8.32	3.96	3.33	3.18	3.98	33.56	10.22	4.62
합계		3,969	650	876	1,175	741	230	224	864	202	8,931

名所에 제출하여야 하기 때문에 원래 거주지를 잘 알 수 있으나, '국조문과방목國朝文科榜目'에 수록된 내용은 결한 부분이 많다. 그래서 문과방목에 실린 급제자 14,682명 가운데 거주지를 확인할 수 있는 8,931명에 대한 세기별 거주지의 추이를 살펴보면 <표Ⅳ-8>과 같다. 표에서 보는 바와 같이 16세기까지 지역별 다수 합격자 순위는 서울, 경상, 전라, 경기, 충청, 강원, 황해, 평안, 함경도 순 이고, 17세기 이후에는 서울, 경상, 평안, 충청, 전라, 경기, 함경, 황해, 강원도 순으로 바뀌어 전라도와 강원도의 둔화가 현저하다.

문과급제에 있어서도 생원·진사 합격자 수의 경우와 마찬가지로 서울보다 지방출신자들의 진출이 전반적으로 강세를 나타냈으나, 호남의 경우에는 오히려 감소하는 추세를 나타내고 있는 것이다. 잘 지켜지지는 않았지만 지역 할당을 한 식년시와[31] 증광시의[32] 경우보다 비정기적인 선발에서 호남인들의 진출이 더 둔화된 모습을 보이고 있다.

이처럼 호남인들의 문과 급제율이 타 지역에 비해 점차 둔화된 모습을 보인 것도 정여립 사건의 여파와 관련이 있다고 본다. 왜냐하면 문과에 응시하려는 사람들에 대한 엄격한 제한이 있어 수많은 선비들이 화를 당한 호남 지역으로선 문과에 응시하기가 다른 지역 보다 한층 어려웠기 때문이다.

즉 문과에 응시하려는 사람은 응시자의 성명, 본관, 거주지와 부, 조부, 증조부, 외조부의 관직과 성명이 기재된 사조단자四祖單子와 응시자

31 태종실록, 17년(1417) 윤 5월 14일(기사)조. ; 식년시의 경우 초시에서 240인을 선발하고 복시에서 33인을 선발하게 되어 있다. 초시의 급제 액수는 성균관시에서 50인, 한성시에서 40인, 향시에서 150인(경기 20인, 충청·전라 각 25인, 경상 30인, 강원·평안 각 15인, 황해·함경 각 10인)으로 되어 있다.

32 續大典 卷三, 禮典 諸科條. ; 선조 23년(1590)부터 시행된 대증광시는 초시합격자 수를 현종 2년(1661)까지 임의적으로 합격정원을 정하다가 성균관시 80인, 한성시 64인, 향시 240인(경기 12인, 충청·전라 각 15인, 경상 18인, 강원·평안 각 9인, 황해·함경은 각 6인을 더함)으로 하였다.

를 보증할 만한 6품 이상의 현관顯官이 압서押署한 신원 보증서에 해당하는 보단자保單子 그리고 시지試紙를 제출하여야 한다. 만약 사조 내에 현관이 없는 경우 외방인은 보단자 이외에도 경재소京在所 관원 3인의 추천서를 첨부해야만 되었던 것이다. 이 같은 까다로운 조건을 충족시키려면 학문적인 능력 외에 가문, 사회적 배경 등이 있어야만 했다.

그러나 호남 지방은 정여립 사건으로 인해 많은 사람들이 멸문지화를 당하였기 때문에 위와 같은 조건을 충족시키기는 한층 어려웠던 것이다. 모모의 선조가 정승·판서를 하다가 낙향하여 후진을 많이 길렀다는 이야기보다는 정여립 역모 사건에 연루되어 희생을 당했다는 이야기가 다른 지역보다는 많을 수밖에 없었다.

호남의 경우 문과에 급제하고도 관직에 나가는 비율 역시 정여립 사건을 분기점으로 하여 전반기와 후반기로 나누어서 비교해 보면 감소하는 모습을 보이고 있다. 또 관직에 진출한 사람들도 고위직이라고 할 수 있는 당상관까지 오른 비율 역시 앞서 문과 급제자들과 마찬가지로 현저하게 감소하는 현상이 나타났다.

한 예로 전라북도 지방의 조선조 문과 급제자 총 613명의 동향을 보면, 전반기 문과 급제자 260명 중 2명을 제외한 모두가 관직에 나가 99.2%의 진출 율을 보였으나, 후반기에는 323명 중 28명이 관직에 나가지 못하여 92.1%로 그 진출 율이 감소하였다. 또 관직에 진출한 사람들 중 당상관에 오른 자의 비율이 전반기에는 35.7%이였으나, 후반기에는 19.5%로 크게 둔화되었다. 이것은 후반기로 갈수록 중앙의 주요 관직을 서울·경기 지방이 독점해 가는 큰 흐름에 기인한 면도 있겠으나, 특히 호남의 경우에는 전반기에 활발했던 정치 참여도에 비해 후반기에는 크게 침체되고 소외되었던 것이다.

이번에는 문과에 급제 후 고위직에 오른 사람들의 수를 다른 지방과 비교해 보도록 하자. <표Ⅳ-9>에서 보는 것처럼 당상관에 오른 사람의 수가 전반기에는 서울, 경상도에 이어 3위를 차지하였으나, 후반기에는 충청도에 뒤지고 경기도의 추격까지 받는 현상이 나타나고 있는데, 이 같은 내용을 보다 구체적으로 설명하면 다음과 같다.

표 Ⅲ-9 문과 급제자 지역별 시기별 당상관 진출 현황

지역 / 시기	미상	서울	경기	충청	경상	전라	강원	황해	함경	평안	계
태조	14	2	.	2	6	5	.	2	.	1	32
정종	4	1	.	1	2	.	.	.	1	.	9
태종	31	13	1	1	16	8	2	1	1	.	74
세종	76	44	3	4	24	17	3	1	.	.	172
문종	4	1	1	1	6	4	.	.	.	.	17
단종	10	8	.	2	5	4	2	.	.	.	31
세조	31	33	1	9	12	8	2	1	.	1	98
예종	2	1	.	.	2	.	1	.	.	.	6
성종	57	54	3	5	27	19	3	3	.	.	171
연산	25	31	3	3	10	7	3	.	.	.	82
중종	61	139	6	7	43	31	9	4	.	2	302
명종	23	101	5	5	28	25	2	3	.	1	193
선조	54	241	3	9	33	21	2	4	2	3	372
계(A)	392	669	26	49	214	149	29	19	4	8	1559
%	25.1	42.9	1.7	3.1	13.7	9.6	1.9	1.2	0.3	0.5	100
순위		1	6	4	2	3	5	7	9	8	
광해	14	88	3	6	14	8	5	1	.	1	140
인조	8	140	2	20	27	15	5	1	2	2	222
효종	10	53	1	9	11	6	1	1	2	1	95
현종	13	92	2	9	18	7	3	2	.	1	147
숙종	22	281	29	58	34	22	9	4	.	7	466
경종	1	34	.	7	.	2	1	.	.	.	45
영조	43	311	45	55	34	29	8	4	3	4	536
정조	.	6	2	7	6	6	1	.	.	.	28
계(B)	111	1,005	84	171	144	95	33	13	7	16	1,679
%	6.6	59.9	5.0	10.2	8.6	5.6	2.0	0.8	0.4	0.9	100
순위		1	5	2	3	4	6	8	9	7	
(B/A)		1.50	3.23	3.49	0.67	0.63	1.14	0.68	1.75	2.00	1.08
합계	503	1,674	110	220	358	244	62	32	11	24	3,238

(1) 하반기로 갈수록 고위직으로의 진출이 서울·경기 지방으로 집중되는 현상이 뚜렷하고, 경상도와 전라도는 급격하게 감소되는 모습을 보이고 있다. 이것은 황현이 말한 대로 서울·경기·충청도를 제일로 치고 경상도와 전라도는 변방으로 취급하는 경향이 반영된 것이다.

(2) 호남 지역 출신의 생원·진사 합격자나 문과 합격자들의 수에 있어서 다른 지역에 비해 크게 둔화되기는 하였으나, 그래도 그 절대 수에 있어서는 전반기보다 하반기가 많았다. 그러나 당상관으로 진출한 수는 경상도를 제외한 다른 지역이 일제히 상승하였는데도 불구하고 호남은 오히려 전반기보다 크게 감소하였다.

(3) 경상도는 남인 세력이 노론과 소론 세력에 밀려서 감소된 것이 당연하지만, 전라도의 경우에는 동인 세력이 거의 소멸되고 노론과 소론 세력에 관련된 사람들이 있었음에도 큰 감소폭을 보였던 것은 정여립 사건의 영향이 작용하였기 때문이다.

(4) 호남은 하반기에 들어 고위직에 진출한 율이 크게 감소하였지만, 여전히 조선 정치사에서 큰 몫을 하고 있었다. 그래도 함경도나 평안도와는 비교할 수 없을 만큼 많은 사람들이 국사에 중요한 역할을 하였다.

지금까지 생원·진사, 문과급제자의 진출 동향을 통계자료를 통해 살펴보았다. 결한 곳과 불확실한 부분이 많아 통계가 완벽하다고 할 수는 없지만, 대체적인 흐름을 이해하는 데는 문제가 없다고 본다. 그래서 호남의 경우 정여립 사건을 분기점으로 전후 상황을 비교한 결과 사림정치가 활발하게 이루어지고 있었던 사건 발생 이전에는 중앙 정치 무대에서 큰 역할을 담당하여 호남에 대한 기피 현상이나 호남인들의 소외 의식이 강하게 남아 있었다고 보기가 어렵다. 하지만 사건 발생 후에는 그 역할의 비중이 크게 감소하여 그만큼 정치적으로 소외되고 기피 현상 또한 한층 심화되어 조선조가 끝날 때까지 계속되었다는 사실이 밝혀진 것이다. 이것은 정여립 사건이 있기 전에 있었던 막연한 기피 현상과는 전혀 다른 것이었다.

그러면 이 같은 현상이 조정이나 집권 세력들이 의도적으로 호남인들의 등용을 막았기 때문인가? 물론 그러한 면도 없었다고 하기는 어려우나 앞서 언급한 바와 같이 무엇보다도 정여립 사건의 발생으로 호남의 학문적 분위기가 크게 위축된 데 가장 큰 원인이 있다.

조선조 중엽은 유학이 크게 번성하여 영호남을 막론하고 저마다 학문이 높음을 자랑하였다. 이들의 문도들이 날로 번성하여 대대손손 명사들을 출현시켰다. 특히 16세기에는 호남 사림의 진출이 뚜렷하여 중앙 정치 무대에서 그 위상이 컸던 만큼 학문적 분위기가 매우 높게 조성되어 중종 조에 호남 삼걸三傑이라 칭해지는 최산두崔山斗·윤형尹衡·유성춘柳成春이 있고, 선조 대에는 호남 오현五賢이라 일컬어지는 이항李恒·유희춘柳希春·기대승奇大升·박순朴淳·노진盧禛·김인후金仁厚 등이 있었다. 그리고 이들에 이어 이중호李仲虎·기효간奇孝諫·송자징宋自徵·송순宋純·나사침羅士忱·임제林悌·이발李潑·정여립鄭汝立·정개청鄭介淸 등 많은 학자들이 있었다.

그러나 정여립 사건으로 인해 이들 또는 이들의 제자들이 화를 당하여 흩어지고 분열되고 말았다. 유성룡과 김성일 등이 안동 지방에서 이황의 학문을 이어 많은 후학을 두고 소위 남인으로서의 맥을 지켰던 것처럼, 정여립이 전주에 터를 잡고 정개청이 무안에 터를 잡으며 이발이 남평에서 죽을 때까지 후진을 길렀다면, 이항·김인후·유희춘·기대승 등의 학문은 한층 발전하여 조선 정치사에 보다 큰 빛을 발했을 것은 자명한 사실이다.

그래서 이중환은 다음과 같이 말하였다.

"호남에는 조선 중엽 이후로 큰 벼슬을 지낸 사람이 드물어서 인재를 능히 배양하지 못하였으므로 인물이 적고, 사대부는 서울 친지를 따라서 당파가 구별되었다. 그래서 예전에는 남인과 북인이 많았으나 지금은 노론과 소론이 많다. 도내에서 큰 씨족이라 불리는 자는 십여 집에 불과하며 부유한 집도 많으나 높게 알려진 사람은 드물다. 이것은 기대승·이항 이외에는 선생 장자로서 선비들을 지도하고 훈계할 만한 사람이 없었던 때문이다."

조선 조정의 공식문서에서도 호남이 침체되고 있음을 지적하고 있었다. 정조 7년(1783) 10월 비변사에서 각도에 어사를 파견함에 있어 파견되는 어사들이 유념해야 할 사항을 기록한 '어사서목御使事目'에는 "본도는 땅의 생산과 인재가 점점 예와 같지 않게 되고 고을들의 병폐와 민생들의 피폐가 갈수록 심해져서 공사가 모두 고갈되고 여리閭里가 날로 시들해 지게 되었다."라고 하였다.

설령 조정에서 인위적으로 호남인들의 과거 길을 제한하지 않았다고 하더라도 진출에 제약을 받고 있는 호남인들에게는 실질적으로 차별 대우가 이루어진 것이며, 호남인들 입장에서는 조정을 원망하지 않을 수가 없었다. 따라서 조정에서 이러한 차별 대우를 해소할 수 있는 적절한 방안을 마련했어야만 했다.

그러나 정조 11년(1787)에 호남을 돌아보고 온 암행어사 심진현沈晉賢은 "인재의 경우 호남의 습속이 부경함에 있어 호서보다 심하고, 박실함에 있어 영남에 비해 아주 못하여 학문을 숭상하는 집안의 후손들이 부지런히 힘쓰는 것은 과거를 얻기 위하는 것에 불과하며 향곡의 준재들이 성취하는 것은 모두 술수뿐이다."라고 보고하며, 암행어사의 주된 임무 중에 하나인 인재 천거를 하지 않았다. 그러자 정조는 "호남의 암행어사가 돌아와 서계한 가운데 인재를 찾아내는 조항이 누락되었다.

본도는 지역이 넓은 고장인데 어찌 한 사람의 충신한 인재가 없겠는가."하였으나 적극적인 대책은 없었다.

하여간 황현이 "인재가 많은 땅이며 절의가 있다고 이름난 곳이 변하여 천한 시골이 되고 점차 사람이 살지 않는 변방이 되어, 나라 안에서 송도나 서북 지역과 같이 꺼리니 재주 있고 민첩한 사람이 침체되어 벼슬길에 나가지 못한 것은 하루에 이루어진 일이 아니었다."라고 하였던 것처럼 호남의 대한 기피 현상은 지속되어만 갔다.

그래서 조선을 자신들의 세력 하에 두고자 혈안이었던 일본인들의 눈에도 호남이 소외되었다고 이해되고 있었다. 임오군란壬午軍亂이 일어난 해인 고종 19년(1882)에 일본인에 의해 출간된 '조선지朝鮮誌'에는 "전부터 조정에서 전라도 인물을 기피하여 전라도 출신들이 고위직에 참여한 경우가 극히 드물었고, 이로 인해 불평을 하는 사람들이 전라도로 모여들어 이곳이 정치혼란의 근원지가 되었다."라고 하였다

그러나 호남은 앞서도 언급한 바와 같이 정여립 사건의 영향에도 불구하고 여전히 조선의 정치 무대에서 큰 축을 이루고 있었다. 호남은 평안도나 함경도와 같은 지역과는 근본적으로 다른 곳이며, 호남을 악평하고 있는 훈요십조·김미의 주장·정감록·택리지 등의 기록들은 호남이 가지는 지리적 특성을 '유교적인 눈과 입으로 보고들은 후 유교적인 사고로 분석하여 유교적인 입으로 말한 편견'이 상당 부분 포함되어 있다. 정여립 사건의 발생으로 이같은 편견이 한층 심화되었고, 이에 대한 호남인들의 저항 또한 상승 작용을 하였으나, 여전히 호남은 한국정치사에서 서북지역과는 비교되지 않을 만큼 중요한 위치를 차지하고 있었다.

4) 호남인들의 저항 의식

오늘날까지 호남인들은 무언가 가슴에 응어리진 '한恨'보다 더한 '원

冤'을 가지고 있다고 한다. 이 같은 호남인들의 '원冤'을 이해하는데 있어 개발 편중론이나 영호남간의 갈등 등으로 그 결과만을 이야기하는 그릇된 견해가 바탕을 이루고 있다. 오늘의 호남이 가슴에 원冤을 품고 살게 된 원인을 역사적 사실로 설명하면 앞서 호남 기피 현상과도 상관관계가 있어 멀리 삼국 시대로 거슬러 올라가 신라와 백제의 해묵은 원한, 고려 태조 왕건이 남긴 훈요십조, 호남이 곡창 지대라는 역설적인 사실, 호남은 역향이라는 논리, 정치적 유산의 좌절 등에서 찾을 수가 있다.

이상과 같은 배경을 안고 있는 호남의 원은 현세에서 풀리지 못하고 끝내 메시아의 출현을 기다릴 수밖에 없었다. 이것은 신흥종교라고 하는 표피를 쓰고 등장하게 된다. 갑오농민혁명뿐만 아니라 한말의 신흥 종교들, 이를테면 증산교甑山教 : 古阜, 원불교圓佛教 : 裡里 등 한말의 신흥 종교 운동이 모두 전주 반경 100㎞ 이내에서 발생하고 있다는 사실은 이들이 다른 어느 지역보다도 삶의 고뇌가 심각했음을 의미하는 것이다.

이 같은 호남에서의 메시아니즘은 평화와 풍요, 보편적 사랑, 연민의 시대를 약속하는 내세 사상의 일종인 미륵彌勒(Maetreya)사상으로 표출된다. 호남인들이 그들의 구세주로서 미륵이 이 땅에 오리라고 여겨진 곳은 익산의 미륵사와 김제·완주에 걸쳐 있는 모악산이었다. 흘러내린 물이 젖줄이 되어 김제·만경 넓은 벌을 적셔 주는 모악산의 미륵 신앙은 금산사로 농축되었다. 금산사는 백제 법왕 원년(599)에 창건되었으며, 신라 혜공왕 2년(766)에 진표율사眞表律師가 중창하면서 33척의 철미륵불상을 모신 후 미륵 신앙의 근본 도량이 되었고 법상종의 종찰로 크게 변모되었다.

백제가 멸망한 후 신라가 백제 유민들을 강압하고 회유하는 과정에서 이에 저항하는 세력들이 금산사로 몰려들었으니, 역사적으로 확인할 수 있는 최초 호남인들의 저항이었다. 이 같은 백제 유민들의 정서를 통찰한 견훤甄萱은 신라가 당나라에 원병을 청하여 김유신과 더불어 백제를 멸망시켰다고 전제한 뒤, "도읍을 완산에 정하여 의자왕의 묵은 분을 감히 씻어

▲금평저수지 위 제비산과 모악산

주지 않겠는가." 하고 드디어 후백제의 왕이라 칭하고, 백제 두왕이 창건한 미륵사에 탑을 세우고 인근 선운사禪雲寺에 선불장禪佛場을 열어 민심을 모으고자 금산사를 숭상하고 중창하기에 이르렀다. 그러나 견훤은 장자인 신검神劍에 의해 6월 동안 금산사에 유폐되는 비운에 이어 백제 재건마저 물거품이 되어 호남인들의 기대가 좌절되고 말았다.

이 같은 호남인들의 좌절과 원冤은 고려 조정의 계속된 회유정책 등으로 희석되었다. 오랜 세월이 경과하고 정치·사회적 변동에 따라 거주지가 이동되어 토착 호남인들의 수가 줄고 점차 망각해 갔다. 특히 고려가 망하고 조선이 건국되는 과정에서 타지방 사람들이 다수 이주해 옴으로써 이 같은 구원久冤은 호남 사람들의 마음속에서 거의 사라졌다. 오히려 사림 정치가 본격화되면서 호남의 인재들도 대거 정권의 핵심부에 참여하게 되었다.

그러나 나라가 어려운 지경에 이르자 메시아를 부르는 의식이 다시 이 호남 모악산을 중심으로 발생하였으니 바로 정여립 사건이었다. 전주 출신인 정여립은 금산사 입구 동곡에 사저를 짓고 전주·금구·태인 등지의 양반·무사·승려·노비 등 신분에 구애됨이 없이 함께 뜻을 모아 호남의 중흥을 준비하였다. 급기야 그 범위를 멀리 해서 지방까지

확대시켜 혁명에 뜻을 두었으나 펼쳐 보지도 못한 채 실패하는 바람에 호남인들은 또다시 큰 좌절을 감내해야만 했다.

정여립 사건으로 호남인들의 원과 저항 의식이 증폭되었다. 숙종 17년(1691) 10월 정무서鄭武瑞 등의 상소에 이르기를 "흉악한 정철이 쌓인 감정이 뼈에 들고 얽힌 원한이 깊이 박혔다가 마침 적신 여립의 변란을 맞아 드디어 이것을 기화로 삼아 일망타진할 계획을 세우니, 한때의 홍유鴻儒·석보碩甫·장덕長德·거인鉅人들이 그 그물에 걸려서 그 해독을 입지 않은 이가 없었습니다. 더욱이 호남이 가장 심했던 까닭에 호남 사람들이 오늘에 이르기까지 원한을 품고 통분을 느끼며 마음이 아프고 머리를 앓았습니다."라고 하여 옥사를 주관한 정철 등은 물론 중앙 정부에 대해 깊은 원을 갖게 되었다.

호남인들이 조정에 대해 불만을 가지고 있었던 사실이 행동으로 나타나기도 하였다. 임란 후 선조는 "전라도 인심이 매우 잘못되고 있다."고 하였고, 광해군 9년에 정원에서 보고하기를 "호남의 인심이 고약하고 선비들의 습성이 아름답지 못합니다. 과거장에서 소란을 피운 것도 이미 그지없이 한심한 일인데, 울타리에다 불을 질러서 무기고까지 번져 가게 하였으니 실로 종전에 없던 아주 큰 변고입니다."하였다. 그리고 김시양金時讓이 전라도사로 향시를 주관하였는데, 응시자들이 시험답안에 임금을 비방하고 풍자하기까지 하였다. 특히 임진·정유난 후 전주·나주·남원 일대는 도적들이 향권을 장악하여 향적을 불태우고 풍속이 날로 문란해져서 향론이 어그러짐이 극에 달하였다고 한다.

그래서 조정에서는 이 같은 호남인들의 불만을 해소할 대책을 마련해야 한다는 의견이 많이 나왔다. 임란 중 조정에서는 "전라도로 말하면 우리나라의 근본 구실을 하는 지역"이라고 하였으며, 선조 28년(1595) 정경세鄭經世는 "병란을 치른 후 호남이 피해가 적다고 하여 모든 지공支供을 전적으로 호남에 책임 지웠다. 그러므로 호남의 피폐함이 다른 도에 비해 더욱 심하니 초적이 벌떼처럼 일어나는 것은 전적으로 이 때문이다. ......호남의 일이 몹시 염려된다." 하였다. 또 우성룡도 "전라 한 도가 임진년 변란이 일어났던 처음부터 지금까지 내공을 조달하고 경비를 대느라 민력이 탕갈되어 이산함이 많은 것이라 전라 감사로 하여금 인재를 뽑아 보내라고 해야 합니다." 하였다. 이어서 김응남이 보고하기를 "전라도 유생들이 과거에 응하려 하지 않으니 인심을 알 만합니다. 전라도 사대부들은 현저한 벼슬을 하지 못하고 있으니 유념 하소서"하였다. 또 인조 조에 승지 심기원沈器遠은 "전라도의 인재를 더더욱 속히 수습해야 합니다." 하였고, 좌의정 윤방尹昉은 "충청·전라 두 도에는 쓸 만한 인재가 많을 것이니 속히 거두어 써서 위로하고 기쁘게 하는 소지로 삼아야 하겠습니다." 하였으며, 인조도 "저 호남은 참으로 우리가 회복할 수 있는 터전이 될 것이다."라고 하였다. 그렇지만 조정에서는 적절한 대책이 없었고, 호남인들의 불만은 커져만 갔다.

광해군 10년(1618)에는 장수長水 지방에서 조정을 원망하는 흉서가 발견되어 안처인安處仁 등 백여 명이 체포 구금되는 사건이 일어났다. 또 인조 24년(1646)에는 안익신安益信 등이 전주와 서울을 침범하려 하였으며, 정조 6년(1782) 8월에 강진에서 조정을 비방하는 상소가 발견되었고, 같은 해 11월에도 호남 일대에서 군사를 일으켜 서울을 침범한다는 소문이 있었다.

호남인들의 저항의식은 국가에 대한 국민들의 불만을 나타내는 수단의 하나였던 괘서掛書 사건에서도 볼 수가 있다. 이상배李相培의 연구에 따르면 임진왜란이 발생하던 해인 선조 25년(1592)부터 개항 직전인 고종 13년(1876)까지 조선왕조실록에 나타난 크고 작은 괘서 사건은 총 42회나 발생하였다. 그 가운데 호남 지방에서 발생한 괘서 사건은 모두 7건으로 지방으로는 가장 많은 수이며 그 내용에 있어서도 매우 격렬한 것이었다. 서울을 비롯한 다른 지역의 괘서 내용은 비기秘機나 참서讖書

등을 이용한 민심 선동의 수준인데 비해 호남 지역의 괘서 내용은 국왕을 직접 비난하거나 군대를 출동한다는 등 강도 높은 수준이었다.

"간신이 조정에 가득하여 백성이 도탄에 빠졌으니 거병 하노라."

"백성이 곤궁한데 가렴주구가 더욱 심하다. 이를 구제하기 위해 군사를 움직이고자 하니 백성들은 놀래서 동요하지 말라."

이처럼 호남인들의 저항 활동은 계속되었던 것이다. 철종 때부터 삼남 지방에 대대적으로 발생한 민란은 대부분 지도자가 특별한 의식을 가지고 있다거나 무리들이 조직화되지를 못하였다. 그러나 고종 6년(1730)에 발생한 광양민란光陽民亂은 타 지역에 비해 상당히 조직적인 모습을 보였다. 수백 명의 무리들이 머리에 흰 수건을 쓰고 손에는 깃발을 들고 있었다. 또 70여 명은 무장을 하였으며 장수급에 속하는 사람은 갑옷을 입고 지휘를 하였다. 여기에는 난의 중심인물이 있었고 사전에 상당한 준비와 계획을 하여 도모하였다는 것임을 알 수가 있다. 그래서 이들에 대해 혹자는 호남에서 공산주의 운동의 시발로 보기도 한다.

황현도 민란과 화적들이 전라도에서 가장 많이 발생하였다고 했다. 그리고 고종 조에 극성을 부렸던 활빈당活貧黨의 활동도 호남이 가장 심하였다. 또한 일제 강점기에 있었던 격렬한 소작 쟁의에서도 호남인들의 저항의식을 볼 수 있으며, 마침내 한국 정치사에 큰 의미를 지닌 갑오농민혁명에서 그 절정을 이룬다.

혁명의 지도자 전봉준은 풍수를 믿는 아버지를 따라 금산사 인근인 지금의 정읍군 감곡면甘谷面 계룡리桂龍里 황새 마을에서 18세까지 살면서 옆 마을인 김제군 봉황면鳳南面 종정리從政里에 있는 서당을 다녔으며,

특히 물자의 집합과 분산의 중심지이며 정여립에 관한 전설이 가장 많은 금산면金山面 원평리院坪里에 있던 유기공장 갠사에도 있었다고 한다. 이때 전봉준은 금산사 주변에 얽힌 전설을 들을 수 있었으며, 정여립에 관한 이야기도 당연히 접할 수가 있었다. 이것은 전봉준으로 하여금 혁명을 결심케 하는데 중요한 동기로 작용하였다.

물론 1차적인 봉기의 동기는 나라가 위기에 처하고 탐관오리들의 수탈이 자행된 데 기인한다. 그래서 봉기의 보고를 받은 고종은 "조정에서는 원래 호남에 대해 특별히 보살펴 주는데드 어리석은 백성들이 윗사람을 위하는 뜻을 생각하지 않고 스스로 분수를 어기고 있으니, 그것이 과연 법을 전혀 두려워하지 않아서 그러는 것이겠는가. 처음에는 시달림과 고통 때문에 소란을 일으키고 나중에는 王 겁이 나서 무리를 이루었다가 결국 창궐하는 데까지 이르렀으니 그 실상을 따지면 탐오하는 관리들이 빚어낸 것이다."라고 하였던 것이다.

황현도 다음과 같이 말하였다. "아! 호남 사람들은 재주가 있었으나 천하게 되었으며 원망이 깊어져 장차 죽게 되었는데, 난을 꿈꾸는 간사한 자들이 이를 빌미로 선동하였다. 이때 동학의 무리가 되어 쓸려 가는 것이 마치 장터에 모여드는 것 같았다. 그리하여 우도로부터 좌도의 산골짜기까지 동학도가 없는 고을이 없었는데 그 수가 수십만이나 되었다."

그러나 갑오농민혁명은 기본적으로 민란이 동학이라는 종교의 표피를 쓰고 발생한 것이라고 볼 수 있기 때문에 사실상 동학과 바로 연결시킬 수는 없다. 이보다 갑오농민혁명은 멀리는 백제유민들의 저항에서 정여립 사건 등으로 이어지는 호남인들에 의한 저항의식의 발로인 것이다.

호남인들이 살아남기 위해서 몸부림치는 동안 타지인의 눈에 비친 호남인의 심성은 나쁜 인상을 주었을 개연성이 있으며, 호남을 역향으로 보려는 사시斜視가 형성되는 데 상승효과를 가져왔지만, 호남인들 스스로는 이 같은 유산이 정의를 위한 투쟁이라는 긍지를 가지고 있다. 역사적으로 계속되어온 좌절에도 불구하고 호남인들이 긍지를 가지게 된 것은 타지인들에 의한 기피현상을 능동적으로 극복하려는 노력의 결과라고 볼 수 있는 것이다.

기본적으로 호남인들은 정여립 사건으로 권력의 중심부에서 소외되면서부터 중앙정부 즉 집권자들에게 저항하였던 것이다. 집권 세력들에게는 피집권 세력들이 도전하고 대항하는 것은 당연한 것이지만, 집권 세력으로부터 소외를 받거나 탄압을 받으면 그 도전의 강도가 더할 수밖에 없는 것이다. 호남의 경우 정여립 사건과 지리적인 여건의 차이 등으로 다른 지역에 비해 그 탄압의 정도가 심하였고, 해안 또한 항상 불안한 형편이어서 시원한 대책을 마련하지 못하는 중앙정부에 늘 불만이었던 것이다.

한편 호남은 백제가 융성한 때에도 그 중심에 들지 못하였으며, 통일신라시대 그리고 고려조에 이르기까지 늘 주변지역으로 소외되었다. 조선 초기에도 도통은 영남을 중심으로 형성되었으며, 특히 호남 남부는 정권에서 쫓겨난 사람들의 유배지나 낙향지가 되었다고도 한다. 호남은 다른 지역에 비해 물산이 풍부하여 고려와 조선의 재정적 뒷받침을 가장 많이 하였지만, 도리어 소외가 되고 세력가나 탐관오리의 모진 수탈의 대상이 된 역설적인 사실이 주목된다. 그래서 호남의 학문적 사상적 성격을 긴 역사 변천과정에서 살펴볼 때 백제문화와도 일치할 수 없는 어쩌면 통치권 밖의 문화권을 이루었으며, 이때부터 이미 강인한 삶을 유지해 왔다고 여겨지기도 한다.

결국 호남인들에 대한 기피현상은 편견에 지나지 않는 것이며 지역적인 특수성으로 인해 생겨난 오해가 있었다고 할지라도 그것은 조선시대에나 가능한 것이었고, 교통과 통신이 잘 발달되어 자연적인 제약

조건으로부터 많이 탈피한 현대에 와서는 소용되지 못하는 것이다. 더구나 유교적인 잣대로 호남을 거론하는 것은 시대착오적인 행위임이 분명하다.

따라서 정여립 사건으로 증폭된 호남인들에 대한 기피현상과 그들이 느끼는 피해의식에 대한 소모적인 논쟁은 더 이상 지양되어야 한다. 호남의 문화적 지리적 특성은 발전시키고 승화시켜야할 대상이지 더이상 비난의 대상이 아니다. 유교적 잣대로 보아온 그릇된 인식은 진작 없어져야 했다. 호남인들 역시 이 같은 편견에 타협하거나 극단적인 저항의 방법을 선택하기보다는 스스로 문화적 지리적 장점에 애착을 가지는 자세가 필요하다. 한 지역의 '감정'이나 '정서'라는 것은 항상 존재하는 것이며, 자신의 고향에 대한 애착은 어느 정도 필요한 것이다. 막연한 '애향'이 아니라 긍지와 자부심이 수반된 '애향'을 할 때 지역감정이라는 것은 당연히 있을 수 있는 수준에 머물 것이며, 나라 전체로 보아 발전적인 일에 순기능 역할을 할 수 있게 된다. 그러면 서로 지리적 특성이 반영된 전라도 사투리를 '영광굴비' 보듯 하고, 경상도 사투리를 '영덕게' 보듯 하게 될 것이다.

2. 진보세력의 몰락

어느 정치체제나 집단을 막론하고 진보와 보수로 나누어지는 세력들이 있기 마련이다. 마을 반상회에서부터 국가 대사를 다루는 의회에 이르기까지 동일 사안에 대해서도 그것을 보는 시각과 처리방식에 있어 여러 형태의 의견들이 나타난다. 이 같은 다양한 의견들을 크게 두가지 부류로 구분한다면 보통 말하기 좋게 '진보進步'와 '보수保守'로 나눌 수 있는 것이다.

표 Ⅲ-10 정치적 태도의 스펙트럼

急進	進步	穩健	保守	反動

진보적 변화 ← → 퇴보적 변화

그러나 정치적 태도의 스펙트럼은 일반적으로 <표Ⅳ-10>에서 보는 바와 같이 급진急進, 진보進步, 온건穩健, 보수保守, 반동反動으로 구분한다. 여기서 특히 급진주의자들은 현재의 사회 상태에 극도로 불만족스러워하며 즉각적이고도 근본적인 변화를 선호하여 때로는 변화를 위해 폭력이라는 수단을 동원하기도 한다. 진보주의자들 역시 그 사회에 대해 변화를 요구하지만 급진주의자들과 다른 점은 합법적인 절차를 통해 변화를 요구하는 것이지 혁명적인 방법에는 동의하지 않는다. 그리고 반동주의자들은 그 사회를 이전 상태나 이전의 가치체계로 되돌려 놓으려고 한다.

정여립 사건이 발생할 당시 조선이라는 정치체제 하에서도 이 같은 정치적 태도의 스펙트럼을 적용할 수 있다. 마치 조선이라는 사회는 유학 내지는 주자학 같은 이념만이 존재하고 다른 학문이나 이념은 없는 것이며, 개혁자로서는 제도권 안의 조광조나 이이와 같은 사람만 있는 것으로 이해되기 쉬우나 실상은 그러하지 않다. 주자학이라는 통치이념이 너무 강했던 나머지 이에 대립되거나 궤를 달리하는 이념은 성장할 여지가 거의 없었고, 역사를 기록하는 사람들도 대부분 주자학을 추종하던 사람들이었던 관계로 주자학의 범주에 속하지 않는 것들은 가벼이 다루거나 배척하였기 때문에 역사 속에 묻혀버렸다. 그래서 반역이니 역모니 이단이니 하는 이름으로 간략하게 나타나 있을 뿐이다. 유학만 하더라도 주자학 외에도 다양한 학설과 학풍이 있었고, 민중의 생활 속에 깊이 뿌리내려 있는 불학이 있었으며, 우리 민족의 고유성이 포함되어 있는 선학仙學이나 중국에서 들어온 노장학老莊學 등 많은 부류가 있어왔다. 그러나 한국 정치사에 있어서 이들을 중시하는 연구는 잘 이루어지지 않았으며, 겨우 조선 후기에 있었던 주자학에 비판적인 학풍을 '실학實學'이라는 이름으로 개념 지은 것이 있을 뿐이다.

그러면 정여립과 같은 변혁적인 사상을 가진 사람은 어떤 위치에 있었을까? 그리고 진보주의자라고 볼 수 있는 세력은 어떤 사람들이며, 보수주의자라고 할 수 있는 부류는 어떤 사람들인가? 말할 것도 없이 정여립 사건이 발생할 당시로는 변혁적인 정여립이 가장 급진적인 위치에 있었다. Clinton Rossiter 같은 사람은 급진주의자를 다시 혁명적 급진주의자로 분류하였는데, 이 경우 정여립은 혁명적 급진주의자에 속한다. 그리고 같은 유학적 이념을 가지고 있다고 하더라도 주자학에 대한 동의 여부에 따라 정치적 태도가 다르게 나타나며, 비록 주자학에 동의하더라도 정국의 추이와 개인적인 입장에 따라 달랐다. 물론 조선이라는 정치체제 하에서 학문적인 경향이 그대로 정치적 태도와 일치한다고 볼 수는 없다. 그러나 조선 사회에서는 학문의 내용이 다양하지 못하고 유학이 정치생활과 밀접한 관계가 있었기 때문에 학통學統, 학맥學派 문제는 정파政派를 가르는 주요한 기준이 되었다. 따라서 그 경향을 파악하는 것으로 정치적 태도나 흐름을 이해하기가 용이하다.

그래서 이 절에서는 조선 유학의 정통에 속한다는 주자학에 대한 내용과 더불어 같은 유학의 범주에 속하더라도 주자학과는 궤를 달리하는 학문의 경향과 흐름에 등에 대한 이해를 통해 이것이 정여립 사건과 어떤 상관관계를 가지고 있는지 살펴보기로 하자.

유학이 한국에 들어온 시기는 고려조이다. 그런데 최승로崔承老나 이색李穡이 말한 바와 같이 고려조에는 "불학佛學은 수신의 근본이요, 유학儒學은 나라를 다스리는 근원이다. 수신은 래세來世에 도움이 되는 것이고, 치국은 현세의 일이다."라는 유학에 대한 입장에 있었다. 그래서 유학만이 고려조의 사상계를 독점할 상황이 아니었다. 그러나 조선 개국 후 유학은 불학의 사상계 영역까지 확대시키며 불학은 배척의 대상이 되고 유학이 사상계를 지배하기 시작하였다. 그러다가 16세기 퇴계와 율곡의 단계에 이르러서는 정몽주鄭夢周→길재吉再→김숙자金叔滋→김종직金宗直→김굉필金宏弼→조광조趙光祖로 이어지는 이른바 '도통道統'이 성립되었고,[33] 이기理氣를 중시한 주자학적 정치이념이 국가의 정통적인 이론적 지주가 되었으며, 이들의 문도들이 사상계는 물론 국정 운영에 이르기까지 주류를 형성하였다.

이 같은 주자학적 정치이념은 당시는 물론 현재까지도 많은 문제점을 가지고 있다. 첫째, 16세기 사림파에 의해 확정된 조선의 정통 성리학통이 15세기 재조관학파在朝官學派의 존재와 그들의 업적을 무시하고 지나치게 사림파 위주로 도통이 성립되었다는 사실이며, 둘째는 영남과 기호지방을 막론하고 다양한 학통과 학파·학설의 존재를 무시하고 또 학파의 분기와 정파의 분열이란 정치 사회적 기연機緣을 도외시하고 퇴계와 율곡의 양파로 나눔과 동시에 주리主理·주기설主氣說로 양분하여 학설상의 논쟁을 지나치게 단순화시키는 데 문제가 있었다. 그리고 조선의 유학은 유학 그 자체라기보다 주자의 학설에 맹종하는 주자학 일변도의 경향이었다. 그래서 권력의 중앙집권화와 국왕의 절대권을 정당화하는 주자학은 교조적이고 사변적으로 변모됨으로써 유학 본연의 민본사사상과 역사발전에 배치되는 보수 반동적인 성격으로 변질되어 갔다.

일반적으로 16세기 유학에 있어 서경덕徐敬德이 '기氣'를 위주로 하는 주기학主氣學의 선봉이라고 한다면 이황李滉은 '이理'를 우위로 하는 주리학主理學의 거두요, 이이李珥가 이 두 학파의 중간에서 절충을 취하였다

33 인종실록, 원년(1545) 3월 13일(을해)조 : 朴謹의 상소 중에서 ; 기대승도 같은 말을 하였는데, 퇴계 학파는 그들이 정맥의 학통을 이어받았다고 하고, 율곡 학파들은 역시 그들이 정맥의 학통을 이어받았다고 한다. 그래서 조광조 이후의 도통은 의견이 분분하다.

고 볼 수 있는 것이다. 이것은 퇴계의 '존이설尊理說'과, 화담 보다는 퇴계를 선호한다는 율곡의 다음과 같은 주장에서 나타난다.

"천명이 흐르는 곳과 별도로 주재하는 자가 있다고 말 할 수 없다. 이 이理는 극히 존엄하여 상대가 없으니 만물에게 명령하고 명령을 받지 않는다."

"대개 퇴계는 모방하는 것이 많기 때문에 그 말이 구애를 받고 삼가 한다. 화담은 스스로 터득한 것이 많으므로 그 말이 즐겁고 거리낌이 없다. 삼가면 실수가 적고 방종하면 실수가 많으니 차라리 퇴계의 모방하는 태도를 따를지언정 화담의 스스로 터득하는 것을 본받지 않을 것이다."

여기서 퇴계와 율곡의 학통은 조선 유학의 정맥을 형성하면서 상호 공존하는 방향으로 발전되었으나, 서경덕의 학문적 경향은 앞서 말한 도통에 들지 않을 뿐만 아니라 그 후의 전개양상도 다른 면모를 보이고 있다. 이같은 분열은 사상적 분열을 의미하며 한 걸음 더 나아가 정치이념의 분열이기도 하다. 물론 주자학에 대한 이 같은 분열은 그려 말 조선 초에 이숭인李崇仁·이색李穡·정몽주鄭夢周 등과 이에 반대되는 정도전鄭道傳·조준趙浚·하륜河崙 등의 대립에서 현실 정치에까지 나타나 있어왔다. 이어서 훈구파와 사림파가 서로 대립을 하면서 사화가 발생하였고, 사림파들이 대거 정계에 진출한 이래 선조 대에 와서는 이들 상호간에 '당쟁黨爭'이라는 형태로 나타났다.

이들 사림파들에 있어서는 공리공담과 사변철학을 주로 하는 보수적 사림파와 현실비판과 경세제민經世濟民의 사상을 토대로 하여 다양한 학문을 수용하는 진보적 사림파로 나눌 수가 있다. 당쟁이 발생한 선조

조 초반부터 당쟁은 학문적인 배경과 관련이 있어 동인의 입장에 있었던 사람들은 주로 서경덕과 조식의 학통과 인연이 깊었고 지역적으로는 호남과 영남에 근거를 둔 사람들이 대부분이었으며, 서인의 입장에 있었던 사람들은 비교적 왕실과 관련이 많고 지역적으로는 기호지방에 근거를 둔 사람들이 주를 이루었다.

서인의 대표 격인 정철鄭澈은 호남에서 자랐지만 출생지와 주된 활동무대가 서울이며, 누이가 인종의 후궁이고 조카딸 또한 선조의 후궁이어서 왕실과 인연이 많은 사람이었다. 심의겸沈義謙은 명종 비 인순왕후仁順王后의 동생으로 당시 배척의 대상인 외척이었으며, 송익필宋翼弼은 '신사무옥辛巳誣獄' 때 훈구파에 속해 있던 사련祀連의 아들인 등 전반적으로 보수적인 성향을 가지고 있었다. 서인 학통의 정맥이라고 하는 이이의 경우 동서 당론을 보합하며 중도적 입장을 취하였고, 매우 개혁적인 성향을 가지고 있었으나, 왕실의 외척인 심의겸이나 훈구적인 송익필 등과 절친한 인연을 가지고 있었다.

반면 동인들은 허엽許曄·정개청鄭介清 등이 서경덕徐敬德의 문인이고, 김효원金孝元·최영경崔永慶·김우옹金宇顒·정인홍鄭仁弘 등은 조식의 문인으로 전형적인 사림출신들이었다. 특히 이발李潑은 아버지 중호仲虎가 서경덕의 문인인데다가 이발 자신도 어려서 서경덕의 문인인 김근공金謹恭과 민순閔純에게 배웠다. 또 이산해李山海는 서경덕의 문인인 이지함李之菡의 조카로 학문을 전수 받았으며, 박민헌朴民獻 등과 더불어 서경덕의 문집을 발간에 참여할 만큼 학문적인 관련이 많은 사람이었다.

서경덕(1483~1546)의 학풍은 "태허즉기야太虛卽氣也" 혹은 "태허시기지근원太虛是氣之根源"이라 하여 기일원론氣一元論적인 입장에 있다. 이 같은 서경덕의 학풍은 송대 장재張載(1020~1077)사상의 영향을 받았다고 하는데, '성즉리性卽理'의 주자사상을 비판하는 것이었다. 그리고 화담 철학의 근본적 사유는 주역에 바탕을 두고 있어 그는 다음과 같이 말하였다.

> **"존재하는 만물은 오고 또 와도 다 오지 못하고, 다 왔는가 하면 또 온다. 오고 또 오는 것은 시작이 없는 것에서부터 오는 것인데, 그대에게 묻노니 처음에 어디서부터 오는가? 존재하는 만물은 돌아가고 또 돌아가도 다 돌아가지 못하며, 다 돌아갔는가 하고 보면 아직 다 돌아가지 않았다. 돌아가고 또 돌아가고 계속 해도 돌아감은 끝나지 않는 것이다. 그대에게 묻나니 어디로 돌아갈 것인가?"** 34

위에서 보는 바와 같이 화담은 주역의 생명적 세계관을 기일원론의 관점으로 해석하고 있다. 화담은 주자학 일변도의 학문을 거부하고 만물이 끊임없이 변화하는 것을 받아들여 정체가 아닌 변혁을 강조한 것이다. 이 같은 화담의 학풍은 후학들을 통해 이어져 재야적 성격의 양명학과도 깊은 인연을 맺었으며, 조선 정치사의 새로운 맥을 살린 실학의 발생과 발전에도 많은 영향을 주었다. 특히 이발과 정개청의 경우는 앞에서 보아온 것처럼 정여립 사건의 직접 피해 당사자들이다. 이들은 누구보다도 정여립과 직·간접으로 관련이 있으며, 현실 정치에 비판적이고 가장 진취적인 입장에 있었다.

퇴계와 율곡의 학통과 또 다른 부류는 남명南冥학파이다. 성호 이익은 이 남명학파를 퇴계학파와 구별하여 "퇴계학파는 '인仁'을 위주로 하고, 남명학파는 '의義'를 위주로 한다."고 하였다. 조식曺植(1501~1572)은 이황과 같은 시기 같은 경상도에 있으면서도 서신을 수 삼차 주고

34 花潭集(一), "有物," 韓國文集總幹(24)(서울: 민족문화추진회, 1989), p. 292 : 有物來來不進來 來纔盡處又從來 來來本自來無始 爲問君初何所來 有物歸歸不盡歸 歸纔盡處未曾歸 歸歸到底歸無了 爲問君從何所歸.

받았을 뿐 한 번도 대면한 적이 없었다고 한다. 더구나 퇴계는 전후처가의 소재지인 의령과 산음 등 남명 거주지의 인근을 왕래하면서도 서로 만나지 않았을 만큼 학문적 경향이나 뜻이 달랐던 것이다. 그래서 남명의 학문적 경향에 대해 퇴계와 율곡의 문도들로부터 이단 시 되기도 하였으며, 퇴계는 남명에 종유하던 사람들을 일러 노장을 숭상한다고도 하였다. 그래서 남명은 단순히 은둔 학자가 아니라 보다 진보적인 성향을 지닌 사람이었다. 남명의 이 같은 모습은 다음 기록에서 확인할 수 있다.

> **"백성이란 흡사 물과 같다. 백성이 임금을 추대하기도 하고 나라를 뒤집기도 한다. ......필부로서 천자를 갈아치우니 대권이 어디에 있는 것인가? 다만 우리 백성들의 손에 있을 따름이다. 물은 강이나 바다보다 더 험한 것이 없지만 큰 바람만 없으면 고요하고, 위험하기는 백성의 마음보다 더한 것이 없으나 임금이 폭군이 아니면 동포가 된다. 동포로서 원수로 삼는 일을 누가 그렇게 되도록 하는 것인가?"** 35

이것으로 미루어 남명은 당시 최고의 가치로 숭상하던 충군사상과는 상당히 다른 입장에 있는 것이었다. 군주보다 백성이 더 중요하다는 사상에 치중하여 필요한 경우 비록 필부라고 하더라도 누구나 군주를 교체할 수 있다는 논리이다. 이 같은 모습은 맹자孟子와 순자筍子 등의 사상에 나타나 있는 민본적인 내용이기도 하지만, 주자학적인 이념이 고착화된 당시의 상황에서는 거론키 어려운 인식이었다. 이들 문하에서

35 南冥集, "民巖賦," 韓國文集總幹(31)(서울: 민족문화추진회, 1990), pp. 478-479.: 民猶水也 古有說也 民則載君 民則覆國 吾固知可見者水也 險在外者難狎. ......以匹夫而易萬乘 是大權之何在 只在乎吾民之手兮. ......水莫險於河海 非大風則安帖 險莫危於民心 非暴君則同胞 以同胞爲敵讐 庸誰使而然乎.

는 오건吳健·조종도趙宗道·최영경崔永慶·김우옹金宇顒·김효원金孝元·정작鄭碏·정인홍鄭仁弘·곽재우郭再祐·김면金沔·이대기李大期 등이 배출되었고, 보다 온건하며 퇴계의 학통을 이은 류성용柳成龍·김성일金誠一 등 남인들과는 상당한 차이가 있는 경향의 사람들이었다.

특히 정인홍鄭仁弘(1535~1623)은 이발 등과 정치적 노선을 함께 하며 정여립을 옹호한 바가 있으며, 항상 강경한 입장을 견지하여 선조로부터는 "그의 굳센 절조는 비록 백 번 꺾으려 해도 꺾지 못할 것이다."라는 말을 들었고, 이이는 "용병에 비하면 돌격장과 같다."는 평을 하였다. 그리고 정인홍은 당시 사림들로부터 절대적인 추앙을 받던 퇴계를 비판하여 "시속을 좇아 세력에 붙고 이익을 탐하여 수치가 없으며, 권간의 문객이 되어 맑은 논의에서 버림받은 무리들과 상종하였다."라고까지 하였다. 따라서 정인홍의 학풍은 소위 정통 성리학과는 달라서 정좌묵상靜坐默想하는 태도에 지행합일을 추구하여 노장老莊, 도학道學, 양명학적陽明學的인 특징을 가지고 있었다. 특히 그는 스승 남명의 뜻을 이어 위민사상에 충실하여 "백성이 있은 연후에 군주는 가히 자리를 지킬 수 있고, 민심이 견고하고서야 나라가 편안하다."고 강조하며, 쇠퇴한 시대의 습속을 혁신해야 한다는 자세를 견지하였다. 이 같은 사상을 가지고 있는 정인홍은 정권 장악에 성공하여 보수적인 서인과 남인들을 제거하였으며, 국내정치나 외교정치에 있어 큰 성과를 거두었음에도 불구하고 도리어 서인들에게 반정의 명분을 제공함으로써 진보세력의 몰락을 자초한 면도 있다.

한편 유학을 하면서 주자학에는 부정적이고 불학과 도학을 넘나들던 사람들이 있다. 그 대표적인 사람은 김시습金時習(1435~1493)으로 그는 다음과 같이 유학과 불학을 동일한 선상에 놓고, 한편으로는 도학에 심취하였다.

"고향의 형님은 급제하여 유림에 발탁되었고, 아우는 불법을 전하여 불심에 합하였도다. 제帝(석가)와 소공素王(공자)은 한 가지 궤도를 걸어가니 대나무 생황笙簧, 오동나무 비파와 같은 음을 갖추었네."

"기이한 향기 부엌에 가득한 것은 새벽에 약을 달이는 것이요, 이상한 기운이 공중에 떠 있는 것은 간밤에 옥황상제의 조회에 참여한 것일세. 반 되들이 다리 부러진 냄비라도 나에게 빌려다오. 나도 여러 해 동안 약을 달이었다네."

김시습은 기일원론氣一元論적 사유를 바탕으로 "천지간에 오직 氣의 풀무만이 있을 뿐이다."라고 하며, "그 순환반복이나 만물이 생성하는 조화는 모두 기의 원초적 작용에 의한 것이다." 하였다. 김시습은 또 군주와 백성에 대하여 "만일 군주가 민심을 이탈하면 하룻밤을 넘기지 못하여 평민으로 되고 마는 것이어서, 군부와 필부 간에 털끝만큼의 차이도 없다."[36]라고 하였다. 그래서 이황으로부터 '일종이인一種異人'이라는 비난을 받았으며, 이이로부터는 '심유적불心儒跡佛'이라는 평을 받았다.

김시습의 이 같은 사상은 누구에게 어떤 형태로 이어졌는지 알 길이 없다. 그러나 누군가에게 알려지고 유사한 사상이 있었으리라고는 짐작을 할 수가 있다. 우선 화담과 조식에게서 유사점을 발견 할 수가 있고, 적극적인 개혁론자인 이이는 '김시습전金時習傳'을 지어 남다른 관심을 나타냈다. 특히 산천에 제사 지내기를 자주 하던 정여립에게서 있었다고 볼 수 있으며, 정여립의 영향을 받은 허균許筠에게서도 발견이 되고 있는 것이다. 허균은 유학을 공부하기도 했지만 불교를 믿어 불경을 외우고 부처에게 절을 하며, 선과 부처에 대한 이야기를 많이 하였을 뿐

36 君主民心離散 則不待一夕 而爲匹夫 君主匹夫之間 不啻豪釐之相隔

만 아니라 당시 명승 휴정休靜과도 교류를 하였다. 그리고 허목許穆(1595~1682)도 김시습金時習·정희량鄭希亮 등 도가적 취향의 인물들을 정리한 '청사열전淸史列傳'을 편찬할 만큼 관심을 가지기도 하였다.

하여간 정여립과 그의 주변에서 활동하던 사람들은 서경덕·조식·김시습 등과 같은 사람들의 영향을 받아 정통 주자학과는 궤를 달리하는 다양한 사상을 가진 사람들이었다. 당시 명나라에서도 "한漢 이후 천여 년 간 공자의 시비로써 옳고 그름에 대한 시비의 기준으로 삼았다. 따라서 일찍이 객관적인 옳고 그름에 대한 기준이 없었다. 논어는 만세지론이 아니며 맹자는 엉터리 책이다."라고 하며, "천자와 서민은 마찬가지이다." 소수는 다수에 부속되어야 한다." 등의 주장을 한 이탁오李卓吾(1527~1602) 같은 사람처럼 공자의 사상에 대해서까지 비판적인 시각을 가진 학자들이 있었다. 조선의 경우도 그 흔적을 찾기가 쉽지 않지만, 정여립처럼 주자학에 반대하거나 새로운 이념을 추구하려는 사상가들이 분명 있었던 것이다.

정여립 사건의 발생으로 이같은 정치이념과 정파의 분기는 앞서 지적한 것과 같이 지역적인 특성에 따라 다르게 나타난다. 호남의 경우 선조 조에 들어와서도 이항李恒·기대승奇大升·유희춘柳希春 등의 학문적 명성이, 높았고 김천일을 비롯하여 정여립·이발·정개청 등이 이름을 날렸다. 더구나 양명학이 성행하면서 퇴계학파에 속해있던 정탁과 유성룡 등이 양명학을 탐독하였던 것으로 보아 한층 진취적이고 정통 주자학의 주변에서 비판적인 성향을 지녔던 호남 지역에는 이 같은 양명학·노장학 등을 비롯하여 정개청의 '배절의론'과 같은 성향의 학문이 성행했으리라고 짐작해 볼 수가 있는 것이다.

그런데 정여립 사건의 발생으로 호남의 진취적인 학맥은 거의 소멸되고 학문적 분위기가 부박해졌으며, 잔여 서인계열의 학맥은 점차 기호학파에 편입되어 갔다. 그 결과 활발했던 정치 참여도는 크게 위축되고 하층민 중심의 저항문화가 한층 강화되었다. 임진왜란이 발발하자 전국 각지에서 의병이 일어났다. 호남에서도 많은 의병이 일어났는데, 그 대부분은 고경명·김천일 등 서인계열의 인사들이 주도하였다. 이것은 다양한 의식을 가져 한층 진보적이던 동인계열 사람들이 정여립 사건으로 크게 위축되었음을 뜻한다.

영남의 경우는 남명학파가 몰락하고 퇴계학파를 중심으로 한 '남인'이라는 정파로 통일된다. 지역적으로 같은 영남이지만 노장적인 성격이 강하면서 한층 진보적인 경향을 지녔던 남명학파는 광해군 정권을 끝으로 거의 몰락하게 된다. 앞에서도 언급한 바와 같이 이들은 정여립 사건 당시에 큰 화를 입어 위축되었다가 광해조에 정인홍 등 대북파들이 집권을 하면서 그동안 자신들을 탄압한 서인들에게 강력하게 대처하고 온건 노선을 걸었던 남인까지도 극력 배척하였다. 그러나 "반민중적이고 반유교적이며 보수훈척파적인 속성만을 그대로 보여주었다."고도 하는 인조반정(1623)으로 서인들이 집권함으로써 이들은 다시 일어나지 못하였다.[37]

이들의 몰락은 정여립 사건으로 사망한 진보세력에 대한 보수 세력의 "확인사살"이었다. 그 이후의 조선 정치사는 대의명분이니 모화사상이니 하는 것들을 주제로 삼아 더욱 보수화 되어갔다. 물론 소북파와 남인 일각에서 미미하나마 옛 동인의 흔적을 발견할 수가 있었고, 정여립 사건의 영향을 받은 실학이 일어나기는 하였다. 그러나 깊이 뿌리내린 보수 세력에 맞서기에는 역부족이어서 그다지 강렬하지 못하였다. 오히려 남인 일각에서는 서인들이 주자학을 절대적으로 신봉하는 것과는 다르게 육경六經과 같은 것을 중시하여 고학古學·복고성復古性을 보이기도 하였다.

37 인조 조의 정승은 모두 24인인데, 이들 중 李元翼·李聖求·南以雄 3인을 제외한 나머지 21인 모두 서인출신이었다.

지금까지 정여립 사건이 가지는 정치사적 의미 중 진보세력의 몰락 측면을 개괄적으로나마 살펴보았다. 이를 다시 요약해서 정리하면 다음과 같다.

(1) 정여립의 실패로 막 일어나려던 새로운 사상의 실현이 좌절되었다. 대동사상과 패왕사상, 불교사상, 도가사상 등이 조화되어 모든 계층이 평등하게 살아갈 수 있는 세상을 만드는 이념으로 태동하려다가 끝내 좌절되고 말았던 것이다.

(2) 정여립이 거사계획이 성공하지 못함으로써 진보세력의 몰락을 가져왔다. 서경덕의 문인과 조식의 문인들이 대부분 희생을 당함으로써 더 이상 이들의 사상이나 세력은 조선 정치무대에서 힘을 잃게 되었다. 광해 조에 조식의 문인인 정인홍 등이 나름대로 개혁정치를 시도하였으나 인조반정으로 완전히 몰락하였고, 허목許穆·윤휴尹鑴·유형원柳馨遠 등 남인 일부에서 그 흔적이 나타나기도 하나 크게 빛을 발하지는 못하였다.[38]

(3) 정여립 사건의 실패는 새로운 정치사상이 꽃을 피우지 못하고 진보세력이 역사에서 사라짐으로써, 그 이후의 한국정치사는 주자학적 이념만을 더욱 강화시키는 보수반동적인 세력들만 융성하여 정치발전이 지체되었다.

신채호는 고려조에 묘청妙淸이 서경천도 운동을 실패하였던 것을 두고 진취사상 대 보수사상의 대립에서 보수사상이 승리함으로써, 그 이

38 許穆은 그의 외조인 林悌의 영향을 많이 받았고, 정개청의 문집인 愚得錄 서문을 쓰고 정개청을 배향한 서원의 원장을 맡기도 하였으며, 尹鑴는 아버지 윤효전이 화담의 문인인 민순에게 배웠고, 조부 윤희손은 이중호에게 배웠고, 윤휴 자신도 화담집 중간 발문을 썼으며, 유형원은 아버지가 북인이었던 관계로 柳夢寅 옥사 때 죽었고, 지기인 裵尙瑜는 소북과 인연이 있는 사람이었다.

후의 정치사가 사대적 보수적 속박으로 퇴보하였다고 하며, 묘청의 서경천도 운동을 "조선 역사상 일천년래 제일대 사건朝鮮 歷史上 一千年來 第一大 事件"이라고 강조한 바가 있다. 필자는 정여립의 거사가 성공하지 못한 것이야말로 진보사상 대 보수사상간의 대립에서 진보사상이 패배한 것이고, 이로 인해 정주학 위주의 사상으로 단순화 경직화 보수화되어 조선이 새로운 시대적 조류에 적절히 대처하지 못하게 되었다고 생각한다. 그래서 정여립 사건은 "조선역사상 오백년 제일대 사건朝鮮 歷史上 五百年來 第一大 事件"이라고 할 수 있는 것이다.

3. 당색의 강화와 그 역기능

표 Ⅲ-11 당색의 계보

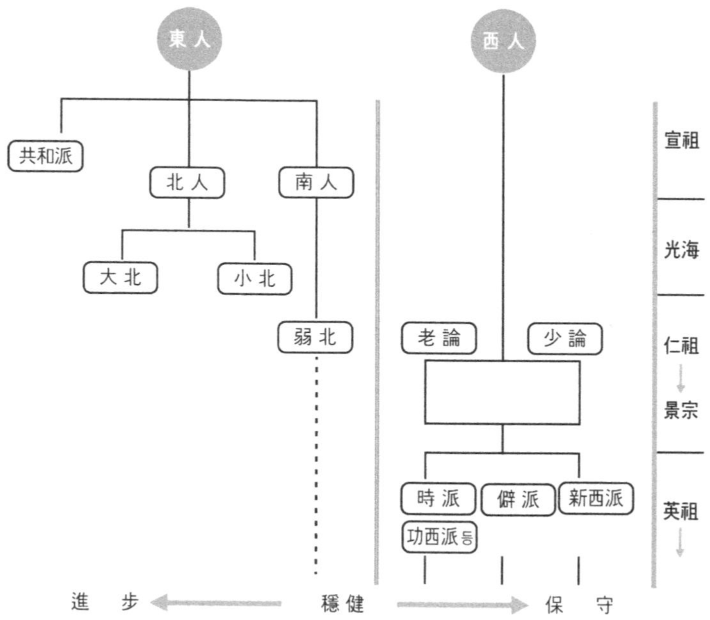

선조 8년(1575)에 김효원과 심의겸을 중심으로 동서분당이 이루어진

후 양파 간에 대립이 있어 왔음은 이미 앞에서 살펴본 바가 있다. 분당 후 정여립 사건이 발생하기 이전에는 서로 감정적인 다툼이 있었고 당론과 공론에 따라 조정에서 진퇴를 하기도 하였으나, 상대편을 무차별 공격하여 죽음에 이르게까지는 하지 않았다. 그리고 동서분당 이후부터 사대부라면 모두 당색을 가지고 있다는 주장도 있지만, 여러 가지 사료를 검토해 보면 적어도 기축옥사가 발생하기까지는 당색黨色의 문제가 크게 부각되지는 않았다.

그러나 정여립 사건의 발생은 조선 정치사에서 당쟁을 격화시키고 색목色目을 강화하게 한 주요 변수로 작용하였다. 정철·성혼·송익필 등을 중심으로 한 서인들이 이발·정개청·최영경 등과 같은 동인 측 인사들을 무참하게 희생시킴으로써 동인과 서인이라는 구분이 명확해졌으며, 그 이후에 전개되는 당쟁의 양상도 서로 상대당을 대량으로 희생시키는 보복적인 대립의 모습을 보였다. 그래서 이 절에서는 정여립 사건을 계기로 당쟁이 격화되고 당색이 강화되어 가는 과정과 이에 따른 역기능들을 살펴보도록 하자.

정여립 사건으로 기축옥사를 주도하던 서인의 정철 등이 선조 24년(1591) '건저문제建儲問題'로 실각하고 동인들이 다시 조정에 많이 진출하였다. 이들은 서인에 대해 온건적인 남인과 보다 강경한 입장을 취한 북인으로 갈라졌다. 그러나 임진왜란이 발발하면서 전시정국의 주도는 유성룡을 비롯한 남인들의 몫이었다. 이들은 정여립 사건 중에도 대부분 조정에 남아 있었으며, 기축옥사로 같은 동인 측 인사들이 많은 희생을 당하고 있었음에도 불구하고 이를 구하지 않고 미온적인 태도를 취하고 있었기 때문에 희생의 주당사자인 북인들과의 대립은 피할 수 없는 것이었다.

이 같은 이유 때문에 남인과 북인 간에 당색의 구분은 명확해지기 시작하였다. 같은 동인의 입장에 있었으면서도 서로 뜻을 달리한 결과

한 쪽은 기축옥사로 엄청난 희생을 당해야만 했던 반면에, 다른 한쪽은 온전히 자리를 보전할 수 있었다는데서 색목色目이 뚜렷하게 가려지지 않을 수가 없었다. 남인들 쪽에서는 서인세력이 비록 기세는 꺾이었으나, 조야에 엄존하고 있는 상황에서 그들의 존재 또한 무시할 수 없는 형편이라는 사실을 잘 알고 있었던 관계로 더더욱 자신들에게 적대적인 북인들과 다시 화합하기는 어려웠던 것이다.

그 후 북인들은 다시 대북과 소북으로 분열되었고, 그러는 중에 대북파의 중심인물인 정인홍이 대사헌이 되고, 소북파인 유영경이 이조판서가 되어 조정의 공론을 장악하면서 유성룡 등 남인들은 임진왜란을 치른 공로에도 불구하고 탄핵을 받아 조정에서 물러나야 했다.[39] 그래도 기축옥사 후 동인들은 이귀李貴를 '이귀李鬼'라 부르고, 양홍수梁弘澍를 '흉수兇澍'라고 부를 만큼 서인들에 대해 원을 품고 있었으나 선조가 죽기까지는 대규모 옥사와 같은 일은 없었다. 그 이유는 무엇보다도 선조가 왕권을 유지하는 수단으로 정치세력을 조절한 결과라고 하겠다. 그리고 임진왜란을 수행하는 중에 있었기 때문에 대립의 명분이 그만큼 적었고, 비교적 온건한 유성룡 등 남인들이 많이 등용되어 전쟁을 치른 탓도 있다.

그러나 선조가 죽고 광해군이 즉위하자 상황은 아주 급변하였다. 광해군이 세자로 있을 때에 대북파와 좋은 관계에 힘입어 이이첨李爾瞻·정인홍鄭仁弘·기자헌奇自獻 등이 실권을 장악하였다. 이에 서인과 남인은 연합하여 인목대비仁穆大妃의 유폐를 문제 삼으며 북인정권에 대항하였으나, 임해군臨海君사건, 영창대군永昌大君사건 등에 강경하게 대처하면서 서인들은 물론 기축옥사 때부터 모호한 태도를 취해온 남인들을 철저히 배척하였다. 이것은 기축옥사에서 당한 것에 대한 보복적인 성격이

39 선조실록, 31년(1598) 11월 16일(정유)조.; 유성룡은 이 해에 집중적으로 탄핵을 받아 11월 16일에 파직되고, 12월 6일에 삭탈관작까지 되었다.

있었고, "서인이 이를 갈고 남인이 원망을 품으며 소북이 비웃는 상황" 되어 서인들도 새로운 보복을 준비하게 되었던 것이다.

마침내 이귀李貴·김류金瑬 등 서인들 주도로 인조반정이 일어나 정인홍을 비롯한 대북파를 몰아냈다. 서인들이 제시한 반정의 명분은 "임금의 마음을 현혹시켜 국정을 천단하고 모후를 폐출시켰으며, 부모와 같은 중국 조정의 은혜를 저버리고 동방 예의의 풍속을 무너뜨려 삼강三綱이 땅을 쓸은 듯 없어졌다."는 것이었다. 이것은 국내적으르 충군과 예치를 국외적으로 모화사상을 강화하는 보수정권의 출현이었다. 광해군일기에 기록된 6품 이상의 관직자 총 321명 중 반정으로 목숨을 잃은 32명을 포함하여 127명이 처벌을 받아 진보적인 북인들에 대한 서인들의 보복이 어느 정도였는지를 짐작할 수가 있다. 여기서부터는 일부 남인 세력과 소북 세력이 미미하게 남아 서인 정권에 구색이나 맞추는 정도였을 뿐 구 동인들의 맥은 이어지지 못하였고 서인 천하가 되었다.

서인정권은 이원익李元翼을 영의정으로 추대하고 서인·남인 연합정권임을 내세웠고, 이괄李适과 이인거李仁居의 난을 계기로 대북파들에 대한 대대적인 추가 숙청을 단행하였다. 그 후 남인의 이성구李聖求, 소북의 남이웅南以雄 등을 영의정으로 삼아 전면에 부각시켰으나 어디까지나 정국의 주도권은 서인들이 가지고 있었다.[40] 서인들은 표면상으로 남인들과 정쟁을 벌이면서도 그들 스스로 때로는 대립으로 때로는 필요에 따라 분파를 만들어가며 색목을 구분 지었다. 그래서 이경여李敬輿의 지적처럼 사대부들은 모두 색목에서 벗어날 수가 없는 상황이 되어버렸다.[41]

40 인조 초년 인물 등용 실태를 보면 서인이 64%, 남인이 35%를 차지할 만큼 정국을 이들이 주도하였다. : 吳洙昌.

41 당시 영의정이던 李敬輿는 차자를 통해 "지금의 사대부로서 그 누군들 붕당이 증오스럽다는 것을 모르겠습니까마는, 모두 色目으로 돌아감을 면하지 못하고 있는데, 이것은 그 사람들 모두가 당론을 꼭 숭상하여 스스로 편벽한 데에 빠져서가 아닙니다. 혹 父兄 때의 찌꺼

효종 말년에 산림의 인재들을 모아 북벌계획을 추진하고 혁신의 기풍을 진작코자 당파를 초월하여 인재를 등용하였는데 서인에서는 송시열宋時烈·송준길宋浚吉·김수항金壽恒·이유태李惟泰·박세당朴世堂 등이, 남인에서는 허목許穆·윤휴尹鑴·윤선도尹善道·조경趙絅 등이 조정에 진출하게 되었다. 그런데 이때 주자학이 한층 교조적으로 발전하여 조야에서는 명분론이나 의리의 소재를 밝히는 분위기가 팽배해 있었다. 이 같은 분위기로 인해 효종이 죽자 계모인 자의대비慈懿大妃의 복상服喪문제로 서인의 기년설朞年說과 남인의 삼년설三年說이 첨예하게 대립하여 서인의 주장이 관철되는 소위 '기해예송사건己亥禮訟事件'이 발생하였다.

이때 남인들은 주로 영남에 근거지를 두고 퇴계와 학문적 인연이 있는 사람들이었고, 서인들은 호서나 기호에 근거를 두고 있는 우계(성혼)와 율곡의 학통과 관련이 많은 사람들이었다. 16세기 이래 영남에는 이황과 조식이 각기 다른 학파를 이루고 있었으나, 인조반정 이후에는 남명의 학맥을 이은 사람들이 조정에 진출하지 못하였다. 그래서 영남은 학문상으로는 퇴계 학통을 정파 상으로는 남인의 입장을 고수하며 기호학파 즉 서인정권에 맞섰다. 남인이 정계에서 물러난 뒤에도 영남의 사림들은 재경 남인들과 긴밀히 제휴하며 경상도라는 동도의식同道意識과 남인이라는 동당의식同黨意識 퇴계 학파라는 동학의식同學意識을 갖고 '오령吾嶺(우리嶺南)'이란 용어를 쓰면서 일체감을 갖고 기호학파에 공동으로 대처해 나갔던 것이다.

현종 15년(1674)에 인선왕후仁宣王后가 죽자 역시 자의대비의 복상문제로 대립하여 일단 남인이 승리함으로써 일시적이나마 조정은 남인이 차지하면서 숙종 조로 넘어가게 되었다. 그러나 남인들이 송시열의 관

기를 이어받거나 혹 벗들의 인정을 받다 보면 그렇게 되는 것인데, 한 번 이렇게 구별이 되고 보면 그 구덩이에서 몸을 빼낼 수 있는 사람은 세상에 드뭅니다." 하였다. : 효종실록, 원년(1650) 7월 3일(갑인)조.

작을 삭탈하고 추죄하는 등 이들에 의한 독주가 이어지자 이를 우려한 숙종과 조정 장악을 계획하고 있던 서인들은 숙종 6년(1680)에 윤휴尹鑴·허적許積을 사사(賜死)하고 허목許穆 등을 축출하는 '경신환국庚申換局'을 시작으로 수차에 걸쳐 남인들을 제거하는 일에 몰두하였다. 이러는 과정에 숙종 9년(1683) 서인 내부에서 남인에 대해 비교적 온건한 소론과 강경한 노론으로 파벌을 이루었다.[42] 그 후 서인들은 숙종이 남인南人·노론老論·소론少論들을 번갈아 기용하며 왕권을 지키려 하는 가운데서도 '갑술옥사甲戌獄事' 등으로 늘 정국의 중심에 있었다.

정국의 주역이 서인과 남인으로 고정화 되어가면서 당색의 구별은 더욱 뚜렷해졌으며, 조선의 통치이념인 유학사상에 대한 정통과 이단의 논쟁이 격렬하게 진행된다. 서인이면서 율곡의 학통을 이어 받았다고 하는 송시열宋時烈(1607~1689)은 철저하게 주자를 신봉하는 대표적인 학자이자 정치인이었다. 송시열은 양자楊子와 묵자墨子를 이단으로 본 주자와 같은 입장을 취하며 불학佛學, 도학道學, 육왕학陸王學을 배척함은 물론 주자에 대해 조금이라도 이의를 제기하는 사람은 이단으로 보았다. 또한 그는 남송南宋이 금金을 배척한 방식대로 존명배청尊明排淸의 논리를 전개하였다.

반면 남인들은 주자를 따르되 퇴계를 정통으로 보았으며, 윤휴尹鑴(1617~1680) 같은 사람은 주자학적 정통성에 이의를 제기하여 주자의 경서해석과 정치이념의 문제점을 지적하였다. 그래서 송시열로부터는 이단異端 내지는 사문난적斯文亂賊이라는 비난을 받았다. 이것은 따지고 보면 주자에 대해 약간의 이론을 낸 것이고 경서 해석이란 이미 오래 전부터 서로 다르게 해석된 바가 흔하게 있었기 때문에 크게 문제가 될 수 없는 것이었다. 그럼에도 불구하고 윤휴가 이단으로 몰렸던 것은 서

42 老論은 李珥-金長生-金集-宋時烈의 학통으로, 少論은 成渾-尹煌-尹宣擧-尹拯의 학통을 이어 기본적으로 큰 차이는 없었다. : 鄭玉子.

인과 남인 간에 색목을 구분하는 과당 논쟁의 결과였던 것이다.

이러한 대립은 계속 이어져 같은 서인계열 안에서도 정통과 이단의 시비가 있었다. 이경석李景奭이 청淸에 굴복하여 쓴 '삼전비문三田碑文' 문제로 송시열이 사사賜死되었고, 박세당朴世堂이 주자의 주해를 자신의 견해대로 쓴 '사서사변록四書思辨錄'에 대해 송시열의 문도인 김창흡金昌翕이 "안산농安山農(양명학자)이나 허균許筠과 같은 이단"이라고 몰아붙여 박세당은 유배길에서 죽었다. 또 송시열의 문도인 권상하權尙夏는 윤증尹拯이 스승을 배반하여 남인과 인척관계를 맺었다는 등의 시비를 장기간에 걸쳐 전개하여 서로 희생을 당하고 서로 감정을 품는 악순환이 계속 되었던 것이다

그래서 당색이 강화된 모습에 대해 성호 이익은 다음과 같이 지적하였다.

> **"선조 이후 하나가 갈려 둘이 되고, 둘이 갈려 네 당이 되고, 넷이 또 갈려 여덟 당이 되었다. 이것이 대대로 전하여져 그들의 자손은 그대로 원수가 되어 더러는 죽이기까지 하였다. 조정에서 함께 벼슬하고 같은 마을에 살면서도 늙어 죽도록 서로 왕래도 하지 않았다. 길사吉事나 흉사凶事가 있으면 수군수군 서로 헐뜯으며, 서로 통혼通婚이라도 하면 무리를 지어서 공격하였다. 심지어 언동과 복식까지 모양을 달리하여 길에서 만나도 가려내어 알 수 있었다. 이역異域이라 그런지 풍속이 달라서 그런지 참으로 심하기도 하다."**

또 이중환은 다음과 같이 개탄하였다.

> **"사대부로서 현명함과 어리석음, 높고 낮음이 같은 색목에게만 통**

할뿐이고, 다른 색목에게는 통하지 않는다. 이쪽 색목의 사람이 저쪽 색목에게 배척을 당하게 되면, 이쪽 색목은 더욱 귀하다고 여기는데 저쪽 색목도 마찬가지이다. 비록 하늘에 뻗치는 죄가 있다고 하더라도 한 번 다른 색목에게 공격을 당하면 떼 지어 일어나 도우며 도리어 허물이 없는 사람으로 만들어 버린다. 비록 독실한 행실과 숨은덕이 있다고 하여도 같은 색목이 아니면 반드시 옳지 못한 곳부터 먼저 살핀다."

그러면 이같이 강화된 당색은 어떤 역기능을 낳았는가? 그간 여러 학자들에 의해 당쟁의 긍정적인 면모와 부정적인 면모에 대한 많은 논의가 있었다. 여기서는 지금까지 살펴본 내용을 토대로 그 정치적 역기능에 대해서만 간략하게 정리하면 다음과 같다.

(1) 국왕은 국왕대로 당파들의 분쟁을 적절히 이용하여 왕권의 안정을 기하려고 하였고, 관료들은 관료들대로 그들의 권력유지를 위해 목숨까지도 아끼지 않는 상황이 벌어져 결국 나라는 안정되지 못하고 국사는 뒷전으로 밀리게 되었다.
(2) 지나친 정통과 이단 시비는 주자에 대해 약간의 이의도 생사를 가르는 일이 되어 주자학적인 이론의 교조적인 발전을 한층 심화시켰고 학문의 다양한 발전을 저해하였다. 그래서 불학佛學·도학道學·실학實學 등과 같은 사상이 여러 형태로 존재하고 있었음에 불구하고 그 빛을 발하지 못하였다.
(3) 상대방은 무조건 부정 내지는 투쟁의 대상으로 보는 정치문화를 낳았다. 상대방의 입장이나 처지를 고려하지 않고, 상대방과 타협의 여지마저 없게 하여 흑백만을 가리는 식의 풍토가 조성되었다. 일단 당론이 정해지면 개인적 소신이나 국민들의 형편 같

은 것은 고려하지 않은 채 결사적으로 투쟁하였다. 이 같은 정치 문화는 오늘날까지도 이어지고 있다.

(4) 이익의 지적처럼 당색은 자손에 이르기까지 물려주고 서로 혼인을 하지 않으며, 문도를 구별하여 교류를 하지 않음으로써 상대파를 이해하는 여지를 없게 하여 중간파의 영역을 마련하지 못하였다. 따라서 정치문제를 조정과 타협하는 역할을 해야 하는 중간파가 성장되지 못하였다.

(5) 동서분당 후 일단 원시적이나마 정당의 행태가 나타났고, 서인과 남인으로 고착된 이래 예론 등의 내용을 대립의 주제로 하여 마치 지금의 여당과 야당이 투쟁하는 것과 같은 분위기를 만들어 갔다. 그러나 서로 충군忠君과 명분을 다투는 일에 전념하면서 상대방을 비방하고 제거하는 방편으로 삼으며 파당적인 행태를 보여, 아쉽게도 근대적인 정당으로의 발전은 하지 못하였다.

전주시 상관면 파수

정여립의 정치사상

1. 사상 형성의 여건
2. 사상의 특징
3. 대동사상의 구현
4. 동양식 혁명사상
5. 실학사상과의 상관성

정여립의 정치사상

일반적으로 동양의 경우 많은 정치적 변동이 있어왔지만, 서양과는 다르게 왕조체제와 지배질서의 극복을 지향하는 데에는 이르지 못하였다고 한다. 즉 민란, 반역, 역성혁명 등이 빈번하게 발생하였어도 사회구조 자체에 대한 불만과 새로운 체제의 지향 같은 것이 아니라, 피부에 와 닿는 불이익이나 재난 등이 더 큰 원인으로 나타나고, 오히려 '원칙적인 왕조정치' 다시 말해서 '성왕聖王이 지배하는 왕조정치에로의 복귀 수준'에 머물러 있었다는 것이다. 특히 조선조의 경우가 더욱 그러해서 반역이나 민란을 막론하고 모두가 조선왕조 체제 자체에 도전한 경우는 없다는 것이다.

이 같은 주장이 매우 일반화 된 것은 사실이나, 이를 그대로 수용하기보다는 다른 시각에서 보고자 한다. 인간이 추구하는 이상적인 삶의 형태를 이야기함에 있어 기본적으로 동양인이든 서양인이든 한가지이며, 정치사상이나 체제에 있어서도 만찬가지라는 인식이다. 한 발 물러서서 인간이 환경에 많은 지배를 받는다는 논리에 동의하여 그 환경에 적합한 체제나 제도를 만들어 운용하는 관계로 동양과 서양 사이에는 상당한 차이점이 있다는 것을 인정하더라도, 어떤 환경 어떤 정치체제하에서도 다양한 형태의 사상은 존재해 왔다고 생각된다. 다시 말해서 동양의 경우에도 각기 그 규모와 형태는 다르더라도 서양 못지않게 유사한 유형의 다양한 사상이 언제나 있으며, 역사적으로도 실존해 왔다는 입장이다.

이 글에서 정여립의 정치사상을 논의함에 있어 위와 같은 시각에서 접근하였다. 그러나 정여립의 정치사상이 이 땅에서 생겨난 사상이라고 해서 필요 이상으로 미화할 의도는 없다. 또 근거가 부족한 내용을 만들어 합리화해서도 아니 될 것이다. 먼저 정여립의 정치사상에 대한 보다 효율적인 논의를 위해 정여립 정치사상이 어떤 여건 하에서 형성되었는가를 살펴보고자 한다.

1. 사상 형성의 여건

정여립의 정치사상이 형성되는데 영향을 받은 요소들은 16세기 당시 군신관계의 변화, 비교적 활성화되었던 공론정치, 어느 정도 다양성이 엿보이는 학문적 분위기, 신분구조에 대한 당시 사람들의 의식 등을 들 수 있겠다.

1) 군신관계의 변화

조선시대에 있어 국왕으로서는 "절의節義는 국가의 원기元氣이고 우주의 동량棟樑이다."라고 하면서 신료들로부터 소위 백이伯夷식의 절대적인 충성을 기대하고 있었다. 그러나 16세기의 사림들은 고대 중국의 삼대정치三代政治의 실현을 위해 국왕으로 하여금 정심正心·성의誠意를 실천토록 요구하였다. 오히려 "국가의 안위는 대신의 진퇴에 달려있다." 라고 하며, 신하로서 태갑太甲에게 이윤伊尹이 취한 태도를 많은 사람들이 강조하였다. 이이는 선조에게 "태갑은 이윤이 바로잡는 힘을 입어서 그 덕을 마침내 이루었습니다. 이윤이 없었다면 덕을 이룩하는 것을 기약할 수 없었을 것입니다."[43] 하여 신하의 중요성을 강조하였다.

과거 연산의 폭정을 반정을 통해 몰아내고 중종을 임금으로 세움으로써 민심을 얻지 못하는 군주는 신하들의 손에 의해서도 물러날 수 있으며, 반드시 적장자가 왕위를 세습하지 않아도 된다는 선례를 만들었다. 물론 중종반정이 전적으로 사림들에 의해 이루어 진 것은 아니지만, "군도君道를 잃어 정령政令이 혼란하고 민생이 도탄에 빠졌으니 ......혼매한 군주는 폐하고, 밝은 군주를 세우는 것이 고금의 통의通義"라는 명분이었다. 때문에 많은 사림들이 이 같은 시각을 가지고 있었으며, 상호견제와 균형을 유지하는 선에서 군신관계를 정립코자 하였던 것이다.

또 조선 초기와는 달리 시세나 군주가 자신의 뜻에 맞지 않으면 언제나 물러갔고, 군주의 부름에도 응하지 않았다. 그래서 이황의 경우 스스로 의義가 행해지지 않는다고 판단되면 물러가는 것을 당연한 것으로 생각했다. 이황은 기대승의 편지에 답하기를 "옛날 주희가 효종의 상을 당하여 발인도 하기 전에 벼슬길에서 물러났는데, 의義로 보아 당연히 떠나야 할 처지이면 그렇게 아니할 수 없는 것이다."라고 하였다. 이황은 선조가 불러도 오지 않았고, 자신이 가고자 할 때에는 언제나 떠났다.

반면 이이는 이황과는 다른 입장을 보여 보다 적극적으로 현실 정치에 참여하였다. 성혼이 이이에게 "주상의 마음을 돌이키기 어려우면 마땅히 인퇴引退하여야 한다. 주상의 마음을 얻지 못하고 먼저 사업에 힘쓰면 이는 한 자를 굽혀 한 길을 펴는 효과를 추구하는 패자覇者의 일이지 유자儒者의 일은 아니다."라고 하자, 이이는 "그 말이 진정 옳기는 하다. 그러나 주상의 마음을 어찌 갑자기 돌이킬 수 있겠는가. 마땅히 정성을 쌓아 감동하여 깨닫기를 기대해야 한다."라고 하였다. 이처

43 太甲은 殷나라 湯王의 손자이며, 伊尹은 당시 재상으로 王인 태갑이 폭정을 한다는 이유로 왕을 3년간이나 유폐시킨 사람이다.

럼 이이는 시비를 가리기보다 인정하는 전제 속에 개체를 일치시키는 등 현실 정치에 보다 적극적이어서 가히 '실학實學의 가교자架橋者' 역할을 한 사람이라고 칭해지기도 한다. 그러나 이이 역시 자신의 뜻에 의해 적극적으로 정치에 참여한 것이지 국왕의 부름에 응하기 위해 한 것은 아니었다.

그래서 선조 초반의 정치상황이 자신의 뜻을 실현하기가 어렵다고 판단한 이황은 정치에 적극 참여하지 않고 물러가는데 더 힘을 썼으나, 이이는 임금의 마음을 돌리려고 힘쓰다가 뜻을 달리 하는 사람들로부터 비난을 받고 물러갔다. 이이가 선조의 통치 행태에 대해 많은 실망을 하였고, 끝내 선조의 마음을 돌리지 못하고 물러갔지만, 임금인 선조를 갈아치우려는 생각까지 하였을까? 그것은 알 수 없으나, 선조 조 초반에 이이·기대승·김우옹 등이 경연의 강론을 통해 임금인 태갑太甲을 물러나게 한 이윤伊尹을 자주 거론하며 군주로서의 자세를 강조하였다.

이이보다 급진적인 생각을 가진 정여립 같은 사람들의 입장에서 보면 선조는 최소한 반정 내지는 이윤이 취한 조치의 대상이 되었던 것이다. 이처럼 당시 군신관계는 표면상으로는 절의를 내걸고 있었지만, 상당수 사림들이 이윤이 했던 방식을 생각하고 있었던 것으로 보이며, 보다 급진적인 인식을 하고 있는 사람들도 있었던 것으로 여겨진다.

2) 공론정치

조선은 건국 초부터 공론을 중시하여 "공론公論은 국가의 원기元氣이다."라는 원칙하에 "공론이 있는 것이라면 비록 말단 관리의 말이라도 돕고 인도하여 받아들여야 한다."라고 했다. 이 같은 공론에 관한 정의는 사림정치가 활발했던 성종 조에 부제학 안침安琛의 다음과 같은 말에 잘 표현되어 있다.

"예나 지금이나 천하에는 공론이 없지 않았으니, 온 나라 사람들이 당연하게 여기는 것을 공론이라 이른다. 그런데 공론이 시행되면 국시國是가 행해지고 치화治化가 따라서 아름다워지지만, 공론이 폐기되면 국시가 행해지지 못하여 치화도 따라서 아름답지 못하게 된다. 공론이 국가에 관계됨이 이와 같아서 예부터 성제聖帝·명왕明王의 다스림이 언제나 공론의 소재를 따랐던 것이다."

현대 정치에 있어 여론을 매우 중요시한다. 그래서 여론을 무시하는 정치는 민주주의가 아니라고도 한다. 그렇다면 여론과 공론은 어떻게 다른가. 여론을 대다수 사람들의 공통된 견해라고 한다면 공론 또한 같은 성격의 것이다. 그러나 현대적 의미의 여론은 Rousseau에서 비롯되어 시민사회에서 그 빛을 발하였는데, 여론다운 여론이 형성되기 위해서는 최소한 시사에 관해 누구나 읽고 쓸 수 있는 능력이 있어야 하고, 신문과 같은 필요한 자료를 부담 없이 손쉽게 대할 수 있어야 하고, 누구나 정치 현안에 대해 읽고 쓰려는 동기가 강해야 한다고도 한다.

여론에 대한 정의도 여러 형태가 있지만 대체적으로 '국민들의 소리' 내지는 '백성들의 소리'라고 보면 된다. 하지만 여론 또한 항상 옳고 바를 수가 없어 오히려 Hans Speier가 정의 한 것이 주목된다. Speier는 "여론은 중산계급문화의 소산이며, 시민이 정부와 대화할 수 있는 수단이다. 따라서 여론은 일반 시민 간에 행해지는 의견과도 구별되고, 정부 간에 행해지는 외교와도 구별된다."라고 정의하였는데, 이 같은 견해가 현실적으로 보다 타당한 것으로 여겨진다.

이렇게 볼 때 조선조에 있었던 공론도 지금의 여론과 다를 바가 없는 '백성들의 소리' 라고 해도 무방하다. 사실상 조선시대의 일반 백성들은 대부분 정치 현안들을 알지 못하고 사대부들이나 아는 것이어서 사론士論이라고도 하지만, 어느 정도 지식을 갖춘 사족들이 나름대로의 통로를 통해 논의에 참여하는 것이어서 여론보다 더 바른 백성들의 소리인 셈이다. 그래서 공론은 어쩌면 가장 현실적이고 실질적인 효과를 거둘 수 있는 여론이라고 보아도 될 것이다.

본래 공론을 주도하는 사람들은 사림士林들이었다. 이이는 "예로부터 국가가 믿고 유지되는 것은 사림이라고 하였습니다. 사림이란 나라의 원기입니다. 사림이 성대하고 화합하면 그 나라는 잘 다스려지고, 사림이 과격하고 갈라지면 그 나라는 어지러우며, 사림이 패하고 없어지면 그 나라는 망하게 되는 것입니다."라고 하였다. 말하자면 조선조의 사림들은 정치체계에 투입기능(input)을 하는 중요한 위치에 있었었다.

그래서 선조 조에는 학식이 높은 사림들이 공론형성에 주도적인 역할을 하였고, 성균관·사학의 학생들을 비롯하여 지방의 유생들도 상소 등을 통해 공론형성에 많은 참여를 하였다.[44] 김굉필金宏弼·정여창鄭汝昌·조광조趙光祖·이언적李彦迪 등에 대한 문묘 종사문제, 정업원淨業院의 혁파문제, 향약의 실시 여부에 관한 문제, 을사사화 때 화를 입은 자에 대한 복관 및 위훈 삭제문제 등 여러 가지 굵직한 현안들을 공론화 하여 지방의 유생들까지도 함께 참여하는 논의를 벌였다. 임금인 선조도 고집스럽고 대간을 자주 교체하는 병통이 있기는 하였으나, 공론을 중요하게 여겨 신료들의 끈질긴 설득에 굴복하는 모습을 보이기도 하였다. 그리고 당시에는 조정의 동정을 알리는 '조보朝報'라는 것이 있어서 상당한 부수를 인쇄하여 각사各司와 외방 저리邸吏에서 판매까지 되고 있었던 점으로 미루어 정치 현안에 대한 논의가 매우 활발하였던 것으로 보인다. 그 참여의 형태는 개인 차원만이 아니라 수십 명에서 수백 명에 이르는 경우도 많았다. 선조 16년(1583) 성균관 유생 유공진柳拱辰 등

44 성균관이나 사학에서 상소를 할 때에는 반드시 조용히 회의를 하고, 가부를 확정지은 다음에 하는 것이 관례였다. 반드시 안건을 제출하여 모두에게 알리고 堂에 올라 의논하여 좌우 의견을 널리 채택하고 가부를 상의해서 여러 사람에게 물어 어긋남이 없게 동의를 얻어야만 했다. ; 선조수정실록, 16년(1583) 8월 1일(경술)조.

수백 명이 상소하여 "천하에 덮어두기 어려운 것이 공론이고 나라가 힘입어서 유지될 수 있는 것은 사기이다. 공론이 혹시라도 없어지게 되면 좋아하고 싫어함이 올바름을 잃게 되어 시비가 분명해지지 못할 것이고, 사기가 한 번 꺾이게 되면 구차스런 행동이 습관화되어 취향이 방향을 잃을 것인데, 이러고서도 나라가 위태롭지 않게 된 경우는 거의 드물었다."라고 하였다.

이 같은 공론정치의 활성화는 많은 순기능을 생각해 볼 수 있겠으나, 상대적으로 왕권을 약화시키고 동인과 서인의 대립을 집단화하는 결과를 가져왔으며, '공론公論'이 아니라 '공론空論'이 되는 경우도 있어 정치현안을 제대로 처리해 내지 못하는 역기능 또한 많았던 것이다. 공론의 이름을 빌러 특정 인물에 대한 평가를 하고 매도하는 일이 흔하게 발생하였다. "속일 수 없는 것은 인심이고, 막을 수 없는 것은 공론"이라 하여 개혁에 적극적이던 이이는 공론이라는 이름으로 탄핵을 받아야 했다. 동인의 중심인물인 이발은 "일찍이 정치로는 이이를 허여 했고, 도학으로는 성혼을 추앙하였습니다. 그러나 이제 와서 공론은 중하고 사정은 경한 것이며 친구도 생각해야겠지만 나라를 저버릴 수 없습니다."라고 하며 공론에 따라야 한다고 강조하였다. 정여립 역시 이이를 탄핵하는 과정에서 서인들로부터 스승을 배반한 사람이라는 공론에 밀려 벼슬길에서 물러났던 것이다. 결국 이 같은 공론정치의 활성화가 정여립 자신에게는 당시의 정치체제를 부정하는 계기를 마련하게 해 주었던 것이다.

3) 학문적 분위기

선조 대에는 정통 주자학이 활짝 꽃을 피워 자리 잡았던 때이기도 하나, 그 어느 때 보다도 활발하게 학문적인 논의가 있었던 시기이다.

선조실록의 기록을 참고할 때, 대개 선조 즉위 초에는 이황이 선조로 하여금 성군의 도를 일깨워 주려고 노력하였고, 이황이 죽자 기대승이 이를 대신하였으며, 기대승이 죽자 유희춘이 그리고 유희춘 후에는 이이·김우옹 등이 학자적인 식견으로 통치이념인 유교사상의 발전에 진력하였다.

당시 국정에 참여했던 사람들도 각기 학문적 경향에 차이가 있었으나, 적어도 형식적으로는 정주학을 신봉하였다. 선조 15년(1582) 중국 사신 황홍헌黃洪憲과 왕경민王敬民 등이 "송나라 선비의 격식에 얽매이지 않는 것이 좋겠다."고 하며 우리 측 관원들에게 주문하자, 이이는 '극기복례克己復禮'를 지어 주며 "우리나라 사람은 식견이 고루하여 단지 정주의 학설을 지킬 뿐 다시 다른 도리를 논할 수 없다." 하였다. 이처럼 외국의 사신이 와도 공식적으로는 정주학程朱學의 격식을 준비하였고, 그들과 논하는 학문도 정주학으로 하고자 했던 것이다.

정주학에 가장 충실했던 대표적인 사람은 이황이었다. 그가 죽은 후 많은 사람들이 그를 문묘에 배향하기를 주장하였는데, 선조 9년(1576) 관학유생들의 상소에 "이황은 양명陽明과 불설佛說을 단호히 물리친 동방의 주자"라고 칭해졌을 만큼 정주학에 충실하였다. 이황은 불교佛敎·상산학象山學·양명학陽明學을 철저히 배격하여 이것들을 "음탕한 소리나 교태를 부리는 여인의 얼굴과 같다."고 하였다. 이황은 또 그가 56세 때 완성한 '주자서절요朱子書節要'를 일러 "성인의 학문은 사서四書에 있으나, 선비로서 학문에 뜻을 둔 사람이면 이 주자서절요를 버리고 무엇을 볼 것인가."라고 하였을 만큼 주자에 충실했다.

이황이 이단으로 간주했던 상산학象山學은 주자와 같은 시대의 학자인 육상산陸象山(1139~92)의 학설을 말하는 것으로, 유학의 범주에 속한다고 하나 사실상선종철학禪宗哲學에 가까운 것이었다. 상산은 천리天理와 인욕人慾, 인심人心과 도심道心을 구별하는데 반대하고 오로지 이理만을 생각하여 우주 즉 '오심吾心'이라는 심즉리설心卽理說을 주장하였다. 상산은 인간이 갖는 양지良知 즉 선한 본성을 신뢰해야하기 때문에 독서나 학문보다는 내성內省을 중시하고 실천보다는 군좌群坐에 의해 주관적主觀的, 직각적直覺的으로 진리를 탐구하려고 하는 것이었다.

16세기 당시 중국에는 상산학象山學이 한창 유행하여 선조 즉위년(1567)에 이황이 '논태극서論太極書'를 중국사신 위시량魏時亮에게 보여주자 옳지 않다고 하였다. 그는 육학陸學을 하는 사람으로 주자와 논의를 달리 하기 때문이었다고 한다. 이것은 중국과 사신들을 통해 서로 학문적 교류를 하였다는 증거이며, 식자들 간에 어느 정도까지 알려졌는지는 알 수 없으나 국내에도 상산학이 들어왔다는 것을 의미한다.

양명학陽明學의 경우도 왕양명王陽明(1472~1523)이 이황과 불과 29년 앞서 태어난 사람이지만 선조 조 당시에는 양명학에 대한 논의가 많이 있었다. 이황이 '전습록논변傳習錄論辯'을 통해 왕양명이 객관적 실재인 '이理'를 주관적 '심心'과 동일 시 함으로써 '심지병心之病'에 빠져들었다고 비판하며, '지행합일설知行合一說'에 대해 그것은 이루어질 수 없는 것으로 오히려 '지선행후知先行後'가 타당한 것이기에 학문을 통해 지知를 얻어야 만이 그 실천이 가능한 것이라고 하였다. 그러나 박순朴淳이 "왕양명은 주자를 비방한 이단"이라고 하자, 선조는 "왕양명도 재기가 있고, 공업功業을 세웠다."라고 할 정도로 관대하였다. 양명학은 이황의 문인인 유성룡에서부터 당시 이름 있는 유자들의 저술에서 흔하게 발견되는 것으로 보아 상당히 유행하였던 것으로 보인다.

이처럼 이황이 불학·육학·양명학·선학 등을 극력 배척하며 주자의 견해와 그다지 차이 없는 노수신盧守愼의 '인심도심변人心道心辯'을 비판하여 선학의 병통에 깊이 물들었다고 하며 적극적인 이단론異端論은 펼쳤던 이유는 무엇일까? 그것은 당시 사상계가 정통 주자학만이 아닌 다른 사상이 상당한 정도로 성행하고 있었음을 반증하는 것이다.

이황이 이단시했던 서경덕의 학풍에 대해서는 박순·허엽 같은 제자들이 조정에 있었지만, 일부 중신들은 공개적으로 서경덕의 학풍이 정주와는 다르다고 하였다. 이이가 "서경덕의 공부는 횡거橫渠에서 나왔는데, 학자들이 법으로 삼을 바가 못 된다."라고 하자, 동인의 영수이자 서경덕의 제자인 허엽許曄은 "서경덕이 기자箕子의 학통을 이룰만하여 소옹邵雍·장재張載·정자程子·주자朱子의 학문을 겸하였다."고 하며 이이와 논쟁을 벌이기도 하였다. 그러면서도 선조 8년(1575)에 서경덕을 우의정에 추증 하였고, 개성부사 장예근張禮謹은 서경덕을 정몽주와 같다는 주장까지 하였다.

조식曺植의 경우 "뜻은 이윤伊尹이 했던 바를, 학문은 안연顔淵이 했던 것을 따랐으며, 유가와 불가를 한가지로 보았다."라는 평을 받은 사람이다. 조식은 항상 방울을 차고 다니면서 주의를 환기시키고 칼끝을 턱 밑에 고이고 혼매한 정신을 일깨웠는데, 말년에 이르러 방울은 김우옹에게 칼은 정인홍에게 넘겨주면서 심법心法을 전하였다고 한다. 이 같은 조식을 노수신은 "기개가 높고 식견이 고매하여 비록 성현의 글이라 하더라도 만족하지 않게 여기는 병통이 있다."고 하였을 만큼 정주학과는 다른 학문적 경향을 가지고 있었다. 그래도 정인홍과 김우옹은 조정의 요직을 두루 거치며 활발하게 활동할 수 있었던 것이다.

그리고 소위 이단적인 발언이나 행동에 대해 임금인 선조도 비교적 관대한 반응을 보였다. 선조 9년(1576)에 임기林芑라는 자가 상소를 통해 몇 가지 폐단을 논하였는데, 정주의 이론을 '위학僞學'이라 하고, 오늘날 선비들이 문장만을 숭상하고 근사록近思錄과 심경心經에 빠져 이름을 낚는 미끼로 삼고 있다 하였으며, 서얼에게 관직 진출을 제한하는 경국대전의 조항에 대한 개정을 요구하는 등 당시로서는 용납되기 어려운 주장을 하였다. 이에 대해 조정에서는 삼사를 비롯한 고든 관원들이 일제히 일어나 임기의 처벌을 몇 달 동안 계속 요구하였으며, 김우옹 까지도 역률로 처단해야 된다고 주장하였다. 그런데도 선조는 "임기의 일에 대해서는 시비를 논하는 것이라면 몰라도 죄주기를 청하기까지 하는 것은 불가하다."는 입장을 계속 견지하였다. 이황이 그토록 배척하던 老莊에 대해서도 임진왜란 후인 선조 33년(1600)에 가서야 과거시험 답안에 쓰지 못하게 하였던 것이다.

더구나 유학과 불학의 교류도 있었다. 조선의 불교는 철저한 배불정책 때문에 깊은 산 속으로 숨어들어 소위 '무종무류無宗無流'의 은둔불교 시대를 맞이했으나, 나름대로 주체성 확립에 노력하여 선맥禪脈의 전통을 이어갔다. 그러다가 명종 조에 보우普雨가 문정왕후의 정치적 조치에 힘입어 선교일치禪敎一致는 물론 유학의 사단칠정四端七情의 이원론을 극복하는 하나의 원리체계를 제창하게 되었는데, 이것은 성리학자들의 예봉을 꺾고 유교와 불교의 타협을 모색하는 것이었다.

보우의 '선교일체론禪敎一體論'은 "얼음이 곧 물이고, 물이 곧 얼음이다."라는 논리였고, 그의 '불유융합론佛儒融合論'은 "고금을 통하여 천지간에 유교와 불교는 다 같이 공인된 가르침이지 사사로운 도가 아니다."라는 시각에서 이기론理氣論을 자신의 일정론一正論과 동일 시 하였다. 즉 우주의 원리를 '일一'이라 하고, 도덕의 원리를 '정正'이라 하여 '일一'은 성리학의 '이理'에 해당되고, '정正'은 천지만물의 '이理'와 사단칠정의 '기氣'가 동시에 편재되어 있다고 하였다. 그렇다고 해서 '일一'과 '정正'이 다른 곳에 있는 것이 아니라, '일一'이 곧 '정正'이고, '정正'이 곧 '일一'로서 만물이 일체라고 하였다.

보우의 뒤를 이은 휴정休靜과 유정惟政 같은 명승들도 선주교종禪主敎從의 입장을 견지하면서 표면적으로는 유儒·불佛·도道 삼교의 통합을 통한 집권 성리학 세력들과 대타협을 도모하였다. 이들은 당시 명사인 기대승과 노수신 등에게 학문을 배우고, 박순·이산해·허봉·고경명·최경창·임제·이달·허균·이정귀 등과 친밀하게 교유 하였다. 휴정은 선교통합은 물론 유·불·도의 삼교 통합을 위해 '삼가귀감三家龜鑑'을 저술하였다. 휴정은 "삼교 성인이 모두 한 이치에 근원 했다."라고 하고, 유가의 근본은 '태극太極'이며, 도가의 가르침은 '무위자연無爲自然'이라고 하면서 삼교의 통합에 노력하였다.

또 어려서부터 유학을 공부한 바 있고 정여립과 연령이 비슷한 유정은 유교사상에 담긴 '충군애국忠君愛國'을 몸소 실천한 인물이다. 유정은 우의정 송인명宋寅明이 말한 것처럼 "진여래眞如來라 해도 옳고, 유자儒者라 해도 옳다."고 할 정도였다. 물론 임진왜란이 아니었다면 이들의 이름이 드러나지 않았을 지도 모르지만, 당시 많은 승려들이 유학자들과 교류를 하였으며 이 같은 삼교통합론에 상당한 사람들이 어느 정도 공감을 했으리라고 여겨진다. 특히 불교의 국가기원설에 "왕은 본래 민주선거에 의해 시작된 것이다."[45]라는 것이 사실이라면, 이 같은 삼교통합론은 더욱 중요한 정치적 의미를 갖는 것이 된다.

휴정은 70세의 고령에 정여립 사건에 연루되어 옥고를 치렀는데, 그가 받은 혐의는 다음과 같은 그의 시 때문이었다고 한다.

> **"만국의 도성은 개미 둑 같고, 천하의 호걸은 벌레와 같다.
> 창가에 밝은 달 허공을 배게 하니, 한없이 부는 솔바람소리 고르지를 않네."** [46]

이 같은 시를 지은 의도를 알 수는 없지만 당시의 형편을 풍자하는 듯 한 인상을 주어 충분히 의심을 받을 만하였다. 또 유정은 젊어서 동갑계를 조직하였는데, 당시 다음과 같은 말을 하였다고 한다.

45 長阿含經, 卷22 世起經 世本錄品.

46 萬國都城如蟻蛭 千家豪傑等醯鷄 一窓明月淸虛枕 無限松風韻不齊

"……우리는 저마다 저축하여 천지와 성현의 끝없는 은혜에 보답하고, 나라와 겨레를 위해 이를 값지게 쓸 것이다. 그래서 우리는 영원히 형제의 의를 맺는 것이다."

휴정과 유정의 이 같은 글들은 은둔자가 아닌 현실에 참여한 흔적이라고 할 수 있다. 이들의 이 같은 행동이 불가·유가·도가·선가적 요소가 뒤섞인 당시 불교의 모습이라고 할 수도 있겠으나, 보우에 이어 유·불·도의 통합을 시도한 사상사적으로 중요한 계기라는 점에서 큰 의미를 갖는다. 따라서 정여립 사건이 있기 전까지는 학문분야에 있어서도 그다지 경직되지 않았으며, 정주학이 가장큰 비중을 차지하고는 있었지만 어느 정도 다양성이 있었던 것이다. 양명학을 보더라도 정재두 등이 나름대로 발전을 시켰다고 하나, 선조 조에 비해 크게 드러나지는 못하였던 점을 고려한다면, 선조 조의 학문적 분위기는 평가할 만한 것이었다. 이 같은 학문적 분위기로 인해 정여립과 같은 획기적인 사상이 출현할 수 있었던 것으로 보인다.

4) 신분 의식의 미동

조선이라는 사회는 보통 '경국대전經國大典' 등을 근거로 크게 보아 양반兩班, 양인良人, 천인賤人으로 하는 세 가지 부류의 신분이 있었다고 한다. 기본적으로 조선은 양반 중심의 사회였기 때문에 양인이나 천인의 경우는 그 존재가치를 찾기가 어려웠다. 그러나 이들 하층 신분에 있었던 사람들도 분명 역사의 중요한 역할을 하였다. 또한 고려가 망한 원인 중에 하나는 이들 천인 신분을 가진 사람들이 너무 많았기 때문이라는 사실도 유의해 볼 필요가 있다. 조선은 건국 후 서둘러 천인들에 대한 대책을 수립하였으니 아비의 신분을 따르는 '천자수부법賤者隨父法'

을 제정하였고, 일정기간 군역에 종사하면 양인이 될 수 있는 길을 마련해 주었다. 이로 인해 양인이 급격히 늘어나자 세종 14년(1432)에 다시 '천자수모법賤者隨母法'을 만들어 시행하게 되었고, 이것은 영조 조까지 존속되었다. 이 같은 조치로 선조 조에는 다시 천인들이 급증하는 현상을 가져왔던 것이다.

조선에서 천인은 노비 층이 다수를 이루고 있었으며, 이들은 사족들로부터 "대저 노비는 주인의 노고를 대신하여 손발처럼 부리는 것이므로 사가士家의 성쇠가 실로 노비의 있고 없음에 말미암는다."라는 인식을 받았다. 그리고 후일 실학자들에 의해 문제시 된 바와 같이 이들은 매매의 대상이 되기도 하여 중국에도 없는 이런 신분제도 때문에 심한 고초를 겪어야 했으며, 신분의 해방은 감히 생각조차도 하지 못하는 처지에 있었다.

그러나 이들은 정치적 경제적 이유 등으로 계속 그 숫자가 늘어나 명종 조에 임꺽정의 난을 통해 스스로 신분의 해방을 기도하기도 하였던 것이다. 또 상업 등으로 부를 축적하여 "순천에 사는 조상천趙天祥의 사노비 윤형允形은 부유함을 믿고 교만하여 보성에 사는 사족의 딸에게 속여서 장가를 들었다." 라고 하는 사례가 있었고, 조언수趙彦秀·심봉원沈逢源 등이 "천인의 지아비와 양인의 지어미가 낳은 자식은 양인이 되어야 한다." 라는 주장을 하여 논란을 벌린 적도 있었다. 그리고 앞에서도 보았듯이 승려가 되어 당시 저명한 유학자들을 능가하는 학문적 능력을 가진 자들도 있어서 이들의 수적인 증가는 정치적 문제로 대두될 여지가 있었던 것이다.

서얼문제의 경우 이미 명종 8년(1553)에 명종의 긍정적인 관심으로 진지하게 논의된 바가 있었고, 선조 조 초반에 신분申賁이라는 사람을 비롯한 무려 1600여 인이 집단으로 상소하여 자신들의 원을 풀어 달라고 하였다. 이에 선조는 유자들이 현인으로 숭상하는 미자微子·자사子思

도 서자庶子·서손庶孫이라는 사실을 들어 매우 긍정적으로 받아들였다. 이는 선조 자신이 중종의 서손이라는 탓도 있을 수 있겠으나, 선조는 서얼은 물론 노비에 대해서도 "우리 나라에 사노가 있는 것은 원래 무리한 일이다."라는 시각을 가지고 있어서 신분에 대한 의식의 변화 분위기가 있었던 것으로 보인다.

북방의 여진족들의 침입이 잦아지면서 많은 군사들을 동원해야 하는 상황에 처하자 조정에서는 이이를 비롯한 인사들이 일정한 부역을 하는 자에 대해서는 서얼을 허통하고 천민을 양민으로 하며 관직에 진출할 기회까지 주자는 논의가 있었다. 이와 관련하여 선조 16년(1583) 홍문관 차자와 선조의 반응을 보면 다음과 같다.

> **"양사가 일을 말할 때 곧바로 처리하지 못할 뿐만 아니라, 요즘 들어 '서얼을 허통 하도록 한다.' '공사천公私賤을 양민으로 만든다.' '곡물을 바치고 죄를 면한다.' 는 등 실로 국전을 훼손하고 방형을 무시해 버리는 일들이 일어나고 있는 데에도 입을 다물고 한 마디 말이 없으니 모두 교체하도록 명하소서." 하니, 선조는 "양사를 자주 교체하는 것이 일에 도움이 없다." 라고 대수롭지 않게 답하였다.**

이것은 서얼을 허통 하는 문제와 일정한 대가를 받고 공사천인을 양인으로 하는 문제가 세간에서 상당부분 논의되고 있었음을 뜻한다. 여진족의 잦은 침입에 대응할 병사가 부족한 것이 직접적인 원인이었지만, 양사에서 새로운 제도의 필요성을 인식하였으며, 임금이 반대를 하지 않아 결국 이 제도가 시행하였던 것으로 보아 신분에 대한 의식의 변화가 있었다는 것을 의미한다.

물론 비상시에 사족이 납속을 하면 관직을 주며, 공사천민이 납속을 하면 그 청을 들어주고, 강도, 강상의 죄, 유배 이하의 죄를 지은 자는 그 죄를 면해주는 제도가 오래 전부터 시행되어 왔었다. 그러나 선조조 당시에 나타난 신분 의식은 이와는 차원을 달리 하는 것이었다. 그래서 조헌은 상소를 통해 천예 출신인 송익필의 재기를 높이 평가하며, "중국의 제도로 말하면 어진 이를 쓰는데 출신을 따지지 않는 것이 고금을 통해 변함없는 원칙"이라고 하였다. 적극적인 개혁 성향의 이이가 송익필과 각별한 사이였고, 송익필 또한 서인의 핵심 인물로 이 같은 정치적 비중을 고려한다면 당시 분위기를 짐작해 볼 수가 있겠다. 당시 떠도는 유언들도 "전주에서 성인이 나서 공사천과 서얼을 금고禁錮하는 법을 모두 혁제革除할 것이니 이로부터 나라가 태평할 것이다."라고 하였던 것이다.

보통 신분구조의 변화는 임진왜란 후 17세기에나 있었다고 보고 있다.[47] 그러나 선조 대에는 임진왜란이 일어나기 전부터 신분구조 자체에 대한 변화는 없었더라도 그 의식의 변화는 점차 있었던 것이다. 그래서 후일 "무릇 사람은 한 가지"라고 하였던 실학자 유형원이 선조 대에 이이와 조헌이 하층신분들의 문제에 많은 관심을 가졌다고 강조하였던 것이다.

지금까지 정여립의 정치사상 형성에 영향을 준 몇 가지 사항들에 대해서 살펴보았다. 이것을 다시 요약해서 정리하면 다음과 같다.

첫째, 군신관계가 국왕이 절대 권력을 행사하는 수직적 관계에서 상호 존중하는 관계로 변화하였다. 이것은 국왕의 역할이 상대적으로 줄어든 반면, 신하의 역할과 중요성이 증대되어 국왕의 존재 의미를 약화

47 임란을 맞아 임금이 피난을 해야 할 만큼 나라가 위기에 처하자 신료들은 납속을 하는 자가 있으면 공사천을 불문하고 면천을 해주자고 하였으며, 동부승지 李好閔은 "살아난 뒤에야 노비를 부릴 수 있으니, 사대부의 노복이 모두 면천된다고 해도 어찌 아석할 것이 있겠는가." 하였던 것이다 이것은 임란 당시 위급한 상황에서 있었던 일이지만, 신분에 대한 사대부들의 인식의 변화를 의미하는 것이다. : 선조실록, 26년(1593) 2월 13일(무술)조.

시켰다. 정여립에게는 국왕으로서 제 역할 하지 못하는 자는 교체를 할 수 있으며, 세습이 아닌 현명하고 능력 있는 사람을 국왕으로 세워야 한다는 의식을 가지게 하였다.

둘째, 공론정치의 활성화는 정치의 투명성을 강화하여 현안에 대한 시비를 한층 증대시켰으며, 결과적으로 동인과 서인 간에 당쟁을 격화시키는 한 요인으로 작용하였다. 특히 정여립에게는 공론이라는 이유로 생전에 친밀했던 이이를 공격의 대상으로 삼아야 했으며, 정여립 자신도 공론에 의해 조정에서 물러나야 했던 것이다.

셋째, 학문적 분위기가 비교적 활성화되었던 것은 정여립이 다양한 형태의 사상을 가질 수 있는 계기가 되었다. 정여립은 노장사상과 양명학에 대해 접할 기회가 많았고, 특히 승려들과 친밀하게 지냈던 것은 보우普雨 등에게서 보이는 유불통합론儒佛統合論과 같은 사상의 영향도 받았을 것으로 보인다.

넷째, 신분의식에 대한 변화가 있었다. 임꺽정의 난, 보우의 활동, 여진족의 침입 등의 영향으로 이이·조헌 등을 비롯한 사람들을 중심으로 하층민에 대한 인식의 변화가 있었던 것이다. 이같은 의식의 변화분위기 속에서 정여립은 공사천을 가릴 것 없이 서로 교유함으로써 기존의 신분질서에 대해 변혁을 도모코자 하였던 것이다.

2. 사상의 특징

이제는 정여립의 정치사상에 대한 특징을 살펴볼 차례이다. 정여립이 역적의 우두머리로 지목되어 관련자들을 징계하는 옥사가 진행되면서 그의 유품이나 가솔들이 남긴 자료가 전무하고, 특히 그와 교분을 가졌던 당대의 학자들은 화를 입을까 두려워 그와 연관이 있는 서찰과 같은 자료를 모두 파기하였기 때문에 정여립의 사상을 다루는 데는 상당한 한계가 있는 것이 사실이다. 그러나 선조수정실록 등 몇몇 문헌에서 확인된 다음과 같은 자료를 통해 그의 사상적 특징을 이해할 수가 있다.

> "사마온공司馬溫公의 통감通鑑은 위魏로 기년紀年을 삼으니 이것이 직필直筆인데 주자朱子가 그것을 그르게 여겼다. 대현大賢의 소견이 각기 이렇게 다르니 나는 이해할 수 없는 바이다. 天下는 공물인데 어찌 정해진 임금이 있겠는가. 요堯·순舜·우禹는 임금의 자리를 서로 전수하였는데 이들은 성인이 아닌가."

> "두 임금을 섬기지 않는다는 것은 왕촉王蠋이 한 때 죽음에 임하여 한 말이지 성현의 통론은 아니다. 유하혜柳下惠는 누구를 섬긴들 임금이 아니겠는가 하였고, 맹자는 제선왕齊宣王과 양혜왕梁惠王에게 왕도王道를 하도록 권하였는데 이들은 성현이 아닌가."

> "남자는 양陽이므로 여자와 다르니, 누구를 섬긴들 임금이 아니겠는가."

> "고금을 통하여 이윤伊尹이 오직 성인으로 임한 자이니 어떤 이를 섬기면 임금이 아니며, 어떤 이를 부리면 백성이 아닌가."

> "왕후장상王侯將相에 씨가 따로 있는가. 인생천지간人生天地間에 누구나 천자天子가 될 수 있다."

정여립의 이 같은 주장은 당시 사회구조 전반에 대한 부정이며 가히 혁명적인 발언이었다고 할 수 있겠다. 그래서 정여립은 임금인 선조의 질책에 눈을 부릅떴고, 제천문祭天文을 지으면서 역대 군주들의 잘못을 탓하였으며, 예서禮書를 읽으라고 권하였을 때 "읽을 여가가 어디 있겠는가."라고 대답하였다. 또 과거를 보려는 사람들에게 "그대들은 쓸 만한 재능으로서 쇠세衰世에서 과거를 응시할 필요가 있겠는가. 수년을 지나면 태평 세대를 보게 될 것이니 그대들은 기다리라."라고 하였으며, "진시황처럼 시서詩書를 불태우고 선비를 무찔러 죽이는 참화가 조석에 박두해 있다."라는 등의 극언을 서슴지 않았다. 이 같은 정여립의 돌출적인 발언과 행동은 공맹 사상을 지고의 가치로 삼으며 군주 세습제를 이루고 있는 당시의 체제에 대하여 정면으로 도전하는 것으로 '천하공물天下公物,' '선현여능選賢與能,' '역성혁명易姓革命,' '반주자적反朱子的 반충군적反忠君的 태도態度,' 등을 주요 내용으로 한다.

1) 천하공물(天下公物)

정여립이 "천하가 공물이다."라고 한 것은 '예기禮記'의 예운편禮運篇에 나오는 대동사상의 핵심인 '천하위공天下爲公'과 같은 것이다. 天下란 원칙적으로 지상과 우주공간에 존재하는 모든 것을 포함하는 개념이지만, 중국 역사에 있어서는 천자가 통치하는 영역 즉 국가를 말하는 것이다. 정여립은 국가가 어느 특정인이나 특정 가문 또는 특정 집단의 소유물이 아니라 모두의 것이라는 의미이다.

'시경詩經'에는 천하가 모두 왕의 소유가 아닌 것이 없다고 하였다. 그리고 조선 왕조 시대에 국가관은 '전하의 국가' 라는 말이 부담 없이 통용되었고, "대개 한 나라의 백성은 전하의 소유가 아닌 것이 없다."라는 시각이었다. 그런데도 정여립은 국가가 바로 모든 사람의 소유라는 것이었다. 이것은 로마 공화정의 주요 인물인 Cicero가 "공화국은 인민의 소유물이다."라고 한 것과, 여씨춘추呂氏春秋의 "천하는 한 사람의 천하가 아니요, 천하의 천하이다."라는 것들과 같은 것이다.

2) 선현여능(選賢與能)

'선현여능選賢與能' 즉 "어질고 능력 있는 사람을 뽑는다."는 것은 역시 대동사상의 주요 내용이다. 이것은 지도자 또는 공직자를 선발하는 기준이 되는 것으로 정여립이 "요·순·우가 임금의 자리를 서로 전수하였다."라고 강조한 것과, 묵자墨子의 "천하에 현명한 자를 선출하였다."와 관련이 있다. 그리고 여씨춘추呂氏春秋의 "무릇 군주의 세움은 대중들에 의해 이루어진다."라는 것과도 관련이 있다.

동양정치사에서는 서양 개념의 투표에 의한 선거 내지는 선출이라는 개념이 없다. 고전설古傳說에 의하면 약 4천여 년 전부터 부락 또는 부락 연맹 간에 전쟁이 빈발하자 작전을 지휘하고 공공사무를 처리하기 위해 의사기구를 설치하고 수령을 추대하는 일종의 군사민주제도를 시행하였는데, 고서古書에서는 이를 '선양禪讓'이라고 하였던 것이다. 그러나 이것은 그리스나 로마시대에 있었던 민주적 투표제도와는 차이가 있는 것이었다. 그래서 동양에서는 소규모 단위의 모임에서부터 군왕에 이르기까지 '추대推戴'라는 형식이 주를 이룬다. 추대는 서구개념의 투표에 의한 선출과는 다르게 만장일치제의 성격을 가진 것으로 나름대로 장점이 있다. 그래서 '선현여능選賢與能'이 곧 '선양禪讓'이라 할 수 있고 서구 개념과는 거리가 있지만, 대동사상이 유가의 사상만이 아니라는 점을 감안하여 현대적 의미로 풀자면 단순히 요·순·우가 서로 왕위를 양위한 차원을 넘어 선거를 통한 지도자 선출방식에 상당히 접근되는 것이 된다. 묵자의 경우에도 지도자를 선택하는 방법에 있어 위로부터 아래로 이루어지는 것이 아니라, 마을 이장里長에서 천자에 이르기까지 아래서부터 위로 이루어지는 방법을 주장하고 있는 것이다.

3) 역성혁명(易姓革命)

누구나 임금이 될 수 있다고 한 정여립의 주장은 왕권의 세습을 부정하는 것으로 이는 모든 것이 변화한다는 변혁의 논리에 해당된다. 그래서 조조曹操를 관대하게 봐 준 사마광司馬光까지도 당시로서는 정당하지 못하다고 보고 있었음에도 불구하고 정여립은 조조와 사마광이 옳다는 입장이었다. 즉 조조가 한 행위는 찬역이 아니라 정당한 처신이었으며, 누구든지 출신성분에 관계없이 임금이 될 수 있다는 역성혁명易姓革命의 논리인 것이다.

정여립은 맹자가 제선왕齊宣王에게 포악하고 잔악한 자는 비록 그가 왕이라 하더라도 누구나 죽일 수 있다고 한 것을 강조하였다. 또 이윤伊尹이 신하의 몸으로 바른 정치를 하지 못하는 태갑太甲을 왕의 자리에서 물러나게 하고 잠시 자신이 왕 노릇을 했던 사실 또한 정당한 행위라고 보았던 것이다. 덕을 잃은 군주는 죽이거나 필부로 돌아가게 하여도 되기 때문에 이 같은 '방벌放伐'은 유가에서도 당연하게 여기는 것이었고, 정여립의 경우에는 보다 적극적이어서 군주의 세습을 용납하지 않았다.

4) 반주자적(反朱子的), 반충군적(反忠君的) 태도(態度)

정여립은 당시 지배층 사람들이 가장 중시하던 주자朱子의 견해에 대해 반기를 들었으며, 치국의 근본이 되는 충군사상에도 반대하는 태도를 가지고 있었다. 주자가 '강목綱目'에서 촉한蜀漢을 기년으로 삼았던 것은 중국사의 정통성 문제와 관련하여 중대한 것이었으며, 그것이 주자의 설이기 때문에 당시 조정이나 학자들이 절대적으로 믿고 있던 사항이다. 그런데도 정여립은 이를 부인하였던 것이다.

또한 신하로서 두 임금을 섬겨서는 아니 된다는 왕촉王蠋의 말은 충군사상의 핵심으로 군신관계에 있어 가장 중요한 덕목이었다. 그러나 정여립은 이것이 성현의 통론이 아니라고 함으로써 충군사상을 정면으로 부정하였다. 그래서 선조 18년(1585) 전주 부윤으로 정여립을 가까이 할 기회가 잦았던 심의겸이 윤두수에게 보낸 편지에서 "정여립은 아비와 임금을 시해하는 일이라도 할 만한 위인이다."라고 하였던 것이다.

지금까지 정여립이 행한 언사를 중심으로 주요 특징적인 내용을 간략하게 살펴보았다. 이것을 정치사상적인 면에서 보자면 대동사상과 변혁사상을 골간으로 하는 것이다. 대동사상은 그것이 비록 중국의 원시 공동체 사회에 뿌리를 두고 있는 정치사상이지만, 민본과 평등을 기초로 하는 것이어서 동양인들에게는 시대와 사상을 초월하여 늘 전제왕권과 폭력정치에 대항하는 준거가 되는 이상적인 사상이다. 다음은 대동사상과 변혁사상에 대해 자세하게 살펴보기로 하자.

3. 대동사상의 구현

1) 대동과 대동사회

본래 한자의 '동同'은 사람들이 장막 안에 모여서 대화를 나누고 음식을 먹는다는 의미로 이는 곧 일이 있으면 다 같이 의논하고 음식이 있으면 다 함께 먹는다는 뜻이다. 그래서 '대동大同'은 말 그대로 '모두 하나 됨'이라는 뜻을 담고 있으며, 이때의 하나 됨은 평등과 호수성互酬性(reciprocity)을 토대로 모든 사람이 일치하고 화합하는 상태, 그리고 그 상태의 지속에의 의지까지를 포함한다. 즉 대동은 사람들이 물심양면으로 차별 없이 하나 되는 상태와 그에 대한 지향을 의미하는 것이다.

한국에서 '대동大同'이라는 이름은 오래 전부터 널리 쓰였다. 우선 고조선 시대에 '열수洌水'이었다가 고구려 시대에 와서는 '패수浿水'라 불렸다가 고려 시대에 와서 지금의 이름이 된 '대동강大同江'은 고려 고종 때 문신 최자崔滋가 그 유래를 설명하기를 "여러 물이 모여서 흐르므로 대동강이 되었다."라고 하여 독특한 의미를 가지고 있다. 그리고 대동강 건너 남쪽 문으로 통하는 평양성의 성문들 가운데서 가장 중요한 문인 '대동문', 묘청이 천하를 아우르고 금나라가 항복하여 36국이 섬길 것이라고 하며 지은 대화궁 터가 있는 곳 '대동군' 등 평양 지역에는 '대동'이라는 이름이 매우 많다. 그 외에도 세종 때 회례악會禮樂으로 "태평이 융성하게 열렸다."는 것을 노래한 보태평지악 중 열 번째 곡의 이름을 비롯하여 대동굿·대동취·대동놀이·대동법 등이 다수 있다.

이 중에서 대동굿은 황해도와 평안도 지방에서 정월이나 2월에 행하여지는 마을 굿의 하나로 서낭과 임경업 장군을 당신으로 모시는데, "애! 요즘처럼 세월도 분분한데 누가 문밖에서 저리 시끄럽게 구느냐. 산적인지 화적인지 마적인지 알 수 없으니 한 번 나가 보아라." 등으로 이어지는 무당의 말에는 서민들의 소망과 애환이 서려 있다.

또한 조세제도 개혁의 일환으로 선조 조에 처음으로 실시된 것으로 알려진 대동법에도 '대동'이라는 의미가 포함되어 있다. 대동법은 조선 왕조 500여 년 역사 중 가장 획기적인 개혁이라고 평가되고 있는 것으로 백성들이 부담하는 온갖 세납, 즉 공물·진상·관수·쇄마·잡역 등을 모두 세수화 하여 대동미로 일원화 한 것이었다. 이로써 국가 재정이 좋아졌고, 무엇보다도 백성들의 부담이 획기적으로 줄어들었다. 국가와 백성이 함께 득이 되고 보다 가까워지는 효과를 가져왔던 것이다.

더구나 나라의 형편이 어려울 때마다 '대동'이라는 말이 자주 등장하였다. 1907년 미국에서 결성된 재미 교포 독립운동 단체인 대동보국회大同保國會, 1917년 상해에서 신규식 등이 독립운동의 활로와 이론 정립을 모색하기 위해 임시정부의 수립에 관한 민족 대회의 소집을 제의 제창한 대동단결선언大同團結宣言(1917), 1919년 전협全協·최익환益煥등이 조직한 조선민족대동단朝鮮民族大同團, 1932년 박성호朴性昊가 수운사상을 계승한 대동교大同敎, 1947년 지청천池靑天이 국내 청년운동 단체들을 통합하려는 대동大同청년단 등과 같은 모임에서 '대동'이 어렵고 힘든 시기에 힘을 합해 극복해 나가자는 의미로 사용되어 왔다. 그래서 대동사상은 주로 시대적 격변기에 이상향을 지향하는 것이라고 생각된다.

대동사상은 예기禮記의 '예운편禮運篇'에 잘 설명되어 있다. 여기서 공자와 그의 제자 자유子游가 '예禮가 행하여지는 대와 행하여지지 않는 때'에 대하여 이야기하는 장면을 보여주며, '대동大同'과 '소강小康'의 의미를 설명하고 있는데, 예가 행하여지는 즉 예운禮運의 경우는 가장 이상적인 세상이고, 예가 행하여지지 않는 때인 소강의 세상은 우禹·탕湯·문왕文王·성왕成王·주공周公 등 은주殷周시대의 정치를 말한다. 예운 편의 내용을 소개하면 다음과 같다.

"큰 도가 행하여지던 때에는 천하는 공유되며, 어질고 능력 있는 자를 뽑아 신의에 힘쓰게 하고 화목을 권하게 했다. 사람들은 자기 부모만을 사랑하는 것이 아니라 남의 부모도 사랑하며, 자기 자식뿐만 아니라 남의 자식도 사랑하였다. 노인으로 하여금 편안히 여생을 마칠 곳을 갖게 하며 장성한 사람으로 하여금 일 할 자리를 있게 하며, 어린이로 하여금 잘 자랄 수 있게 하였다. 홀아비와 과부, 아비 없는 아이, 자식 없는 부모, 폐인, 질병에 걸린 사람들이 모두 온전히 양육되었다. 남자는 직분을 가지며, 여자는 모두 자기 가정이 있었다. 재화를 땅에 버리기는 싫어하지만 자기만을 위해 감추지 않았고, 힘이 자기로부터 나오지 않음을 부끄럽게 여기지만 자기만을 위해 힘을 쓰지 않았다. 이러한 까닭에 음모가 일어나지 않았으며, 도적질과 난적亂賊이 일어나지 않아 밖으로 대문을 닫아 걸지 않았으니 이를 가리켜 대동大同이라 한다." 48

이제 대도는 사라지고 천하는 가家의 전유물이 되었다. 자기 부모만을 사랑하고 자기 자식만을 사랑하며, 자신을 위하여 재화와 힘을 추구한다. 대인이 대대로 세습하는 것을 예라 생각하고, 성곽과 연못을 견고한 방비라 생각하고, 예의를 기강이라 생각한다. 예의로써 군신을 바르게 하고 부자간의 관계를 돈독하게 하며, 형제간에 화목하게 하고 부부가 화합하게 된다. 제도를 만들고 행정구역을 설치하며 용감하고 지혜로운 사람을 어질다고 하고, 자신을 위하는 것을 공功이라고 한다. 그러므로 이때부터 권모술수가 생기고 전쟁이 일어났다. 또한 우·탕·문·무·성왕·주공이 이 때문에 선택되었다. 이 여섯 군자는 언제나 신중하게 예를 지켰다. 그 의가 드러나고 그 믿음이 증명되어 더욱 드러났다. 인仁과 양보를 가르쳐 백성들에게 모범을 보였다. 이를 따르지 않는 자가 있으면 그의 존재 자체가 재앙으로 여겨져 권력을 박탈당하였다. 이를 가리켜 소강小康이라 한다.[49]

예운편의 저자와 글의 성격에 대해서는 송대宋代 이래 노장老莊계통의 영향 아래서 생겨났다는 설이 유력하게 제기되어 왔다. 그러나 대동과 소강의 이상사회 모델은 논어의 내용과 부합되는 점이 많아 공자의 기본 사상을 반영한 것이라고도 한다. 대체로 이것은 전국 말이나 진한대秦漢代의 사람들이 이상사회를 묘사한 것으로 보이는데, 그 내용을 유가·도가·묵가·농가·음양가 등의 사상에서 비교적 풍부한 자료를 찾

48 禮記, 禮運篇 : 大道之行也 天下爲公 選賢與能 講信修睦 故人不獨親其親 不獨子其子 使老有所終 壯有所用 幼有所長 衿寡孤獨廢疾者 皆有所養 男有分 女有歸 貨惡其棄於地也 不必藏於己 力惡其不出於身也 不必爲己 是故 謀閉而不興 盜竊亂賊而不作 故外戶而不閉 是謂大同.

49 今大道旣隱 天下爲家 各親其親 各子其子 貨力爲己 大人世及以爲禮 域郭溝池以爲固 禮義以爲紀 以正君臣 以篤父子 以睦兄弟 以和夫婦 以設制度 以立田里 以賢勇知 以功爲己 故謀用是作 而兵由此起 禹湯文武成王周公 由此其選也 此六君子者 未有不謹於禮者也 以著其義 以考其信著 有過刑仁 講讓示民有常 如有不由此者 在執者去 衆以爲殃 是爲小康.

을 수 있게 된다. 이러한 점에서 고래로 회자된 '대동'은 유학 사상만이 아닌 여러 사상과 연관이 있어 중국 고대 이상사회의 총결이라고 흔히 평가된다.

먼저 중국에서 가장 오래된 경서이자 주로 민본주의적 정치 이념을 담고 있는 '서경書經'에는 "내가 크게 의심나는 일이 있을 적에는 먼저 내 마음에 물어 보고, 경사卿士에게 물어 보고 서인庶人에게 물어 보고, 복서卜筮에 물어서 다 좋다고 하면 이것을 대동이라고 이른다."라고 하였다. 이것은 지위의 고하를 막론하고 공평무사한 것을 대동이라고 개념 지은 것이다.

대동은 노자老子의 '대도大道'의 개념과도 상통하는 점이 있다. 노자는 "대도가 사라지니 인의가 나타났다. 지혜를 짜내니 큰 거짓이 나타났으며, 가족이 화목하지 못하니 효도와 자애라는 말이 나온다. 국가가 어둡고 혼란되니 충신이 나타났다."고 하여 비록 짧은 내용이지만 대동과 소강을 잘 설명하고 있다.

정여립이 특히 통달했다고 하는 시경詩經에 "......씨뿌리고 거두지도 않거늘 어째서 많은 곡식을 거두어들이며, 사냥도 하지 않고 어떻게 그대의 뜰에 걸려 있는 큰 짐승이 보이는가. 저 군자여 일하지 않고 먹기만 하지 말라......"라는 상황은 평등하지 못하며 문제가 있는 세상을 말하는 것이다. 유토피아라는 것은 그 같은 문제들이 해결되지 않을 때 나타나며, 대동사회의 지향도 현실에 문제가 있다는 것을 전제로 하는 것이다.

그밖에 상하 질서를 파괴하여 원시 농민적 공산주의를 지향한 '농가農家'와도 통하는 바가 있으며, '묵자墨子'의 '상동尙同' 즉 "만민의 뜻과 왕의 뜻, 그리고 하늘의 뜻이 일치하는 것"도 대동과 상통하는 의미이며, 음양의 조화와 이치를 논한 음양가陰陽家와도 관련이 있다. 또 "이 세상 모든 것이 한 사람의 몸과 같은 것이니 이것을 대동이라 한다."고

한 '여씨춘추呂氏春秋'의 사상도 같은 맥락이라 하겠다.

예기의 대동은 중국에서 많은 연구가 있었는데, 한漢 이후부터 중국 사회주의화에 이르기까지 여러 갈래의 해석이 있었다. 그러나 기본적으로는 착취의 반대, 재산의 공유, 모든 사람의 노동, 천하를 공기로 삼는 것이라는 네 가지 공유점을 가지고 있다고 할 수 있다.[50] 다소 장황하지만, 국내에 소개된 대동에 대한 몇몇 중국학자들의 해석을 요약하여 정리하면 다음과 같다.

먼저 후외노候外盧는 대동을 다음과 같이 정리하였다.

(1) 대동사회는 '천하는 공이다.'를 최고의 규범으로 하여 '천하는 가家이다'하는 사회와는 완전히 구별되고 있다.
(2) 대동사회에서는 사회의 재산이 사적인 소유로 돌아가는 것이 아니라 모두가 공동으로 향유하는 것이 된다.
(3) 사람들은 전체의 이익을 위해 노동하며 노동의 성과를 소수가

50 陳正炎·林其錟은 내용에 대한 표현 형식을 다음 6개항으로 설명하였다.
① 遠古에 의탁하여 원시사회를 동경하며 '기존의 관념 자료'를 가공하고 미화하여 대동사회의 아름다운 풍경을 그렸다. 도가의 小國寡民, 至德之世 및 유가의 예기 예운 편은 모두 이 유형에 속한다.
② 인간의 사회적 추구를 비인간의 세계에서 구하였다. 종교 사상은 대체로 이 형식을 취하였다. 예컨대 불교의 '淨土'와 '極樂世界,' 원시 기독교의 '천국,' 도교의 '仙境' 등이 바로 그것이다.
③ 형상적인 언어로 대동사회의 모형을 만들었다. 소설가와 시인의 작품, 예컨대 도연명의 '도화원기,' 王禹偁의 '錄海人書,' 康與之의 '昨夢錄' 중의 '西山隱處,' 李汝珍의 '鏡花緣'에 보이는 '君子國' 등이 여기에 속한다.
④ 정치가·사회 개혁가 및 역사 학자들이 제시한 사회의 구상, 예컨대 전국시대의 맹자, 東漢의 何休, 북송의 張載 등의 정전제 설계, 전국시대 농가 許行의 '君臣并耕'. 위진시대의 鮑敬言의 '無君無臣論' 등이 제시한 사회상이 그것이다.
⑤ 서양 공상사회주의자가 창립한 '화랑제(Phalange)'와 유사한 사회실험, 예를 들자면 동한 張魯가 시행한 '義舍,' 명대 何心隱이 창립한 '聚和堂' 및 선종의 '禪文規式' 등이 그것이다.
⑥ 農民起義가 제시한 행동 강령과 투쟁 구호, 예를 들자면 당대의 黃巢·王仙芝의 '均平'·'天補', 송대 方臘·楊幺의 '等貴賤 均貧富' 등이 그것이다.

향유하는 것을 반대한다.

(4) 각 구성원들은 육아·양로를 완전히 보장받는 것은 물론 노동 능력이 있는 사람은 모두 노동에 종사하며, 노동조건을 잃은 사람은 공동으로 부양된다.

(5) 사람과 사람은 형식적인 평등의 권리 의무관계로 파악되지 않고 모두가 함께 상조상애相助相愛하며, 사회로부터 권모·사기·도적·약탈을 일소하여 평화로운 생활을 보존하고 전쟁을 없게 한다.

(6) 공공사업은 모두가 함께 처리하고 분배에 대해서는 신뢰가 두터운 인물을 선출하여 담당하도록 한다.

다음으로 왕처휘王處輝는 공자의 사상인 논어의 내용과 결부시켜 대동과 소강을 설명하였는데, 특히 그는 대동의 사회가 지도자를 선거를 통해 뽑는다고 해석하였다.

(1) 대동의 사회는 천하를 사유물로 보지 않고 공공의 것으로 하는 것을 기본 원칙으로 한다.

(2) 대동의 사회는 합리적인 사회 분업이 존재하며 각 성원은 자신에게 적합한 일에 종사하게 된다.

(3) 대동의 사회는 이러한 사회에서 인간관계가 매우 조화롭다.

(4) 대동의 사회는 통치자와 피치자라는 계급 차별이 없게 된다. 사회 구성원들은 선거를 통하여 현명하고 유능한 자를 뽑아 사회 전체를 위하여 봉사토록 한다.

(5) 대동의 사회는 모든 인간관계가 평등하고 서로 돕고 사랑하여 권모나 사기가 없으며, 도적이나 약탈이 없어 안정과 평화의 생활을 하게 된다.

반면 소강小康의 사회는 다음과 같다고 하였다.

(1) 천하위가天下爲家가 기본 원칙이다. 이러한 원칙 하에서는 사회의 재부財富는 사인이 점유하고 인간의 노동목적 또한 자기 자신을 위한 것이다.
(2) 인간들의 일체 사회 활동은 모두 자신만을 위한 것이기 때문에 인간관계는 화해를 바탕으로 할 수 없다.
(3) 사회의 충돌을 해결하기 위하여 인간들의 행위를 제약하는 사회 규범 즉 예禮가 생겨났다.
(4) 이러한 사회에서는 일단의 사회 규범이 필요할 뿐만 아니라 지智·용모勇謀 등도 필요하게 되어 대우大禹·상탕商湯·주문왕周文王·주성왕周成王·주공周公 등의 걸출한 인물이 출현하고, 이들은 모두 이상과 같은 사회 규범을 집행하여 사람들이 정당한 행위를 하도록 하고, 그들로 하여금 인의仁義를 본받게 하며, 예양禮讓을 강구講求토록 하여 절실한 행위 준칙을 마련케 한다.

그리고 진정염陳正炎과 임기담林其錟도 대동을 다음과 같이 정리하고 있다.

(1) 대동사회의 궁극적 원칙은 천하위공이다.
(2) 재산의 공유는 대동사회의 경제적 기초이다.
(3) 각자 진력하여 사회를 위하여 노력한다.
(4) 성별·연령과 사회의 수요에 따라 분업을 한다.
(5) 현자를 지도자로 뽑고 능력 있는 자에게 관직을 수여한다.
(6) 사유 관념이 없으며 진정한 박애가 인간의 사상을 지배한다.
(7) 전체 사회 구성원이 단결하고 사랑하며 성실하고 속이는 일이

없이 각자 자신의 위치를 확보하며 아름답고 행복이 충만한 생활을 한다.

(8) 도적과 전쟁이 없어 전 사회가 모두 태평한 생활을 한다.

진정염과 임기담은 또 대동사사상은 고대 인민이 추구한 이상사회에 대한 아름다운 소망을 총괄 집대성한 것이며, 사유제에 기초한 암흑사회의 현실을 부정하기 위해 출현하였고 했다. 그래서 이것은 중국의 수천 년 역사 속에서 시종 착취와 압박을 반대하고 부패를 일소하여 암흑을 소멸시키고, 사회의 진보와 광명을 쟁취하려는 빛나는 깃발이 되었다고 하였다. 또 수천 년이래 많은 사상가와 사회 개혁가들은 비록 그 용어는 달라도 모두 대동으로 반추하였다고 역설하였다.

이들은 역사를 진지하게 뒤돌아보며 중국 고대 대동사상의 발생과 발전의 과정을 이해하는 것은 오늘날 중국의 특색 있는 사회주의를 건설하는 데에도 적극적인 의미가 있는 것이라고 하였다. 중국의 진보 사상가와 혁명적인 인민들이 천여 년 동안 피를 흘리며 희생적으로 투쟁해 온 '대동' 이상의 실현은 과학적 사회주의와 중국의 실제 상황을 서로 결합시켜 독자적인 중국 특유의 사회주의를 건설하지 않고는 불가능하다고 하였다. 그리고 중국 인민의 경제생활을 '소강'의 수준으로 제고시킨 연후에 '대동' 즉 '공산주의' 이상을 향하여 계속 전진해야 한다고 하였다. 즉 이들에게 있어 대동사회는 공산주의사회를 의미하는 것이었다.[51]

프랑스가 월남을 침략하는 등 서구 열강들의 제국주의가 중국에까

51 郭末若의 경우 그의 '馬克思進文廟(마르크스 방문기)'를 통해 공공복지를 추구했다는 것을 매개로 대동사상을 공산주의와의 공통점을 찾으려고 하였다. 그러나 陳獨秀 등은 유교를 비판하여 "온 천하의 남녀들이 신하나 자식이나 아내인 부속품"이라고 하며, 옛부터 전해오는 종교, 정치, 도덕성은 허영적이고 기만적이며 비합리적인 우상으로 파괴의 대상으로 보았다. : 송영배,, 유교적 전통과 중국혁명(서울: 철학과 현실사, 1992), pp. 287-293.

지 밀려오던 시대에 살았던 강유위康有爲는 대동에 대해 다음과 같이 말하였다.

> "나는 이미 난세에 태어나 이 세상의 괴로움을 목격했으며, 이것을 구제할 방도를 생각하였다. 어리석은 나의 생각으로는 대동 태평의 도를 행하는 것만이 구제의 유일한 방법이라 여겨진다. 세상의 모든 도를 두루 살펴볼 때 대동의 도를 버리고는 고통에서 벗어날 길도 즐거움을 구할 방도는 거의 없다. 대동의 도는 지극히 균등하고 공적이며 어진 것으로써 통치의 가장 훌륭한 경지라 할 수 있다. 이 때문에 비록 다른 도가 있다고 해도 이 대동의 도를 능가할 수는 없다."

그래서 강유위는 대동사회를 '고통 없는 사회이며, 나눔의 사회'라고 하였다. 강유위는 유가적 범주를 벗어나 출생에서 사망에 이르기까지 국가가 관리하며, 자기 자신과 가족에 집착하는 이기심을 버리고 민족이나 인종·종교 등의 편견을 초월한 모든 생물이 다 함께 동참하는 이상사회 건설을 역설하였다. 또 강유위는 서구의 어떤 사상보다도 대동사상이 난세를 해쳐 가기에 가장 이상적인 것이라고 믿고 있었다. 이 같은 강유위의 대동사상은 서구의 근대 사상, 특히 공상적 사회주의의 영향을 받았다고 볼 수 있다.

한국의 유학 정치사상에 있어서도 대동사회를 갈구하는 모습이 많이 보인다. 조광조에 의해 비롯된 '지치주의至治主義' 운동은 군왕과 백성이 일체가 되어 인도주의를 실천함으로써 요순시대의 대동사회 건설을 이상으로 삼았다. 그래서 요순시대의 대동사회와 같은 지치의 실현을 군왕을 통해 구하고자 하였다. 군왕이 공평무사하게 인의예지를 실현함으로써 백성을 자신처럼 사랑하게 되며, 그 결과 백성들도 임금의 일을 자신의 일로 생각하게 되어 임금과 모든 백성은 한마음이 된다는 것이다.

지치至治의 실현은 군왕의 '정심正心'에서 비롯된다고 할 수 있다. 조광조에 이어 이언적李彦迪은 "왕은 자신의 마음을 바르게 하여야 조정을 바르게 할 수 있고 조정을 바르게 함으로써 백관을 바르게 할 수 있는 것이다. 대저 왕의 마음은 만화萬化의 근본이니 근본이 바르지 아니하면 어떻게 조정을 바로잡고 백관과 백성을 바르게 할 수 있겠는가. 옛 성왕은 반드시 마음을 바로잡는 것을 급선무로 여겼다."라고 하여 임금의 정심을 강조하였다. 이같은 군왕에 대한 정심의 요구는 당시 유자들에게 공통적으로 나타나는 것으로 '대동'이라는 용어만 사용하지 않았을 뿐 서로 관련이 있는 것이었다.

그러나 이이는 '성학집요聖學輯要'를 통해 대동에 대해 보다 구체적으로 말하였다.

> "……태초의 생민들은 풍기가 처음 열리어 새처럼 거처하고 혈식血食하여 생활의 도리가 구비되지 못하였으며, 머리를 풀어헤친 채 발가벗고 있었으며, 인문이 구비되지 못하여 임금도 없이 모여 살고 있었으므로 물어뜯고 손톱을 움켜쥐어 먹고살았는데 소박한 생활은 이미 흐트러지고 대란이 일어나려고 할 때에, 여기에 성인이 여러 중물 가운데 뛰어나 총명과 지혜로써 그 성품을 온전하게 하니, 억조의 백성들이 자연히 돌아오게 되었다……. 부자·군신·부부·장유·붕우가 각각 그 도리를 얻으니 하늘의 질서가 이미 밝아지고 또 시행되었다. 또 시대가 같지 않기 때문에 제도를 마땅히 하여야 하고, 현우가 같지 않기 때문에 교치하는 방법을 고려하여 인정을 절제하고 시무를 촌탁해서 이에 더하고 줄이는 규범을 만들었다. 여기서 문질文質과 정령政令과 작상爵賞과 형벌이 각각 마땅하

게 되었는데, 그 과한 것은 억제하고 그 미치지 않는 것은 끌어 올려서 착한 이는 일으키고 악한 자는 징계하여 마침내 대동으로 돌아왔다."

"……시대가 점차 내려오면서 풍토가 옛날 같지 않고 성인이 드물게 나서 성군으로서 성군을 이를 수가 없었기 때문에 대통이 정해지지 않아서 도리어 간웅이 이것을 엿보게 되었다. 그러므로 성인이 이것을 근심하여 바로 아들에게 전하는 법을 세웠는데, 아들에게 전한 뒤에는 도통이 반드시 임금에게 있지 않았다. 그리하여 반드시 아래에 있는 성현들이 도와서 재결하고 보필하는 도를 이루어서 사도斯道의 전통을 잃지 않았다. 그러므로 삼대 이상은 임금이 반드시 성스럽지 않아도 천하가 치평된 것이다."

이이가 말하는 대동은 태초의 상태를 천하 무도의 사회라 규정하고, 소강의 사회 즉 성인의 노력에 의해서 실현되는 사회도 곧 대동의 사회라고 보았다. 이것은 이상보다는 현실 즉 군왕 체제를 중심으로 한 인의예지가 실천되는 사회를 구현코자 하는 것으로, 유학 정치사상 범주 내에서 대동을 개념 지은 것이라고 할 수가 있겠다.

조선 후기 대표적인 유학자인 최한기崔漢綺(1803~1877)는 대동에 대하여 다음과 같이 말하였다. "장차 온 세상 사람들이 타고난 바를 모름지기 하늘과 사람의 조화로운 기운으로 사용한다면 곧 그와 같은 것을 얻을 것이다. 그것을 천하인에게 묻는다면 천지조화를 아는 자는 모두 같다고 할 것이요, 천지조화를 알지 못하는 자는 그 같음을 알지 못하게 될 것이나 그 하는 바를 살펴보면 같지 아니함이 없을 것이다. 이것을 일러 대동이라 하는 것이다." 하였다.

최한기는 또 "익히는 것은 환경에서 말미암고 보고 듣는 것은 익힌 것에서 말미암고 미루고 헤아리는 것은 보고 듣는 것에서 말미암는다.

그러나 한 사람의 보고 듣는 것으로 천하의 천고를 편력하기가 어려우므로 집을 미루어 나라를 헤아리고 나라를 미루어 천하를 헤아리며 이제를 미루어 옛날을 헤아리는데 이것을 대동이라 한다."라고 하였다. 최한기의 대동사상은 하늘의 이치와 사람의 이치가 같아지는 것이 곧 대동이며, 이와 같은 대동은 고금을 통틀어 한가지로 통하는 이치가 된다고 본 것이다.

그런데 제왕의 마음이 바르지 못한 경우가 있다. 이 경우 군왕은 사심에 얽매여 인의예지를 실천할 수 없어 백성들과 한마음이 될 수 없게 되며, 정치는 혼미해지고 사회는 질서가 없어 나라는 혼돈에 빠지게 된다. 그래도 군왕의 마음이 수양을 통해 제자리를 찾아 至治 실현이 가능하다고 판단되면, 그 제왕이 정신적 수양을 하도록 유도한다. 조광조가 중종에게 지성껏 학문을 가르친 것이나, 이황이 선조에게 성학십도聖學十圖를 만들어 올린 것이나, 기대승이 경연에서 성군의 도를 역설한 것이나, 이이가 성학집요聖學輯要를 올린 것 등이 이러한 경우이다.

그러나 현재의 군왕이 수양을 하더라도 지치 실현의 가능성이 없다고 판단되었을 때 행하는 방법은 군왕을 바꾸는 것이다. 중종반정이나 인조반정이 명분상으로는 바로 이러한 경우에 속한다고 할 수 있다. 이것은 군왕의 혈통과 명분을 인정하면서 지치 실현을 구하고자 한 것으로, 이를 한국 유학 정치사상에서는 대동의 범주에 넣고 있다. 그러나 이것은 예운 편의 대동과는 다소 거리가 있는 것이다.

한국에서의 대동사상은 동학사상에서도 보인다. '동경대전東經大全' 수덕문修德文에는 삼대三代정치를 찬미하였고, 최시형崔時亨의 법설法說에는 "사람이 곧 한울이요 한울이 곧 사람이니 사람밖에 한울이 없고 한울밖에 사람이 없다."하였으며, '내수도문內修道文'에는 하인, 어린이 동물까지도 한울님처럼 대하라고 하였다. 이는 전봉준의 창의문倡義文에 "......들어서는 락생樂生의 업業이 없고, 나가서는 보신保身의 책策이 없으며 학정虐政이 날마다 있고 원성怨聲이 끝이지 아니하여......"하는 상황을 극복하기 위해서 제시된 이상이라는 점에서 일체의 불평등 구조를 넘어선 대동사상의 유토피아적 요소가 동학사상에 있었던 것이다.

장지연張志淵·조완구趙琬九 등과 더불어 대동교를 조직한 박은식朴殷植도 구한말의 어려운 나라 형편을 타개하기 위해서는 대동의 실현이 필요하다고 하였다. 박은식은 남자보다 여자를 천시하는 풍조를 비판하고 양반도 상공업에 종사해야 한다는 주장을 하며, 국가가 군주 또는 소수 사람들의 소유가 아니라 '아이천만동포我二千萬同胞의 공유共有'라는 인식에서 대동사상을 강조하였다.

박은식의 대동사상은 유교에 근거를 두고 있고 '양지良知'의 체인體認)을 통해 '천하위공天下爲公의 대동지치大同之治'가 이루어진 이상사회를 실현하는 것을 기본 구조로 하고 있다. 그 이상사회의 경지는 인간과 인간은 물론 자연과 인간이 모순·대립이 없이 조화를 이룬 천인합일의 경지였다. 그래서 그의 대동사상은 본질적으로 유교적 이상사회론이었다.

그리고 박은식에게 있어 '도道'라는 것은 '천하공공지물天下公共之物'로 동서양의 구분이 없는 보편성을 띤 것이었으며, 양명학은 '사해四海를 일가一家로 여기고, 만성萬姓을 일인一人'으로 여기는 것을 대체적인 의미로 삼는 학문이었다. 박은식이 희구하던 국가 체제가 입헌군주제인지 공화제인지는 분명하지 않으나, 그의 '유교구신론儒敎求新論'에서는 대동사상과 맹자의 민본주의를 되살리려고 하여 유교의 정신을 제왕에 두지 않았던 것으로 미루어 공화제적인 성격이 강하다고 하겠다.

또한 대동사상은 양명학에서도 발견된다. 주지하다시피 양명학은 중국 명나라 중기 사람 왕양명王陽明(1472~1521) 체계화 한 것으로 당시 명나라의 사정이 흡사 조선 선조 조 중기와 유사하다. 가난한 농민 출신인 주원장朱元璋은 원말 농민기의군農民起義軍에 가담한 후 강남의 지주

집단과 힘을 합해 명제국을 건국하였으나, 일단 보위에 오른 후에는 개국 공신을 비롯한 주변의 세력자들을 가혹하게 제거하여 강력한 전제 황제권을 확립하였다.

그러나 왕양명이 활동한 시기는 명나라가 중기를 지나면서 향촌이 점차 피폐해지고 농민 반란이 계속해서 발생하였으며, 견디기 힘든 조세제도와 운용 등에 혼란이 생겨 사회 전체가 심하게 흔들리고 있었다. 이러한 나라 사정 속에서 권위주의적인 주자학은 쇠퇴하고, 보다 서민들과 친숙하고 실질적인 양명학이 생겨나게 된 것이다. 양명은 마음에 이치가 있다는 '심즉리心卽理, 선지후행先知後行'과 대립되는 '지행합일知行合一'과 깊이 헤아리지 않아도 아는 것인 '치양지致良知'를 갈파하였다. 그는 "무릇 도道는 천하의 공통의 도이고, 학學은 천하의 공통의 학이니, 주자가 사유할 수 있는 것이 아니요, 공자가 사유할 수 있는 것도 아니다."라고 말하여 주자학에 대한 도전과 같은 것이었다. 한마디로 양명학은 주자학의 극복이라고 할 수 있다. 천하의 사람들이 한 가족처럼 친해지는 것이 양명의 바람이어서 마치 미치광이처럼 열정적으로 대동의 사회를 추구하였다. 다만 대동사회가 원시 집단적 무분화 사회였다면, 양명이 추구한 사회는 일체화된 유기체적 사회였다.

예기 예운편의 대동사회와 양명이 추구한 대동大同사회를 구분하면, 우선 예운 편에서는 하夏·은殷·주周 삼대 이전에 완미完美한 사회를 대동으로 보는 반면, 양명은 삼대 사회를 바로 대동으로 보았다. 다음으로 예운 편에서는 이상사회의 모습이 비교적 "사실"을 서술하는 방식으로 묘사되어 있는 반면, 양명학에서는 내적인 덕의 측면이나 수양론의 내용을 강조하고 있다. 그 세 번째는 예운편에서는 대동이 기본적으로 유토피아적 이상이었는데 비하여 양명의 이상사회는 유가적 통치 이데올로기의 이상과 유토피아적 이상이 섞여 있다.

양명학이 조선에 전래된 시기를 정확히 알 수는 없지만 정여립이 활동하던 선조 조에는 지식인들에게 널리 알려진 것으로 추정된다.[52] 양명이 당시 학자들을 비판하여 “기억하고 암송하는 것이 넓어질수록 더욱 오만해지고 지식이 많아질수록 행동은 더욱 약해지며 견문이 넓어질수록 언변만 화려하니, 사장辭章의 풍부함은 그 거짓을 더욱 수식할 뿐”이라고 말하였다. 이것은 당시 조선의 퇴계와 율곡 중심의 학문적 경향에 대한 비판적인 시각과도 일치하는 것이었다.

지금까지 대동의 본래의 의미와 유가儒家에서 말하는 대동, 양명학의 대동 등 여러 형태의 해석을 살펴보았다. 여기에서 대동사회를 구체적으로 어떠한 사회로 보느냐에 관해 차이점과 공통점이 있었는데, 이를 다시 정리하면 다음과 같다.

먼저 인류사회가 어떤 순서로 변화되어 왔느냐에 차이가 있다. 노장계통에서는 원시사회가 이상적인 사회였는데, 대도가 없어지고 무도의 사회로 변화되었다고 하여 삼대三代는 물론 황제黃帝의 시대도 부정하며 원시사회를 동경하였다. 반면 유가에서는 원래 원시사회가 무도의 사회였는데, 성인이 나타나서 정돈을 했다고 하여 서로 상반된 역사인식을 하고 있다.

다음으로 생각할 수 있는 차이점은 어떤 시기를 대동의 사회로 보느냐이다. 원시사회를 대동의 사회로 본 노장계통의 시각은 예운편의 대동의 사회와 거의 일치한다. 그러나 유가에서는 예운편의 대동사회

52 星湖全書(五), 僿說: 人事門(王陽明)(서울: 여강출판사, 1984), p. 300. : 이황은 “양명의 학문이 자못 어긋나서 그 마음이 강하고 사나와 자기만 제일이며, 그 변론은 장황하고 찬란하여 사람으로 하여금 현혹되어 소신을 상실하게 만드니 仁義를 해치고 천하를 어지럽히는 것이 사람이 아니라고는 못하겠다.”라고 하였다. 國譯 西厓集(Ⅰ)(서울: 민족문화추진회, 1982), pp. 49-414. : 유성룡은 자신이 17세가 되던 해(1558)에 당시 사은사 沈通源으로부터 양명 문집을 전달받았으며, 주자학과 배치되는 것은 致知格物 네자이고, 嘉定(1522-1566) 이후에 말학의 폐단이 입으로 말이나 하고 귀로 듣기나 하는 사이에 극성 했으니 양명 또한 굽은 것을 바로 잡으려다 너무 지나침(矯枉過直)이 있다고 하였다. 그래서 당시 양명학은 이단시되었지만, 식자들 간에는 많이 전파되고 있었던 것이다.

를 그대로 수용하는 경우와 소강의 사회를 대동으로 보는 경우로 나누어진다. 대체적으로 선진 유학에서는 예운편의 대동의 사회를 그대로 수용하는 반면, 정주학 위주의 유학에서는 삼대사회를 대동의 사회로 보고 있으며, 양명학의 경우에도 삼대사회를 대동의 사회로 보고 있는 것이다. 특히 한국 유학에서는 삼대사회를 대동의 사회로 보면서 군주의 세습까지도 인정하여 군왕중심의 지치至治를 바탕으로 대동이 실현될 수 있다고 보고 있어 사실상 천하위공의 기본 논리와는 닻지 않는 것이다.

현대 중국에서 서구의 정치사상을 주체적으로 수용하면서 대동사상을 모든 정치사상의 연원으로 삼았는데, 공화주의자들은 삼대의 정치를 대동으로 본 반면에 공산주의자들은 삼대 이전의 사회를 대동으로 보고 그들이 지향하는 공산주의사회와 대동의 사회를 동일시하였다. 그리고 무정부주의자들은 대동의 사회를 국가가 없는 이상향으로 이해하였다.

정여립의 경우에 있어서는 대동에 대한 한국의 정주학적 해석과는 다른 시각이었다. 정여립은 대동의 사회에 대해 천하위공을 강조하고 군주의 세습을 인정하지 않음은 물론 신분의 차별을 없게 하는 태도를 취하여 노장계통이나 선진 유학의 입장을 가지고 있었다.

다음은 대동사상에 대해 공통적으로 평가하는 내용들을 정리해 보도록 하자. 이것을 정치, 경제, 사회, 문화적인 측면으로 나누어 정리하면 다음과 같다.

먼저 정치적인 면에서 '대동'의 사회에는 황제권이나 왕위가 세습되는 것을 허용하지 않는다. 나아가 '천하위공' 즉 천하는 공물이기 때문에 그 천하(국가)가 황제나 왕의 전유물이 아닌 것이다. 그래서 현명한 사람과 능력이 있는 사람을 지도자로 공정하게 뽑아 쓰며, 여기에 뽑힌 사람은 사회의 공복公僕으로 모든 사람들이 함께 이익을 누릴 수 있도록 일을 하기 때문에 오늘날 선거제도의 운용과 유사한 것이다.

경제적인 면에서 '대동'의 사회는 재산을 비롯하여 모든 것을 공유하고 공동체 중심으로 운영한다. 약자인 노인과 어린이는 충분히 보호받을 수 있고, 일을 할 수 있는 사람에게는 언제나 일자리가 있으며, 홀아비·과부·질병에 걸린 사람들처럼 어려움에 처한 사람들에게는 모두 보호받을 곳이 있는 복지 지향적인 사회이다.

사회적인 면에서 보면, '대동'의 사회에서 모든 노동은 자발적으로 이루어지며 스스로 하지 않는 것을 부끄럽게 여기고, 필요로 하는 만큼 복지를 향유할 수 있기 때문에 소외된 사람이 없다. 그래서 도적이나 전쟁이 없고 자기의 것을 소중히 하는 만큼 남의 것도 소중히 여기는 사회이기 때문에 자기만의 것을 단속하는 등의 염려를 할 필요가 없다. 경제적으로 풍요하며, 물질로 인한 갈등과 대립이 없는 사회이다.

문화적인 면에 있어서도 누구나 공평하게 혜택을 누릴 수 있는 사회가 대동의 사회이다. 문화에 대해서는 구체적인 내용이 나타나 있지 않기는 하나, "남자는 직분을 가지며, 여자는 모두 가정이 있다."고 한 것과 예운편의 전체적인 흐름 등을 참고할 때 문화의 혜택도 누구의 간섭도 받지 않고 누릴 수 있다는 의미로 해석된다.

결국 대동사상은 고대에서부터 현대에 이르기까지도 상통하는 이상적인 정치사상이라고 할 수가 있다. 그래서 대동사상은 동양정치사상사에서 가장 중심적인 위치를 차지하고 있어서 보다 이상적인 것을 갈구하는 모든 사상이 이곳으로 귀결된다. 그리고 "하늘은 사사로이 만물을 싣지 않고, 해와 달은 사사로이 만물을 비추지 않는다."는 대동사상은 인류 사회에서 서구의 어떤 사상에도 뒤지지 않게 지향해야 할 대상인 것이다.

2) 대동의 실현

그러면 정여립은 대동사상을 어떻게 실현하려고 했는가? 우선 정여립이 대동사상을 실현코자 했던 근거는 그가 조직하여 운영한 대동계에서 찾을 수가 있다. 대동계가 어떤 성격의 조직이며 대동사상의 구현과 어느 정도 관련이 있는 지 살펴보도록 하자.

정여립은 전주·금구·태인 부근의 양반·승려·무사들를 비롯하여 공사천公私賤까지도 모아 매월 15일에 회합을 가지고 주식과 활쏘기를 즐겼다. 정여립이 "활쏘기는 육예六藝의 하나이니, 남자로서 마땅히 학습해야 한다."하였다. 수학하는 문인들도 모두 활쏘기를 익히며, "우리 동방의 선유들은 예학만 알뿐인데, 사예를 가르치는데 있어서는 오직 우리 선생이 있을 뿐이다."라고 하였다. 이때 소용되는 비용은 정여립이 열읍에 청구하여 변통하였으며, 인근 수령들은 정여립이 요청한 물품이 제때 도착되지 않을까 두려워하는 판국이었다고 한다.

유일지柳一之는 대동계가 강령이나 부서 같은 것이 없어 거사를 도모하기 위한 조직이라고 볼 수 없다고 하였다. 또 김용덕金龍德은 대동계를 당시 전국 도처에서 행해지고 있던 계조직의 하나일 뿐이라고 하였다. 김용덕은 정해왜변이 발생하였을 때에 전주부윤 남언경의 요청으로 대동계원들이 동원되었던 것으로 보아 왜구의 침입이 잦은 전라도 지역의 특성상 지역 방위를 위해 정여립이 주도하여 운영된 것으로 추정된다고 하였다. 그래서 대동계가 거사를 도모하기 위한 조직이라고 보기는 어렵다고 하였다.

사실 한국에는 삼국 시대부터 '향도香徒'라는 계가 존재하고 있었으며, 16세기 이전까지 국가 주도의 향약 외에도 동계洞系·족계族契·사교계社交契 등이 상당 부분 성행하고 있었다. 그 명칭에 있어서도 '대동'이라는 말이 붙은 계도 있었으니, 전라남도 영광 지방에서 마을 공동체나

친족 간에 결속을 도모하기 위해 활성화되었다고 하는 구림대동계鳩林大同契(1565), 장암대동계場岩大同契(1667), 학산은곡대동계鶴山隱谷大同契(1650) 등이 있다. 또 조선 말엽 충청도 임천林川 지방에서 신구관을 맞이하고 보낼 때 필요한 경비와 인력을 조달하기 위해 현령의 지시로 설립된 '임천입마대동계林川立馬大同契'라는 것도 있었다. 이러한 것들은 '대동'이라는 말이 붙어 있어도 일반적인 계의 특징만을 가지고 있는 것으로 정여립의 대동계와는 그 성격이 다른 것이다.

또한 중종실록에는 "옛적에 유사들은 '대동접大同接'이라는 것이 있어 제술한 글을 가지고 서로 이기려고 하였다."라고 되어 있고, 평양지에도 "매 식년 5월에서 6월까지 보름간 10여 인씩 모여 서로 제술한 글을 문답한다."고 하여 뜻을 함께 하는 유자들이 모여서 학문을 논하는 모임이 오래 전부터 있어 왔다. 이것 또한 어떤 정치적 의미를 가지고 모인 것은 아니었다.

제 3장에서도 잠깐 언급하였지만 정여립의 대동계는 이같은 종류의 계와는 확연이 구분되는 특징을 가지고 있다. 우선 대동계는 참여 범위가 다양하다는 것이다. 보통 계라고 하면 참여하는 사람들이 무언가 공통적인 요소를 가지고 이루어지는 것이 상례이다. 그러나 대동계는 양반·승려·천민 등에 이르기까지 참여 범위가 모든 신분을 초월하여 조직되었던 것이다. 앞서 언급한 바와 같이 천인들의 수가 늘어나고 신분의식이 변화되는 분위기와 맥을 같이하는 형태를 취하고 있었던 것이다.

두 번째의 특징은 조직의 범위 또한 특정 군현郡縣을 넘어 광역적이고 대규모라는 점이다. 전주 일대 대다수의 군현의 사람들과 멀리 해서 지방의 사람들까지도 참여한 것으로 보아 다른 일반적인 계모임과는 그 규모에 있어 비교되지 않을 만큼 큰 것이었다. 단순히 친목의 범위를 벗어난 정도였으며, 김용덕이 말하는 지역 방위의 개념과도 다른 것이었다.

세 번째의 특징은 활쏘기와 말달리기 같은 무술 연마에 치중하였던 점이다. 주로 황산에 모여 활쏘기와 주연을 즐겼다는 기록이 있으나, 제법 멀리 떨어진 죽도서당에서도 활쏘기를 하였다는 이야기가 전해지고 있는 점으로 미루어 보다 적극적으로 무술을 연마하였다는 사실이 주목된다. 이것은 주나라의 향대부鄕大夫가 어질고 재능 있는 사람을 왕에게 천거하기 위해 3년마다 행하던 활쏘기 의식과는 다른 것이다.

네 번째 특징은 무엇보다도 그 명칭에 있어 다분히 정치성을 가지고 있다고 할 것이다. 단순히 대동만을 놓고 보면 친목 성격의 계라고 할 수 있을 것이다. 그러나 지금까지 보아온 대동계의 특징들을 고려한다면, 대동계의 목적이 대동사상의 실현과 깊은 관련이 있다고 보아야 하며, 이를 통해 시대적 과제를 해결하는 방안을 찾고자 하였기 때문에 정치성을 가지고 있는 모임이라고 할 수 있는 것이다.

물론 정여립의 대동계에 대한 자료가 거의 없다. 분명히 존재했던 강령이나 부서 같은 것도 알 수가 없다. 역적과 관계가 있는 문서였기 때문에 보존되지 않은 것이 당연하나, 누군가에 의해서 고의적으로 없애버렸을 가능성도 배제할 수가 없다. 정여립의 대동계 조직에 관한 문서가 단 한 건도 존재하지 않는 것은 임진왜란 때문이기는 하지만, 당쟁으로 인해 의도적으로 보관되지 않은 면도 있는 것이다. 그렇다고 해서 실존했던 대동계를 단순한 친목단체로만 보는 것은 온당치 못하다. 그 구체적인 내용은 알 수 없어도 당시 대동사회를 실현하려는 의지가 실린 행동강령이 존재했던 것만은 사실로 여겨지기 대문이다.

이러한 대동계와 정여립의 명성이 더욱 떨치게 된 것은 선조 20년(1587) 정해왜변丁亥倭變이 일어났을 때이다. 당시 왜구들이 왜선 18척을 이끌고 전라도 손죽도損竹島를 침범하여 조선 수군과 곳곳에서 충돌하자 조선 열읍에서 병력을 동원하게 되었다. 이때 사정이 여의치 않아 전주

부윤 남언경南彦經은 정여립에게 도움을 요청하였다. 이에 정여립이 한 번 호령함에 일시에 군마가 모여들었고 감히 늦게 오는 자가 없었다고 한다. 정여립은 군사를 몇 개의 부로 나누어 각기 영장으로 하여금 지휘케 하였는데, 영장은 거의 모두가 대동계의 무사들이었다. 왜적을 격퇴한 후 정여립은 제장들에게 이르기를 다음에도 변고가 있으면 오늘과 같이 신속하게 모여야 한다고 지시한 뒤 군부 일건을 가지고 돌아왔다. 이때 남언경은 "이 사람은 유술뿐만이 아니라 그 재능을 따를 수가 없다."라고 말하며 감탄을 하였다고 한다.

앞에서도 보았듯이 유토피아라는 것은 당면한 문제들이 해결되지 않을 때 나타나며, '대동大同'도 현실에 문제가 있다는 것을 전제로 하는 것이다. 천재와 인재로 세상이 어지러워지고 계층 간 대립이 심화될 때마다 여러 형태의 대동사상이 출현하였다. 이 같은 대동사상은 그 시대에 대응한 것인 만큼 그 시대의 현실을 집중적으로 반영한 것이었다.

언제나 사상가들은 사회에 나타난 병폐들을 보고 이를 해소하기 위해 사유하는 행위를 이성의 의무로 생각하였다. 이와 같은 맥락에서 당시 조선은 누군가가 나서서 기아와 수탈에 허덕이는 백성, 분열된 지식층, 무능한 군주, 전쟁 위험 등으로 어수선해진 세상을 바로잡아 대동의 세상으로 돌아가게 해야 하는 것이야말로 시대적인 요청이었다. 이이가 호남 제일의 학자로 평할 만큼 박학했던 정여립도 대동에 대해 이 같은 개념을 갖고 있었다고 여겨진다.

천하는 공물이기에 누구든지 임금이 될 수 있다고 주창하였으며, 모든 계층이 함께 참여하는 대동계大同契를 조직한 정여립은 시대적인 문제의식에서 대동사회를 갈구했다고 보인다. 그 범위를 좁혀서 정여립이 살던 호남을 배경으로 이를 설명한다면, 이는 수탈이 없고 백제의 한이 없는 사회를 의미한다. 그래서 대동계는 단순히 벼슬길에서 물러난 정여립이 향촌의 불평 무사나 선후배들과 활을 쏘며 술을 마시시고 놀아 불만을 달래던 향촌의 친목계 성격의 모임이 아니라 대동사회 구현을 위한 행동 조직이었던 것이다.

4. 동양식 혁명사상

동양정치사상에 있어 변혁變革 즉 혁명의 논리를 가장 잘 설명하고 있는 것은 주역周易이다. 주역의 원리는 강유剛柔 또는 음양陰陽의 이원론적 논리구조 속에 '긍정肯定·과정過程·조화調和·순환循環'으로 이어지는 역易 즉 시간의 변증법이다. 이것은 낮과 밤이나 사계절이 변하는 것처럼 순환과 반복이 쉼 없이 계속되는 것을 말한다. 그러나 이것은 결코 투쟁의 변증법이 아니라 조화의 변증법이라는 사실과, 변화의 최초와 최후가 항상 같아지기 때문에 Hegel의 변증법과 다른 것이다.

주역에는 정치적 의미의 변혁에 대해 다음과 같이 설명하고 있다.

> **"혁革은 때가 된 뒤에 하여야 크게 형통한다. 마음이 곧아야 이롭고 후회가 없을 것이다. 단彖에 말하기를 물과 불이 서로 쉬고 두 여자가 같이 살아서 그 뜻을 서로 얻지 못하는 것을 혁革이라 한다. 때가 되어 비로소 혁명을 해야 모두 이를 믿기 때문이다. 문명으로 기뻐하여 크게 형통함에 이는 정당한 것이고, 혁이 마땅함에 후회가 없는 것이다. 천지가 변혁해서 사시가 이루어지고 탕무湯武가 혁명을 일으켜 하늘에 순응하고 사람들에게 응하였다. 이것을 혁명의 시의時義는 크다고 할 것이다. 상象에 말하기를 못 속에 불이 있는 것을 혁革이라 하였다."**

이것은 불離과 물兌이 서로 싸우는 모양이고, 상하가 서로 대항하는 모습을 말하는 것으로 변혁을 뜻한다. 이와 같은 주역의 변혁 논리는 정치적 면에 있어서 때에 맞추어 혁명을 일으키는 것은 정당한 것이며, 정당하게 일으킨 혁명은 하늘과 사람들에 의해 감응을 받는다는 것이다. 그래서 상商의 탕湯이 명신 이윤伊尹과 더불어 폭군 걸桀을 쳐서 천하를 평정한 일을 정당한 혁명이라고 본 것이다. 주역의 이 같은 내용은 그 이후 중국 역사에서 변혁사상의 표본이 되었다.

변혁의 논리를 정치적으로 설명하자면, 유가에서 말하는 패도의 논리와도 관련이 있다. 유가에서는 보통 왕도정치가 최선이라고 하며, 패도정치를 차선의 방법으로 보고 있다. 일찍이 공자는 패도정치에 대해 긍정적인 면모를 보였으며, 여씨춘추呂氏春秋에도 폭군을 물리치고 사적인 이익을 멀리하는 것을 패자라고 하였다. 그러나 맹자는 이것을 보다 구체적으로 지적하며 왕도와 비교하여 비판적인 입장을 취하였다. 맹자에 따르면 왕도와 패도는 모두 천하통일을 목표로 삼는 데는 일치하지만, 다음과 같은 차이점이 있다고 하였다.

(1) 왕도는 덕德으로 인仁을 실천하며, 패도는 힘으로 인仁을 가장한다.
(2) 왕도를 행하면 소국으로도 천하통일이 가능하나, 패도를 행하면 강력한 무력과 큰 나라가 필요하다.
(3) 왕도는 인덕仁德을 통해 스스로 따르도록 하지만, 패도는 강압에 의해 굴복시킨다.
(4) 왕도를 행하면 실질적으로 천하를 얻을 수 있으나, 패도를 행하면 나라는 얻되 천하는 얻을 수가 없다.

그리고 순자荀子는 정치 행태를 왕자王者, 패자覇者, 망자亡者로 구분하였다. 순자는 "국가를 다스리는 자가 의義를 앞세우면 왕자王者가 되고, 신信을 앞세우면 패자覇者가 되며, 권모를 앞세우면 망자亡者가 된다." 하였다. 또 “순수하면 왕자요, 권모가 섞이면 패자요, 한 가지도 취하는 바가 없으면 망자이다.”라고 하여 패자를 그다지 부정적으로만 보지 않았다. 오히려 왕자가 가장 바람직하지만, 패자를 현실적인 대안으로 삼았던 것으로 보인다.

춘추시대에 백성들의 생활이 곤궁해지고 왕실이 쇠퇴하였으며, 제후들의 힘이 강성해 진데다가 소위 융적만이戎狄蠻夷가 연이어 침략을 해와서 천하가 극도로 혼란에 빠졌다. 이같이 무도한 사회에서 누구든지 능력만 있으면 왕이 될 수 있다는 논리가 지배하였다. 그리고 백성들도 어떻게 하든 천하가 안정되기를 희구하고 있었다. 그래서 환공桓公·문공文公·장공莊公·목공穆公·양공襄公 즉 다섯 패왕들은 이 같은 논리에 따라 패업을 이루었던 것이다. 비록 오패五覇가 민본民本은 뒤로하였지만, 국본國本을 추구하여 부국강병富國强兵으로 나라를 안정시킨 공헌은 인정을 받고 있는 것이다.

이 같은 변혁논리의 보다 구체적인 발로는 기원전 209년 진시황秦始皇이 죽고 농민들에 대한 지주와 관료들의 수탈, 대규모 토목공사, 가혹한 형벌이 만년 되는 등 사회가 혼돈에 빠졌던 때에 있었다. “부자는 천맥千陌을 잇는 토지를 소유한 반면, 빈자는 송곳을 세울 토지조차 없는 상태”가 되었고, 농민들은 “도망을 가도 죽고, 대사를 일으켜도 역시 한 번 죽는다.”라는 생각을 가지게 되었다. 이에 일개 남의 집에서 농사를 짓는 신분에 있던 진승陳勝 : 陳涉이 큰 뜻을 품고 오강吳廣과 더불어 봉기하였다. 이들은 끝내 중국 역사상 최초의 농민 정권인 ‘장초張楚’라는 나라를 세우고 진승이 추대를 받아 왕위에 올랐던 것이다.

이 당시 진승은 휘하 무리들을 불러 말하기를 “사내대장부가 죽지 않는다면 그만이나 죽는다면 큰 이름을 남겨야 한다. 왕후장상이 어찌 씨가 있는가?” 하며 봉기를 주장하자, 휘하의 무리들이 모두 그를 따랐다고 한다. 이것은 신분에 상관없이 누구든지 최고 지도자(왕)가 될 수 있다는 것이다. 후에 진승은 성부城父 전투에서 마부 장고莊賈에게 살해되고 오광은 부장 전장田臧에게 살해를 당함으로써 농민정권이 오래 지속되지 못하고 최종 승리는 지주계급에게 돌아갔으나, 사마천의 말처럼 "진섭은 비록 죽었으나, 그가 임명한 왕후장상이 진秦을 멸망시켰다."라고 할 수 있어 그 역사적 의의가 매우 크다고 하겠다.

당나라 말기 대표적인 농민 지도자 황소黃巢에게서도 변혁논리의 일면이 보인다. 황소는 "귀족의 대문에는 술과 고기냄새가 나는데, 길에는 얼어 죽은 해골이 있다."라고 하였으며, 그가 소년 시절에 다음과 같은 시를 지었다고 한다.

소슬한 서풍이 정원에 가득하네.
찬 꽃술 냉랭한 향기 나비가 날아오기 어렵구나.
후일 내가 청제靑帝가 된다면
모두 옮겨 도화와 함께 피게 하리.

이것은 황소가 어려서부터 세상을 바꾸어 평등한 사회를 만들어 보겠다는 뜻을 가졌던 것으로 해석된다. 이 또한 누구든지 천자가 될 수 있다는 생각의 표현인 것이다. 한漢 고조高祖 유방劉邦이나 명明 태조太祖 주원장朱元璋 같은 사람들도 모두 무명의 농민출신으로 천자가 되었던 것도 이 같은 논리가 일면 적용되었던 것이다.

이 같은 변혁의 논리는 고려 명종·신종 대에 일어난 남도 지방의 농민 봉기와 망이亡伊·망소이亡所伊의 난, 만적萬積의 난으로 대표되는 난에서도 나타났다. 당시 사노私奴 만적萬積은 무리들을 모아놓고 다음과 같이 말하였다.

"경계庚癸 : 鄭仲夫의 亂과 金甫當의 亂 이래 고관대작이 천예 속에서

많이 일어났으니 장상이 어찌 원래부터 씨가 있는가. 때가 오면 누구든지 할 수 있는 것이다. 우리가 어찌 뼈를 수고롭게 하고도 매질 밑에서 괴로워만 해야 하는가. ……천적을 불살라 온 나라로 하여금 천인이 없게 하면 공경장상公卿將相은 우리들이 모두 할 수 있는 것이다."

위와 같은 내용은 고려시대의 하층 신분인 천민들도 자신들의 지위 향상이나 신분 해방을 위해 전국전인 운동을 전개하였다는 것이다. 조선조에 들어 와서는 주자학이 통치이념으로 강력하게 자리를 잡았지만, 이처럼 정치 참여에 있어 평등을 요구하는 민권 의식은 항상 잠재해 있었던 것이다.

이 같은 변혁의 논리는 시대와 상황에 따라 형태가 조금씩 다르지만, 이를 종합해서 '패왕사상覇王思想'이라고 명명할 수가 있다. 다시 말해서 패왕사상이란 "능력이 있는 자가 곧 천하를 다스린다."는 뜻이다. 이것은 우주가 끊임없이 변화하듯이 군주나 권력도 변하기 때문에 권력의 숙명성이나 절대성을 부정하는 역성易姓을 핵심으로 하고 있다. 패왕사상은 대동사상과 상통하는 면이 있다. 누구든지 왕후장상이 될 수 있다는 것은 정치적 참여에 있어 평등을 실현해야 한다는 것이기 때문이다.

정여립은 이 같은 패왕사상에 대해 어떤 인식을 가지고 있었는가? 정여립은 "사마온공司馬溫公의 통감通鑑은 위魏로 기년紀年을 삼으니 이것은 직필直筆이다."라고 하였다. 기년紀年은 정통正統인 황제黃帝의 연호를 기원으로 하여 기산한 햇수를 말하는 것이다. 한漢나라가 망한 뒤에 위魏·오吳·촉한蜀漢 이른바 삼국이 일어났는데 중원을 차지하고 한나라를 정복한 것은 위나라이나, 한나라의 종족은 유비劉備이기 때문에 위와 촉한 중 어느 나라가 정통 국가이냐 하는 것이 문제가 되어 왔다. 통감通

鑑을 지은 사마광司馬光은 위를 정통으로 삼아서 황초연호黃初年號를 기년으로 삼았고, 그 뒤의 주자朱子는 유비를 정통이라 하여 강목綱目을 지으면서 촉한의 연호를 기년으로 삼았다. 여기서 정여립의 말은 천하를 차지한 조조曺操 부자父子가 진정한 제왕이며 역적이 아니라는 말이다. 따라서 정여립은 누구든지 능력만 있으면 천자가 될 수 있는 것이고 그것을 역사적 사실로 받아들여야 한다는 것이다.

그래서 정여립은 유교적 사고에서 일탈하여 천하가 공물이라고 하며, 진승陳勝이나 만적萬積 등이 주장했던 것처럼 "왕후장상王侯將相에 씨가 따로 있는가. 인생 천지간에 누구나 천자天子가 될 수 있다."라고 항상 강조하였던 것이다.

5. 실학사상과의 상관성

정여립의 정치사상은 정약용丁若鏞(1762~1836)의 사상에 영향을 주었다고 한다. 주지하다시피 정약용은 조선의 대표적인 실학 사상가이다. 그렇다면 정여립의 사상이 결국 실학사상에 영향을 주었다고 할 수 있다. 정여립의 사상과 실학사상 간에 어떤 상관성이 있는지 살펴해 보도록 하자.

조선의 실학사상은 김시습金時習·서경덕徐敬德·이이李珥 등과 같은 유학사상에서 그 실마리가 제공되어 16세기 말경에서부터 19세기까지 3기에 걸쳐 발전되었다고 알려져 있다. 즉 제 1기는 16세기말에서 17세기까지, 제 2기는 18세기, 제 3기는 19세기로 구분이 되는데, 제 1기에는 유몽인柳夢寅(1559~1623), 조헌趙憲(1544~1592), 한백겸韓百謙(1552~1615), 이수광李睟光(1563~~1628) 등과 같이 정여립과 같은 시대에 활동했던 사람들이 포함되어 있으며, 정약용은 제 3기에 해당된다.

제 1기 즉 실학의 선구자적인 위치에 있는 사람들 중에 한백겸韓百謙

같은 사람에게 정여립의 사상이 직·간접적으로 영향을 준 것으로 보인다. 정여립의 조카 이진길과 친하였고, 정여립의 시신을 거두어 준 죄목으로 함경도 지방에 유배되기도 한 한백겸은 그가 저술한 '동국지리지東國地理誌'에서 종래의 지리서 들이 '신라,' '고구려,' 백제' 순으로 기술하던 것을 '고구려,' '백제,' '신라' 순으로 기술하였으며, 삼한의 위치 문제를 비정함에 있어 조선이 외부로부터 많은 침입을 받으며 불안한 상황에 처한 원인을 영토의 축소에서 찾았다. 한백겸의 이러한 견해는 역사적으로나 민족적으로 큰 성찰이었다. 그래서 신채호는 한백겸이 조선사학의 실마리를 제공하였다고 높이 평가하였으며, 정구복鄭求福은 선현의 구설에 맹종하거나 답습하지 않고 주자의 설까지 비판하며 자기의 창의적인 견해를 정립하여 근대 사학으로 연결시켰다고 하였다. 이처럼 한백겸은 당시 주류를 이루고 있던 화이관적 세계관에서 벗어나 조선의 역사적 상황을 다른 각도에서 보려고 노력하였다.

실학은 농민들을 위시한 민중의 생활안정과 이익보호를 위하여 기존 지도층을 중심으로 한 점진적 개혁을 기氣 중심의 변혁논리에 의하여 전개한 정치적 주장 또는 사상이다. 이처럼 실학사상에 변혁의 논리가 들어 있고, 개체간의 평등성과 반주자학적 태도가 포함되어 있었던 것은 정여립의 정치사상과 관련하여 주목되는 부분이다.

먼저 실학사상에서 변혁의 논리는 김시습·서경덕·이이와 같은 사람들에 의해 영향을 받은 것으로, 지도층 중심의 체제 내에서의 점진적인 변혁이라는 점에 있어서 정여립의 하층민 중심의 급진적인 변혁과는 다르다고 하겠다. 그러나 변혁의 방법에 있어서는 이같은 차이가 있지만, 변혁의 필요성에 있어서는 어느 정도 교감이 있었다고 여겨진다. 정여립이 활동했던 시대상으로 보아 변혁의 필요성은 제 1기 실학자들인 한백겸·조헌·유형원 등에게서 충분히 나타나고 있는 것이다.

둘째, 개체간의 평등성 문제는 김시습의 '만물평등론萬物平等論'에서부터 제 3기 실학에서 보이는 개체성의 수준이 개인으로까지 확대되는 과정에서 실학자에 따라 각기 차이는 있었지만, 이들에 의해 지속적으로 제기되었던 것으로 정여립의 대동평등과 결코 무관하지 않다. 특히 유불도儒佛道 삼교통합론三教統合論은 실학자들이 개체성의 평등과 관련하여 많은 관심을 가졌던 것으로 정여립의 정치활동과 연관이 있는 것이다.

셋째, 실학자들의 반주자적 태도는 그 강도가 매우 높다. 윤휴尹鑴는 주자를 비판하여 "천하의 여러 가지 이치를 어찌 주자만이 알며 나는 알 수 없는 것인가. 주자는 그만두고 단지 진리만 연구하면 된다. 주자가 다시 살아나면 나의 학설을 인정하지 않을 것인가." 라고 하였다. 또 정약용은 중용中庸의 풀이에서부터 이기理氣문제에 이르기까지 주자와는 견해를 달리 하였다. 그래서 주자가 인의예지仁義禮智를 성취하는 방법을 마음속에 있는 이理에서 구하고자 하였으나, 정약용은 행동으로 실행하는 것을 중시하였으며, '주자가례朱子家禮'라는 것도 천하의 예禮가 못되는 일가一家의 예禮를 논한 것에 불과하다고 했다.

'선현여능選賢與能'의 방법을 구체적으로 제시한 사람도 정약용이다. 정약용은 '탕론湯論'에서 "다섯 집이 이웃이 되니 다섯 집에서 대표자를 추대하면 그 다섯 집의 대표자가 되고, 다섯 집씩 다섯이 모여 마을이 되며, 다섯 마을이 모여 현이 되며, 마을에서 대표를 추대하면 현의 대표가 되고, 여러 현의 대표가 함께 추대한 사람이 제후가 되고, 제후들이 함께 추대한 사람이 천자가 된다."고 하였다. 정약용은 요순시대에 있었던 아래로부터의 천자 선출 방식이 그 이후에는 정반대로 위에서부터 정하는 방식으로 바뀌었다고 하였다. 정약용을 두고 근대 국민주의의 선구자라고 하거나 주권재민의 바탕에 군주선거제의 관념을 가지고 있다고도 보고, 요순堯舜의 참된 정치를 복고하는 경향을 보인다고 하는 등 논란이 많다. 하여튼 정약용의 탕론은 그 대상이 군주이든 대통령이든 간에 대표자를 선출하는 방식을 구체적으로 제시한 점에서 탁견이 분명하며, 앞에서 보아온 것처럼 실학자로서의 정약용의 사상은 정여립의 사상과 결코 무관하다고 볼 수는 없는 것이다.

그리고 정여립의 생각에는 민족 주체의식도 보인다. 민족 주체 의식은 고려조에 묘청의 난에서 크게 부각된 이래로 점차 약해져서 조선조에 들어와서는 감히 거론조차도 하기 어려운 분위기가 계속 되었다. 심지어 명나라에서는 문서에 조선의 국왕을 가끔 황제라고 쓰고 있는데도 불구하고 조선 스스로 금기시 하였다. 그러나 일부 지식인들이나마 중국으로부터 벗어나 보다 자주적인 조선을 만들려는 노력을 하였으니 정여립과 더불어 임제·한백겸 같은 사람들이다.

선조 22년(1589) 봄에 정여립이 자신의 죽도서당竹島書堂으로 가는 길에 진안 현감 민인백과 임제林悌(1549~1587)에 관해 대화한 내용에서 당시 조선과 같은 군주 세습제와 명에 대한 사대주의 등을 정면으로 부정하는 그의 사상의 일단을 엿볼 수 있다. 그 때 민인백閔仁伯이 "예로부터 나라의 이름이 있는 곳에는 모두 천자라고 칭하였으나 우리나라만이 홀로 그렇게 하지 않고 있다. 후일에는 꼭 천자라고 칭해야 한다."라고 임제가 한 말은 농담이라고 하더라도 심히 지나친 것이라고 하자, 정여립은 민인백의 말이 잘못이라고 질타하며 임제의 말이 옳다고 강조하였다.

당시 지식인들 중에서 법도에 벗어난 사람으로 통한 임제는 자손들에게 남긴 유언에서 "천하의 여러 나라가 제왕을 일컫지 않는 나라가 없는데, 이 같은 못난 나라에 태어나서 죽는 것이 무엇이 아깝겠느냐. 너희들은 조금도 슬퍼할 것이 없느니라. 내가 죽거든 곡을 하지 마라." 하였다. 임제는 또 평소에 "만일 나로 하여금 오대나 육조 시대에 태어나게 하였다면 돌림 천자쯤은 되었을 것이다."라고 하였다. 임제의 이 같은 생각은 당시의 친명사대적 세계관과는 전혀 다른 것이었을 뿐만 아니라 왕위의 세습에 대해서도 은근히 비판을 가하는 듯한 내용이다.

임제는 정여립과 같은 호남 출신이자 서로 연령이 비슷하며 뜻이 통하는 바가 있어서 자주 가깝게 교류한 것으로 보인다. 그래서 정여립 사건이 발생하자 임제가 살아 있을 때에 정여립에게 "그대는 천하의 영웅인데 성공을 못한 것이 애석하다."라고 하며 서로 마주보고 눈물을 흘렸다는 혐의를 받았다. 당시 임제는 2년 전에 사망하였으므로 임제의 아들 지地가 이를 해명하였으나 혐의를 완전히 벗지 못하고 변방으로 귀양 간 사실까지 있었다. 이러한 것들을 미루어 볼 때 정여립의 마음 속에는 민족 주체의식도 살아 있었던 것으로 여겨진다.

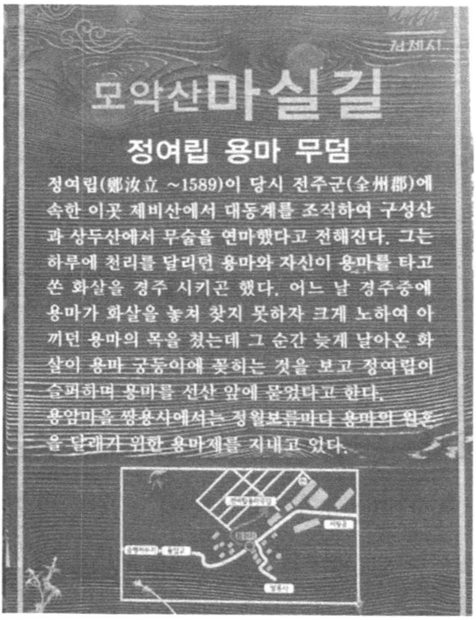

아쉬움

1. 정여립 정치사상 현대적 해석
2. 정여립 정치사상의 한계성

아쉬움

1. 정여립 정치사상의 현대적 해석

정치사상의 현대적 해석이라고 하면, 결국 현대 서양의 정치사상사과 비교해 보는 일로 민民의 권리와 지위를 중시하는 민주民主의 원리에 얼마만큼 부합되느냐가 중요한 관심사이다. 민주의 원리와 잘 비교될 수 있는 동양의 사상에는 민본民本의 원리가 있다. 민본의 원리는 단순히 봉건사회의 유산이 아니라 시공을 초월하여 통용되는 보편적인 원리라는 측면에서 민주의 원리와도 혼용되기도 한다. 그래서 "털옷은 여름에도 털옷이지만, 사람은 철에 따라 옷을 바꾸어 입는다. 민본의 이념은 봉건체제의 산물이 아니라 시대나 사회체제를 넘어서 통시적으로 지속하는 보편적 유교이념이다. 민본의 원리에 내포된 백성의 주체적 지위는 민주주의 체제 안에서 더욱 자유롭게 발휘될 수 있다."고도 하고, 민民이 권력의 주인이라는 뜻을 넘어 '민이 곧 하늘天人合一'이라는 신념이 담겨 있다는 것이다.

그러나 서양정치사상의 민주의 원리는 민을 주체로 하는 즉 민에게 주권이 주어지는 민에 의한 그리고 민을 위한 통치가 이루어지는 것이라고 할 수가 있다. 민본의 원리는 민을 위한爲民 통치를 목표로 한다는 점에서 민주의 원리와 같다고 할 수 있겠으나, 기본적으로 그것은 유학

사상의 범주에 속하는 것이어서 계층과 서열을 중시하는 불평등적 요소가 내재되어 있으며, 위민爲民의 대상인 민은 어디까지나 정치에 있어 주체가 아닌 객체적인 성격이 강하다. 따라서 민본의 원리만으로는 민주의 원리와 동일시 될 수는 없는 것이다.

다만 유학사상의 범주를 넘어선 사상이나 개별 사상가들의 사상에서는 평등이나 민주적인 요소가 발견되고 있는데, 예컨대 법가法家의 "모든 계층이 법 앞에 평등하다."라는 것이나, 이이의 사상에서 군신이 중요한 것과 꼭 같이 민의 중요성이 인정되는 면을 고려하면 민주적인 요소가 있다. 따라서 조선이라는 정치체계 하에 생겨난 사상에서도 현대적인 의미로 해석될 수 있는 요소들을 찾을 수가 있는 것이다. 이 같은 입장에서 정여립의 정치사상을 혁명, 공화주의적 사상, 사회주의적 요소 순으로 살펴보고자 한다.

1) 혁명사상

정여립이 혁명성을 가진 인물이요 사상가라는 점은 분명하다. 또 옥남의 등에 왕문자이며 그의 집에서 발견되었다는 제천문 칠장 그리고 참문이 새겨진 옥판의 출현은 천명이 정여립에게 내렸음을 증거 하는 것이 된다. 이것은 정여립이 혁명의 당위성을 나타내고 민심을 얻기 위해 인위적으로 만든 것이라고 한다. 그리고 선조의 지도력에 실망한 분위기가 당시 지식인들에게 퍼져 있었기 때문에 이를 반영한 정여립의 혁명적인 행동이 가능하였다고 여겨진다.

이에 임금인 선조는 자신에게 도전한 정여립을 증오한 것은 당연하며, 이로 인해 정여립을 조금이라도 칭찬하거나 두호하는 사람들을 엄하게 처벌하였던 것이다. 특히 이발은 정여립을 제일의 인물이라고 추천한 바가 있는 사람으로 선조 아래서는 아무 것도 이룰 수 없음을 통감하고 향리로 돌아간 것은 선조 22년(1589) 9월 정여립 사건을 목전에 둔 시기였다. 이발이 노모와 어린아이까지 화를 당한 것은 정철과 사이가 나쁘고 송익필 일가를 환천시킨 데에도 상당한 이유가 있겠으나, 선조가 그를 친국하면서 "너는 어찌 벼슬을 그만두었는가? 너는 너의 죄를 아는가?" 라고 다그쳐 물었던 것은 정여립과 거사 모의는 하지 않았더라도 왕권에 도전한 정여립을 극히 증오하였기 때문에 그와 친밀하게 사귄 것에 대한 선조의 감정이었다.

'혁명革命'이라는 용어는 서양 정치사에서 주로 쓰인 용어로 마치 동양 정치사에는 그 쓰임이 적절치 않는 것으로도 여겨지기도 한다. 그래서 동양에서 발생한 정치적 사건을 '혁명'이라는 용어로 설명하기에는 어딘지 모르게 어색함을 느끼게 된다. 그러나 동양 정치사에서도 오래전부터 혁명이라는 용어를 사용해 왔으며, 서양의 혁명을 이해하는 과정에서 그 의미상 차이가 있음에도 불구하고 용어 사용에 있어서는 동일시하였다.

동양의 정치사에서도 오늘날과 같은 민을 중시하는 요소를 많이 찾을 수 있으니, '대학大學'의 "민을 얻으면 나라를 얻고, 민을 잃으면 나라를 잃는다."라든지, '맹자孟子'의 "민이 가장 중요하고, 국가가 그 다음이며, 임금은 가벼운 것이다."라고 한 것은 기본적으로 인민이 최우선적 위치에 있음을 뜻하는 것이다. 그래서 필요한 경우 근본부터 바꾸어 버리는 혁명은 정당화 될 수 있는 것이었다.

조선의 태조 이성계가 고려 왕조를 몰아내고 조선을 창건한 일을 '역성혁명易姓革命'이라고 한다. 이는 군주가 실정을 할 경우 천명에 의해 통치자를 바꿀 수 있다는 것을 정당화 한 것이다. 이것은 또 "은殷의 탕왕湯王이 하夏의 걸왕桀王을 내쫓고 주周의 무왕武王이 은殷의 주왕紂王을 쳐서 혁명을 일으킨 것은 하늘에 순응하고 사람의 뜻에 부응하였으니 혁명의 시의가 크다."라고 한 '주역周易'에 근거한 것이다.

그래서 민의 뜻에 반하는 군주는 당연히 교체할 수 있는 것이다. '서전書傳'에 "옛 사람이 말하기를 우리 민을 사랑하면 임금이요, 학대하면 원수다." 라든지, 순자荀子의 "임금은 배요, 민은 물이다, 물은 배를 띄우기도 하고 뒤엎기도 한다." 라고 한 것은 인민들이 군주를 교체할 수가 있다는 것이다. 이처럼 민의 뜻에 의한 군주의 교체를 동양적 의미의 혁명이라고 할 수 있는 것이다.

이 같은 의미에서 정여립의 거사 계획은 혁명을 기도한 것에 해당된다. 중종반정이나 인조반정처럼 혈통을 유지하면서 왕을 교체하는 차원이 아니라, 이씨 혈통이 아닌 사람을 지도자로 삼으려는 역성혁명을 기도하였다. 따라서 정여립이 정감록 등과 같은 참문을 이용하고 제천문을 지어 민심을 잡으려고 하면서 거사를 도모한 것은 당연히 동양적 의미의 혁명을 기도한 것에 해당된다.

보통 근대적 의미 즉 서구적 개념의 혁명이란 폭력에 의해 정치 지도층의 변경과 정치 참여자의 변동을 가져오는 등의 정치적 변화뿐만 아니라, 사회·경제·종교 등 사회 전반에 걸친 근본적이고 구조적 변화를 가져오는 것을 말한다. 따라서 조선조 당시에 근대적 의미의 혁명이 성립하려면 유교적 정치 이념을 다른 정치 이념으로 바꾸고, 군주제와 신분 체계를 근본적으로 변화시켜야 한다.

그런데 정여립이 당시의 정치체제를 어느 정도까지 변혁시키려고 했는지는 알 수가 없다. 다만 정여립이 유교 정치 이념의 핵심인 충군사상을 부정하고 사족에서부터 공사천과 승려에 이르기까지 모든 계층이 함께 도모코자 했던 그의 거사 계획은 단순히 동양적 의미의 혁명에만 머물러 있지 않았다. 근대적 의미의 혁명에 완전 부합되지는 않더라도 시대적 분위기로 보아 민의 지지를 간접적이나가 받은 것으로 보여 단순한 쿠데타가 아니며, 기존의 유교적 가치관과 신분 질서를 어느 정도 타파하려고 한 혁명 계획임이 분명하다.

2) 공화주의적 사상

'공화共和'라는 말은 누구에게나 익숙해져 있다. 전문적인 서적에서부터 소설류의 저술 그리고 일상생활에 이르기까지 부담 없이 자주 대하게 된다. 북한은 그들의 나라 이름을 '조선민주주의인민공화국朝鮮民主主義人民共和國'이라고 하였으며, 한국 헌법 제1조 제1항에는 '대한민국大韓民國은 민주공화국民主共和國이다' 라고 규정되어 있다. 특히 정치사상사에 있어서는 '공화'라는 말은 시간과 장소에 구애됨이 없이 '민주'라는 말과 함께 가장 자주 등장하는 용어 중에 하나이다.

그러나 '공화共和,' '공화주의共和主義'가 무엇이냐고 물으면 분명하게 바로 이것이라고 답하기가 어렵다. 모든 개념이 다 그러하지만 '공화주의'에 대한 개념 정의는 더욱 어렵고 정의된 것들마저도 주어진 때와 장소에 따라 다양하기 때문에 보다 명쾌한 답을 찾기가 쉽지 않다. 그래서 민주주의와 마찬가지로 개념에 대한 의견만 분분할 뿐 학자들 간에도 일치된 개념이 없는 실정이다.

'공화', '공화주의'라는 말은 각각 영어의 'republic'과 'republicanism'을 말하는 것이다. 'republic'은 본래 라틴어인 'respublica'에서 유래한 것으로 16세기에 프랑스어인 'republique'로 번역되어 사용되었으며, 영국에서는 'Commonwealth'로도 사용되었다. 그 후 T. Smith와 J. Bodin 등과 같은 사람들의 저술에서 정치체제에 대한 논의 과정을 거치면서 17세기에 와서는 'Republic', 'republicanism'을 널리 사용하게 되었으며, 그 의미에 있어 '민주주의'와 자주 혼용되기도 하였다.

동양에서는 1845년 일본에서 출판된 세계지리서인 '곤여도식坤輿圖識'에 번역하여 사용된 후 일본인 가등홍지加藤弘之(1836~1916)가 1861년에 쓴 '최신론最新論'이라는 책에서 정치체제 분류로 처음 사용되었다. 중국에서는 '민주국民主國'과 같은 의미로 보아 '민주지국民主之國'이라고 번역하여 사용 하다가 일본의 번역을 따르게 되었으며, 한국에서도 일본의 번역을 따라서 사용하였다.

물론 중국의 고전에도 '공화'라는 말이 있다. 기원전 841년에 서주西周의 려왕厲王이 체彘로 도망을 가서 나타나지 아니하자 주공周公과 소공召公이 서로 협력하여 14년간이나 정치를 한 것을 일러 '공화'라고 하였다. 이는 광복회를 주도한 장병린章炳麟(1869~1936) 등이 중국 공화시대의 출발점으로 잡았을 만큼 정치적인 의미를 가지는 것이기는 하나, 오늘날 체제 분류로 사용되는 공화의 의미와는 차이가 있는 것이었다.

정치 체제를 논의함에 있어 초기에는 비록 그것이 주권이 인민에게 있는 경우가 아니라 할지라도 왕이 통치하는 체제가 아니라는 단순한 이유 때문에 공화정치에 속하게 되었다. 그래서 Caesar를 죽인 Brutus가 공화주의자 신화에서 가장 위대한 영웅이라고 불러지기도 한다.

16세기의 영국인들도 공익이 사익에 우선되고 법에 의해 통치되는 훌륭한 군주정치를 공화정치라고 하였다. 이들에게 공화정치는 군주정치에 정반대가 되는 개념이 아니라 오직 폭군 정치와 양립할 수 없는 것이었다. 결국 'republic'의 사전적인 반대말은 'monarchy'이지만 실은 'tyranny'가 반대말이 된다. 다시 말해서 최고 권력의 소재가 인민과 인민이 뽑은 대표자에게 있는 국가를 공화국이라고 본 것이다.

이 같은 관점에서 J. J. Rousseau 등이 말하는 공화주의도 군주의 유무에 상관없이 인민이 입법권과 행정권을 가진 법률에 따라 통치되는 모든 나라를 공화국이라고 보았다. 즉 영국의 경우 일반적으로 입헌군주국이라고 하지만 민주적인 특성을 충분히 지니고 있기 때문에 Rousseau의 입장에서는 공화국으로 불러도 된다는 의미이다.

1649년 영국의 Oliver Cromwell이 청교도 혁명을 주도하여 Charles 1세를 처형하고 스스로 호민관이 됨으로써 이후 왕정복고(1660)까지 약 10여 년간의 정치를 보다 의미 있는 공화정이며, 오늘날 말하는 공화정의 기초가 되었다고 한다. 청교도들은 의회를 해산한 후 국민들의 대표 기관도 아닌 사관회의의 추대를 받은 호민관 크롬웰이 종신 주석으로 취임함으로써 이를 두고 영국에서 최초로 공화국이 탄생하였다고 한다. 이 또한 군주보다 못하지 않는 독재자가 출현하였음에도 군주가 없다는 이유로 공화정이라고 말하는 것이다.

한편으로 현대적 의미의 공화주의 사상은 Niccolo Machiavelli의 저작에서 출발된다. 그는 그의 저술 '로마사론'에서 대표 기관과 국민들에 의해 통치된 로마가 공화국이었으며, 황제나 왕이 통치하는 정치체제는 공화정이 아니라고 하였다. 그가 '군주론'에서 강력한 왕권에 의해 통치되는 것을 주창하고 있지만, 그가 희구하던 이상정치는 어디까지나 공화정치였다.

Machiavelli 이후 J. Harrington, J. Milton, A. Sidney 등과 같은 사람들에 의해 공화주의 사상은 계속 이론적인 발전을 거듭해 왔다. 이들은 역시 그리스·로마·스파르타 공화정을 모델로 하여 이를 어떻게 현실에 적용할 것인가를 고민하였다. 이들의 주된 관심사는 토지 분배, 자유로운 투표, 자유로운 정부 구성, 권력의 분립 등을 확보하는 일이었다.

특히 J. Harrington이 제시한 공화정의 모델은 모든 계급의 평등을 지향하면서 첫째, 관직은 사람의 혈액과 같은 것으로 일정한 기간이 지나면 반드시 교체되어야 하며 둘째, 공직자의 선출은 유권자들의 자유로운 선택이 보장되는 선거를 통해서 해야 하며 셋째, 정부를 구성함에 있어 권력의 분립이 이루어지도록 하는 것이었다.

그러나 오늘날 말하는 공화정치란 영국의 청교도 혁명에 이어 1789년의 프랑스혁명, 1776년 미국의 혁명을 거쳐 이룩되었으며, 특히 연방정부, 대의 민주주의, 개인주의, 자유 시장경제를 원리로 하는 미국의 정치 양태를 공화정치의 표준으로 삼고 있다. 그래서 미국에서의 혁명이 고전적 의미의 공화주의 사상을 파괴하였다고도 한다.

이 같은 미국의 공화주의는 변질된 것으로 '공화'가 가지는 고유 의미의 공화주의는 아니다. 공화주의란 사적인 것보다 공적인 것을 우선함을 핵심으로 하는 것인데, 개인주의, 사적 이익의 추구와 같은 미국의 정치행태는 이와 거리가 있다. 그러나 정치적으로 대의민주주의가 잘 행해지고 있음을 강조하여 공화정치가 이루어지고 있다고 보는 것이다. 그래서 공화주의도 민주주의처럼 이상적인 것을 지향하는 요소가 많아 어느 시대를 막론하고 그 적용에 있어서는 언제나 현실과는 많은 차이가 있어 왔다.

결국 공화주의사상은 시대에 따라 그 나라가 처한 특수한 상황이나 학자들의 시각에 따라 다양한 형태로 정의되고 있으며, 현실과는 거리가 있는 유토피아적이 요소가 포함되어 있어서 그 개념 자체도 막연하다고 할 수 있겠다. 다만 이를 시기적으로 대별하자면 지금까지 살펴본 바와 같이 유토피아적인 요소가 강한 고전적 공화주의(Classical republicanism)와 대의정치를 중심 요소로 하는 현대적 공화주의(Modern republicanism)나눌 수가 있다. 또 그 내용 면을 보자면 고전적 의미의 공화주의가 무조건 군주정치에 반대하는 내용을 골간으로 완전한 평등을 지향하는 의미가 강하며, 현대적 의미의 공화주의는 주권이 인민에게 있고, 인민이 선출한 대표자가 인민의 인권과 이익을 위해 국정을 행하며, 국가원수는

그 명칭의 여하를 막론하고 국민의 직접 혹은 간접 선거에 의해 선출되며, 일정한 임기로써 교체될 수 있는 등 정치적인 평등의 원리가 지배되는 것을 말한다.

그러면 여기서 공화주의사상과 앞서 논의된 대동사상과 서로 비교해 보도록 하자. 일반적으로 서양 정치사상사에서는 Plato(BC 427~347)와 Aristoteles(BC 384~322)를 비조로 삼고 있으며, 동양 정치사상사에서는 공자(BC 551~479)와 맹자(BC 327~289)를 그렇게 하고 있다. 이들은

서로 다른 지역에서 태어났지만 비슷한 시기에 비슷한 상황을 맞아 온 인류가 갈구하는 이상적인 정치체제를 모색코자 노력하였기 때문에 이들의 흔적은 그 후 정치사상에 지대한 영향을 미쳤다.

표 V-1 대동사상과 공화사상의 비교

區 分	大 同 思 想	共 和 思 想	備 考
起源	堯舜政治	그리스·로마政治	
墮落政治	暴君政治 - 秦	僭主政治	
理想指導者	賢能者	有能한 사람	
指導者選拔	禪讓·選出	直·間接選擧	
階級	無階級	階級 部分 認定	
職業	分業	分業 → 分化	
財産	公有	公有 → 私有(적정분배)	
民의 位相	民 = 天	民主	

이들은 그 누구보다도 공화주의 사상과 대동사상에 직·간접적으로 많은 관련이 있어 이들의 정치사상을 상호 비교해 보는 작업을 시작하는 일이 상당한 의미를 가질 것이나, 별도의 연구가 필요하기 때문에 본고에서는 생략하고 일반적으로 알려진 두 사상을 간략하게 비교하면 <표 V-1>과 같다.

위 표에서 보는 것처럼 몇 가지 항목만을 비교해 보아도 기본적으로 두 사상은 같은 맥락임을 알 수가 있다. 대동사상을 고전적 의미의 공화사상과 비교할 때 어떤 면에서는 대동사상이 더 진일보한 사상으로 보이기도 한다. 또 현대적 의미의 공화사상과 비교하더라도 유토피아적인 요소가 강할 뿐이다.

이 같은 맥락에서 중국의 정관응鄭觀應(1842~1922)과 서계여徐繼畬는 미국이 선거를 통해 대통령을 선출하고 친자에게 양위하지 않는 것을 두고 요순이 현자에게 양위하는 것과 동일한 의미로 보았으며, 미국의 선거법은 대동사상의 핵심인 천하위공에 가깝다고 강조하였다.

특히 전통적인 동양사상과 새로운 서양사상 사이에서 많은 고뇌를 하면서 신해혁명을 통해 아시아 최초의 공화국인 중화민국을 탄생시키는데 주된 기여를 한 손문孫文은 대동사상이 곧 공화사상이라고 하였다. 손문은 1897년 횡빈橫濱에서 궁기인장宮崎寅藏과 나눈 대화에서 "공화는 우리나라를 다스리는 데에 신수神髓이며, 선철先哲의 유업이다. 우리나라 사람들이 옛날을 논하는 것에 삼대三代의 정치를 경모하지 않음이 없으니, 그들의 삼대정치가 사실 공화의 신수를 얻어 행한 것임을 모른다." 하여 대동사상이 공화주의사상과 같은 의미라고 강조하였다. 그래서 손문의 삼민주의라는 것은 공화주의라고 함이 더 적합하다고 하겠다. 특히 당시 중국에서는 민주주의나 인간의 평등문제를 이야기함에 있어 대동사상과 Rousseau의 사상을 연관 지워 같은 맥락으로 보는 경향이 팽배해 있었다.

장병린章炳麟과 도성장陶成章같은 무정부주의 성향의 광복회 계통에서는 대동사상에 보다 적극적이어서 공화정부를 과도기적이면서 현실적인 정치체제로 상정하고 궁극적으로는 무정부 하에 토지의 공유 등을 통한 대동사회 건설을 가장 이상적인 사회라고 보았다. 이들에게 있어 대동사상은 공산주의사상이었던 것이다. 이처럼 중국인들은 서구의 제 사상들을 도입하면서 그 뿌리를 중국 전통 사상에서 찾으려 노력하였고 대부분 대동사상으로 귀결시켰다.

한국에서도 체제 분류의 하나로 공화주의사상을 인식한 사람들이 있었으니 이기李沂(1848~1909) 같은 사람을 들 수가 있다. 이기는 정체를 공화·입헌·전제로 나누고 이들 중 공화가 가장 좋은 정체다고 하였다. 이기는 특히 동양에서도 이미 삼대 이전에 공화정치가 있었다고 하며, 요순은 미국의 대통령과 같은 것이라고 하여 대동사상이 곧 공화사상이라는 설명을 하였다.

지금까지 살펴본 바와 같이 동양에 '공화'라는 것이 정치체제 분류용으로 사용된 역사는 그리 오래지 않았고 각기 자의적으로 해석한 면이 있기도 하였으나, 기본적으로는 그 내용 면에 있어서나 실제 적용에 있어서나 대동사상과 같은 의미로 사용되어 왔고 사실상 유사한 면이 많다. 천하가 공공의 것이라는 것, 왕위의 세습을 인정하지 않는 것, 모두가 평등하게 복지를 누릴 수 있어야 한다는 것들은 공화사상과 같기 때문이다. 그러나 주권이 어디에 있느냐를 따지자면, 대동사상과 공화사상은 같다고 단정할 수가 없다. 공화사상은 주권이 국민에게 있으나, 대동사상은 주권이 국민들에게 있다고 하는데 다소 문제가 있고, 유가적 기본 이념이 많이 포함된 것으로 보아 오히려 하늘의 명을 받아 통치한다는 천자에게 있다고 보는 것이 용이하다.

대동사상과 공화사상을 같은 의미로 본다면, 정여립 역시 대동사상을 주창하였기 때문에 그의 사상은 공화사상에 가깝다고 할 수가 있겠다. 그러면 정여립은 지금까지 문헌에서 확인할 수 있는 한국 최초의 공화주의적 사상가가 되는 것이다. 이를 서양정치사와 견주어 볼 때 최초의 공화주의적 혁명가로 알려진 영국의 크롬웰보다 60년이나 앞섰으며, 프랑스 혁명보다는 200년이나 앞섰던 것이다. 다만 그의 거사계획이 성사되지 못하였기 때문에 그의 사상을 보다 분명하게 확인할 수 없는 아쉬움이 있다.

3) 사회주의적 요소

사회주의라는 이념은 정치사상 분야에서 가장 논의가 많이 된 것 중에 하나이다. 정치사상관련 서적을 펴면 사회주의가 빠지는 경우는 거의 없다. 그것은 아마도 사회주의가 현대 정치사에서 차지하는 비중이 그만큼 크기 때문일 것이다. 사회주의 역시 재산의 공유를 이야기한

Plato에서 그 기원을 찾고, 16세기의 인문주의자 Thomas More(1478~1535)의 'Utopia'에서 비롯된다. 그래서 사회주의의 실질적인 원천은 계몽사상에 있다.

영국을 위시한 서구의 산업자본주의는 19세기에 들어와 급속한 발전을 보였다. 정치적으로는 J. Bentham의 이론이, 경제적으로는 A. Smith의 이론이 뒷받침되어 매우 낙관적인 출발을 하였다. 이것은 역사적으로 인간의 생활형태가 공동체를 중심으로 이루어져 왔기 때문에 개인의 주체성이나 자유, 평등 같은 것은 제대로 고려될 여지가 적었다는 사실에 주안점을 두었다. 그래서 주로 개인을 자유의 주체로 한 개인주의적 자유주의를 공동체의 해체를 통해 완성하려는 것이었다.

그러나 산업자본주의의 발전은 많은 문제들을 야기 시켰다. 새로이 형성된 노동자계급은 독립적 단위로의 지위를 확보하기는커녕 빈곤, 실업, 주택난, 질병, 범죄, 타락, 오염 등과 같은 예기치 못한 고통을 맞이해야만 했다. 그래서 이같은 산업자본주의 문제점을 해소할 방안으로 Bentham이나 Smith의 이론을 보충하는 것에서부터 무정부주의적인 이론에 이르기까지 다양한 처방이 제시되었는데, 그 중심적인 것은 사회주의 사상이었다. 초창기 사회주의는 R. Owen(1771~1858), C. Fourier(1772~1837), H. Saint-Simon(1760~1825) 등과 같은 사람들에 의해 새로운 공동체를 모색하는 흐름이었고, 이들은 자유주의와 결합하여 인간 생활이 공동생활을 통해 실현될 수 있는 것이며, 그 방법에 있어서는 어디까지나 평화적인 수단을 쓰자는 것이었다. 그러나 전기 사회주의라고도 부르는 이들의 사회주의는 현실과의 거리감만을 인식한 채 성공하지 못하였다.

그러다가 Karl Marx(1818~1883) 등이 출현하여 보다 구체적이고 역동적 사회주의를 제창하였다. Marx는 이전의 전기 사회주의를 공상적 사회주의라고 하며, 스스로 과학적이고 혁명적인 사회주의 창조에 몰두

하였다. Marx는 소위 유물사관에 입각하여 기존의 자본주의적 시민사회를 주된 비판의 대상으로 삼으면서 인간생활을 지배하는 가장 근본적인 것은 물질적 이해관계이며, 이 이해관계로 인해 계급의 대립과 투쟁의 역사가 전개되어 왔다고 하였다. Marx는 그의 연구에서 가장 많은 부분을 할애한 자본주의사회라는 것이 결국 망하게 되고 각자 능력에 따라 일하며, 필요에 따라 분배받는 공산주의사회가 필연적으로 도래한다고 예언을 했다. 그래서 Marx를 추종하는 사람들은 맹렬하게 폭동과 혁명 그리고 전쟁까지도 일으키면서 그들의 이상향인 공산주의사회가 금방 눈앞에 닥치는 것처럼 행동하였다.

그러나 그들보다 먼저 생겨난 자본주의가 역사적 필연에 의해 파멸되기는커녕 그들이 먼저 파멸에 이르고 오히려 자본주의는 서서히 자기변신을 도모하며 건재하게 되었다. 이러는 과정에서 과격한 공산주의는 사회주의 대열에서 이탈하였고, 서방세계를 중심으로 많은 종류의 사회주의가 생겨났다. 그 종류의 수를 Werner Sombart는 200여 개로 나누었고, 1892년 프랑스 신문 'Le Figaro'에서는 600여 개로, 1924년 영국 노동당 사회주의 정권의 출범 때에는 Dan Griffith가 263종이라고 발표하였을 만큼 많은 수의 사회주의가 있다.

대체적으로 보아 사회주의는 개인주의와 자본주의에 반대하여 생겨난 이념이기 때문에 재산의 공유, 평등, 복지 실현을 주요 내용으로 한다. 이런 측면에서 L. P. Baradat가 정리한 사회주의의 주요 특징을 보면 다음과 같다.

(1) 국유화 또는 조합 형태로 생산의 공유
(2) 사회가 구호대상자와 같은 약자들을 돌봐주는 복지국가.
(3) 풍요롭고 평등한 사회를 창조하며, 사람들을 물질적 궁핍으로부터 해방시켜주는 역할을 담당하는 사회적 목표.

그러면 Baradat가 말한 사회주의의 특징과 대동사상 그리고 정여립의 사상을 비교해 보도록 하자.

첫째, 생산의 공유는 먼저 '예기' 예운편의 "큰 도가 행해지던 때에는 천하는 공유되며" 라는 것과, 정여립의 "천하는 공유물"이라는 것과 연결시켜 볼 때, 여기서 천하는 국가를 의미하는 것이지단, 생산의 공유까지도 같은 맥락으로 생각할 수가 있다. 또한 "재화를 땅에 버리기를 싫어하지만, 자기만을 위해 감추지 않았고, 힘이 자기로부터 나오지 않음을 부끄럽게 여기지만, 자기만을 위해 힘쓰지 않았다."라는 것은 경제적인 면에 있어 공유를 지향하는 것으로 해석할 수가 있겠다.

둘째, 복지국가는 대동사상의 내용과 잘 부합된다. 대동의 "노인으로 하여금 편안히 여생을 마칠 곳을 갖게 하며, 장성한 사람으로 하여금 일할 자리를 있게 하며, 어린이로 하여금 잘 자랄 수 있게 하였다." 라고 하는 상황보다 더 복지적일 수는 없는 것이다. 그리고 "홀아비와 과부, 아비 없는 아이, 자식 없는 부모, 폐인, 질병에 걸린 사람들이 온전히 양육되었다."하는 것들 역시 오늘날 복지국가가 지향하는 바이다. 정여립의 사상에 이 같은 내용들이 구체적으로 나타난 것은 없지만, 그가 대동사회를 갈구하였다고 한다면 복지가 잘 되는 사회를 생각하였을 것이다.

셋째, 사회주의가 지향하는 "평등하고 풍요한 사회"에 대해서도 대체적으로 대동사상의 내용과 같은 것이다. 대동의 사회에서는 모두가 하나 되고 모두가 평등하다는 것을 중시하며, 물질적인 걱정이 없기 때문에 음모가 일어나지 않고 도적이 없는 것이다.

이렇게 볼 때 사회주의사상의 일반적인 특징 면에서는 대동사상과 공통적인 요소가 많다. 정여립의 정치사상도 대동사상을 바탕으로 하였다는 것을 전제로 하면, 그가 신분계층을 초월하여 대동계를 운영하였고, 공사천(公私賤)을 금고하는 법제를 혁파하며 온갖 세금을 감면하여 태평성대를 이룬다고 하였기 때문에 일면 사회주의적 요소가 있다고 할 수가 있겠다.

그러면 대동사상은 어떤 유형의 사회주의에 해당될까? 대체적으로 사회주의를 시기적으로 구분하면 전기 사회주의와 후기 사회주의로 나누어지고, 그 내용상 차이로 보면 전기에는 공상적 사회주의(Utopian Socialism)가 있으며, 후기에는 수정사회주의(Revisionism), 개혁 사회주의(Reformism), 신디칼리즘(Syndicalism), 페비안 사회주의(Febianism), 길드 사회주의(Guild Socialism), 러시아 집산주의(Russian Populism) 등이 있다고 한다. 여기서 대동사상은 이상주의적인 성격이 강하기 때문에 전기사회주의 즉 공상적 사회주의에 보다 가깝다고 할 수 있겠다. 자급적 공동체를 주장한 Charles Fourier, 재산의 공유와 공평한 분배를 강조한 George Bernard Shaw, 국민복지를 중시한 Saint Simon 등의 논리에서 대동사상과 상통하는 부분이 찾아지는 것이다.

그러나 이 같은 분류는 너무 막연하다. 그 사회주의가 목표하는 바를 달성하기 위해 어떤 수단을 사용하는가 하는 것과, 국가의 존재를 어떻게 보고 있느냐를 기준으로 분류해 보는 것이 한층 이해하기가 용이하다. 이렇게 보면 <표 V-2>와 같이 4가지 유형의 사회주의가 도출될 수 있다.

표 V-2 社會主義의 類型 分類

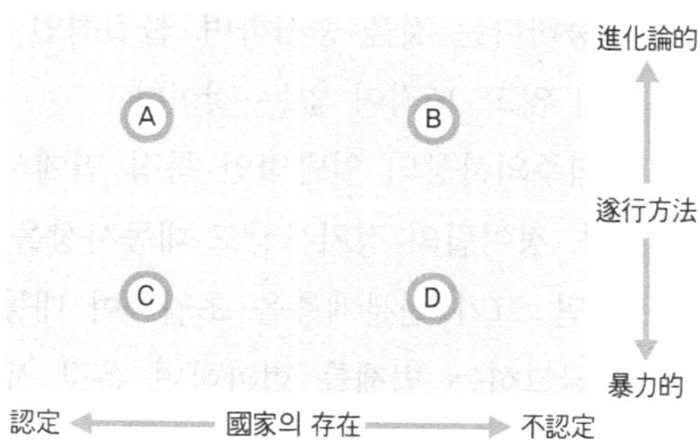

즉 A군은 국가의 존재를 인정하면서 민주적인 방법을 통해 사회주의를 실현코자 하는 것으로 집산주의 또는 영국의 Fabian사회주의가 해당되며, B군은 국가의 존재를 인정하지 않거나 하나의 단체 정도로만 인식하는 것으로 Guild사회주의의 경우이고, C군은 국가의 존재와 역할을 인정하되 폭력적인 방법에 의해 사회주의를 실현코자하는 것으로 독일의 국가사회주의가 그 예이며, D군은 국가의 존재를 인정하지 않으면서 폭력에 의한 사회주의 실현을 도모코자하는 공산주의 부류가 이것에 해당된다.

물론 여기서도 정여립의 사상과 완전히 일치하는 것은 찾을 수는 없다. 다만 대동사상과 관련하여 유사한 것을 찾는다면 국가의 존재를 인정하면서 폭력적인 방법을 전혀 배제하지 않는 C근에 해당된다고 보인다. 왜냐하면 대동사상이나 정여립의 사상은 국가 자체를 부정하지 않았으며, 정여립은 폭력에 의한 방법을 구상하였기 때문이다.

2. 정여립 정치사상의 한계성

지금까지 관련 자료가 부족한 가운데 정여립의 정치사상에 대해 논의를 하였다. 모든 인물의 사상이 다 그러하지만 정여립의 정치사상에도 많은 한계성을 가지고 있다. 우선 신채호는 정여립의 행동과 그 사건의 한계성에 대하여 다음과 같이 평가하였다.

> **"정여립이 '충신은 이군**二君**을 불사**不事**하며, 열녀는 이부**二夫**를 불경**不更**한다.' 의 유가 윤리관을 일필로 말살하여, '인민에 해되는 군**君**은 살**弑**함이 가하고 행의**行義**에 부족한 부**夫**는 거**去**함도 가하다.' 하며, '천의**天意 **인심이 이미 주실**周室**에 거**去**하였는데 존주**尊周**가 무엇이며, 인중**人衆**과 토지가 벌써 조조**曺操**와 사마의**司馬懿**에게**

돌아갔는데 구구 일우 유현덕劉玄德의 정통이 다 무엇이냐.' 하며 공구孔丘·주희朱熹의 역사필법을 반대하니, 그 제자 신극성辛克成 등은 '이는 참 전성前聖의 미발未發한 말씀이라.' 하고, 재상과 학자들도 그 재기와 학식에 경도傾倒하는 이가 많았으나, 세종대왕의 삼강오륜三綱五倫의 부식이 벌써 터를 잡고, 퇴계 선생의 존군모성尊君慕聖의 주의가 이미 집을 지어 전 사회가 안돈된 지 오래이니, 이 같은 돌비적 역사적 학자를 용납하리요. 그러므로 애매한 일지一紙의 고변장告變狀에 신수身首가 이처異處하고 전가가 구허丘墟하며, 평생 저술이 모두 화장火葬에 들어감이니 사회의 이정旣定한 국면에서는 개인이 힘쓰기 매우 곤란하다." 따라서 "유교를 쫓는다 하면 정주程朱의 규구規矩를 각존恪遵하는 퇴계나 율곡이 될지언정 정죽도鄭竹島는 존립할 수 없는 곳이다."

이것은 정여립의 뜻은 좋았으나 삼강오륜이 사회구조 속에 확고하게 자리를 잡은 당시 조선의 상황 하에서는 새로운 사상으로 이를 깨뜨릴 수 없다는 한계성을 지적한 것이다.

정여립이 혁명에 성공하였을 경우 왕이 된다는 기록이 더러 발견될 뿐 어떤 절차에 따라 지도자가 되어 어떤 정치체제를 만들겠다는 기록은 없다. 여기에서 과연 정여립이 공화주의자인가 하는 것에 의문을 가지게 한다. 현재로서는 정여립의 마음을 다 알 수가 없지만, 정여립이 거사에 성공하여 왕위에 올랐다면 당시 조선과 같은 정치체제와 사회적 분위기 속에서는 왕위를 자손들에게 세습시켰을 개연성이 있다. 더구나 왕정을 공화정으로 전환시킬 수 있었겠느냐 에 대해서는 더더욱 긍정하기가 어렵다. 이 점에 대해서 정여립이 '고금을 통틀어 오직 성인에 임한 자'라고 거론한 이윤利潤이라는 인물을 통해 추정해 보기로 하자.

맹자는 백이伯夷와 이윤伊尹이 어떤 사람이냐고 하는 공손추公孫丑의 물음에 인물의 유형을 다음과 같이 분류하였다.

그들의 주의主義는 같지 않았다. 옳다고 인정되는 임금이 아니면 섬기지 않고, 좋다고 인정되는 백성이 아니면 부리지 않고, 나라가 잘 다스려질 때에는 나아가 정치를 하지만 혼란스러우면 물러나는 태도를 취한 사람이 백이伯夷였다. 어떠한 임금도 섬기고 어떠한 백성도 부리며, 천하가 다스려져도 나아가 정치를 하지만, 혼란스러워도 나서서 정치를 하는 태도가 이윤伊尹의 취한 바였다. 벼슬할 수 있으면 나아가 벼슬하고, 그만 두는 것이 좋으면 그만두고, 오래 있을 만하면 오래 있고, 일찍 떠나야 할 때면 일찍 떠나고 일어나는 그러한 태도가 공자孔子가 취한 바이다. 이들 모두가 옛날의 성인들로서 나는 아직 그들과 같이 할 수 없으나 나의 소망은 역시 공자의 길을 배워 따르는 것이다.

여기서 백이伯夷는 주紂의 폭정을 피해 숨어서 살다가 문왕文王의 덕을 따랐으나, 무왕武王이 주왕紂王을 친다는 말을 듣고 이를 제지한 인물이다. 그 후 문왕이 주왕을 치고 천하를 장악하자 불의不義한 주周나라의 곡식을 먹을 수 없다고 하며 수양산에 들어가 고사리를 캐 먹다가 굶어 죽었다. 백이는 한 편으로 보면 명분과 의리를 중요시 한 사람이고, 다른 한 편으로는 현실 정치에 소극적인 입장을 가진 사람이라고 볼 수가 있다.

그러나 이윤은 유신有莘이라는 작은 나라의 농사꾼의 몸으로 은殷나라의 탕왕湯王에게 발탁되어 하夏나라의 걸왕桀王을 섬기는 등 다섯 번이나 왔다 갔다 하다가 결국 탕왕을 보필하여 걸을 치고 천하를 평화롭게 하는데 공헌한 사람이다. 그러나 탕왕이 죽은 후 외병外丙, 중임仲壬에 이은 탕왕의 손자 태갑太甲이 왕이 되어 폭정을 행하자 신하의 몸으로 태갑을 동궁桐宮으로 추방하고 자신이 천하를 다스렸다. 그러다가 3년 후 태갑이 뉘우치자 다시 왕의 자리에 앉게 하고 자신은 물러난 인물이다. 이윤은 여하한 경우에도 적극적으로 정치에 참여하며 비록 자신이 섬기는 군주라고 하더라도 물러나게 하였지만, 오히려 자신은 군주의 자리에 욕심이 없다는 뜻을 가진 인물이었다.

백이가 보인 절의 정신은 조선 선비들이 가장 중요시하는 덕목이다. 고려가 망하자 두 임금을 섬길 수 없다고 하여 조선 조정에 참여하지 않은 72명의 두문동杜門洞의 선비들과 세조의 왕위 찬탈에 반대했던 사육신들을 늘 존경의 대상으로 삼아왔던 것도 이 때문이다. 새로운 왕조를 창업할 때에는 혁명의 논리가 필요했지만, 그 체제를 유지하기 위해서는 백이 같은 신하가 필요했기 때문에 조선 초기와 달리 16세기에는 이 같은 백이형의 인물들이 국왕의 입장에서 철저하게 요구되는 상황이었다.

이 같은 분위기 속에서 이윤을 가장 성인이라고 주창한 정여립의 생각은 무엇이었을까. 일찍이 맹자는 이윤은 성인으로 그 행위가 정당한 것이라고 한 바 있었고, 조선의 정치체제 하에서도 이윤이 3년간이나 제상의 몸으로 천자의 역할을 하다가 태갑을 다시 천자의 자리로 옹립함으로써 자신은 왕위에 욕심이 없었다는 사실이 입증되었기 때문에 왕망王莽·조조曹操·사마의司馬懿 등의 행위와는 달리 찬탈이 아니라는 해석을 내리고 있다.[1] 그러나 만일 태갑이 뉘우치지 못하여 다시 천자

1 伊尹에 대한 긍정적인 평가는 조선조 내내 있었는데, 사림정치가 본격화된 성종 조에서 선조 조 전반기에 이윤을 성인으로 많이 거론하였다. 특히 선조 조 초반에는 유희춘, 김우옹, 이이 등에 의해 자주 거론되었다. 선조실록, 6년(1573) 12월 2일(무신)조.. ; 그러나 이윤에 대한 부정적인 평가는 찾아볼 수가 없고, 단지 광해 조에 광해군을 몰아내려는 분위기 속에 허균이 지었다고 하는 "어찌 이윤과 곽광의 일을 행하지 않는가.(盍行伊霍)"이라는 괘서가 남대문 일대에 나돌았다는 기록이 있다. : 광해군일기, 10년(1618) 9월 12일(정유)조.

의 자리에 오르지 못하였다면 태갑은 어떤 조치를 취했으며, 후세 사람들이 어떤 평가를 내렸을까. 이것은 정여립이 정권을 잡았을 때 어떤 행동으로 나왔는가 하는 의문과 유사한 것이 된다.

물론 역사에는 이 같은 가정이 용납되지 않지만, 아마 이윤은 다른 훌륭한 사람에게 왕의 자리를 마련해 주었을 것이나 군주체제 자체를 해체하는 단계에까지는 이르지 못하였다고 보아야할 것이다. 설령 정여립이 이 같은 뜻을 가지고 있었다 하더라도 그 실천 여부에 있어서는 입증할 근거가 없다. 오히려 유교적인 이념이 강력하게 자리를 잡은 당시 정치체제 하에서는 정여립이 하고 싶어도 공화사상이 실현되기는 어려웠을 것으로 보이는 것이다. 그래서 정여립의 정치사상을 현대적 의미로 해석할 때 '공화주의共和主義'가 아닌 '공화주의적共和主義的'이라고 표현하는 한계성을 지니고 있는 것이다.

그리고 정여립의 정치사상에서 민주적인 요소가 있다고 할 수 있는가? 대동사상에 대해 유가의 사상이 주를 이루고 있지만, 송대 이후 예운禮運의 진위를 의심하는 사람들이 많았다. 예컨대 송의 황진黃震은 "그 머리 부분의 의미는 노자의 사상을 다소 닮은 것 같다."라고 하였고, 청淸의 요제항姚際恒은 주(周)와 진秦 사이에 노장의 무리가 그것을 지었다고 하였으며, 육규훈陸奎勳은 한나라 초에 숭상되던 황노사상黃老思想의 기풍에 공자를 영합시키기 위해 대성戴聖이 억지로 만든 것이라고 하였다. 또 "사람은 그 어버이만을 친애하지 아니하고, 그 자식만을 친애하지 않는다."는 것은 묵자의 도라고 하였다. 그래서 대동사상은 현대적 의미로 보자면 유가의 사상이라고만 보기는 어려워 강유위康有爲의 경우는 대동사상에 민주주의적 요소가 포함되어 있는 것으로 보았다. 그렇다면 정여립 사상에도 민주주의적인 요소가 있다고 보아야 하는가? 정여립의 경우 대동사상을 주창하였기 때문에 그럴 개연성은 있다고 할 수 있겠으나, 대동계를 운영하면서 민주적으로 하였다거나, 그의 언사나 행동에서 민주적인 것이 발견되지 않고 있다. 따라서 정여립의 정치사상에서 민주적인 요소가 포함된 여부에 대해서는 그가 대동사상을 추구했다는 이유만으로는 민주적인 요소가 포함되어 있다고 단정할 수 없는 것이라 여겨진다.

이제까지 보아온 정여립의 정치사상은 대동사상과 변혁사상을 바탕으로 한 것이나, 그것이 명쾌하거나 체계적이지 못하였다. 그 이유는 누차 언급하였던 바와 같이 설명할 자료가 부족하기 때문이다. 그래서 정여립의 정치사상은 보다 확실한 자료를 바탕으로 논의되어야 할 대상이다. 앞으로 좋은 자료가 많이 발굴되어 한층 훌륭한 연구가 이루어지기를 기대해 본다.

마지막으로 한국정치사에서 정여립 사건이 어떤 위치를 차지하고 있느냐를 요약함과 동시에 필자의 견해를 부가하여 정리하면 다음과 같다.

첫째, 정여립 사건으로 인해 호남에 대한 기피현상이 한층 심화되는 결정적인 계기가 되었다는 것이다. 기피현상이 역사적으로 존재해 온 것은 사실이나, 정여립 사건이 발생하기 이전에는 그 강도가 심하지 않았다. 특히 조선조에 들어와서 정여립 사건이 있기까지는 기피현상이 거의 나타나지 않았는데, 정여립 사건의 발생으로 다시 증폭되어 나타났다. 그것은 정치참여의 가장 중요한 수단인 과거 진출 동향에서 현저하게 호남인들의 진출이 둔화되었던 모습을 구체적으로 확인할 수 있었다. 따라서 오늘날 회자되고 있는 지역감정 특히 영호남 간의 갈등은 무책임한 사람들이 그들의 편익을 위해 자의적으로 만들어 낸 허구에 불과하다. 한국 내에서 지역 간에는 원칙적으로 갈등이 존재하지 않는다는 게 필자의 생각이다.

둘째, 정여립 사건 후에는 중앙정부에 대한 호남인들의 저항의식이 강해져서 늘 정치문제화 되었다. 호남인들은 과거 응시를 거부하고 임금을 비방하며 괘서를 써서 불만을 나타냈다. 한편으로는 민란이나 소작쟁의 등에서 그 활동이 격렬해지고 다른 한편으로는 여러 가지 신흥종교가 그 어느 지방보다도 많이 발생하였다. 특히 갑오농민혁명은 한국사회가 전반적으로 붕괴하려는 시기에 발생한 대규모 혁명이었지만, 그 주요 진원지가 호남 특히 정여립이 활동했던 지역이라는 점에서 호남인들에 의한 저항의식의 역사적 맥락과 밀접한 관련이 있었다. 결국 정여립 사건으로 호남에 대한 타지인들의 기피현상은 한층 고착화되었고, 호남 지방은 침체와 소외를 면치 못하였다. 이 또한 호남사람들의 남다른 특성에 기인한 게 아니라 정치적 사회적 환경에 기인한 것이다. 최근 지방정치가 활성화 되면서 많이 완화 되었으며, 호남인들의 적극적인 모습은 '저항 의식'이 아니라 '문제의식'과 '참여 의식'이 강하다고 표현하는 게 더 합당할 것이다.

셋째, 한국 정치사에 있어서 정여립 사건이 가지는 보다 중요한 의미는 정여립의 거사계획 실패가 결코 한 개인의 실패가 아니라는 것이다. 한국정치사상사에 있어서 최초로 미동한 혁명적인 사상의 좌절이며, 진보세력이 몰락하게 된 독립변수가 바로 정여립 사건이었다. 기축옥사로 정여립과 뜻을 함께 했던 사람들이 사라진 뒤에도 서경덕과 조식의 학통을 이은 진보적 사람들이 재기를 도모하였으나, 오래 지속되지 못하고 인조반정을 끝으로 완전히 몰락하고 만다. 이로써 주자학적 이념이 교조적으로 발달하면서 한국정치사는 사대모화사상을 강화하는 쪽으로 한층 보수화됨에 따라, 조선이라는 사회는 그 후에 전개되는 시대적 변화요구에 적절히 대응하지 못하였던 것이다. 결국 정여립사상의 좌절이 그 후에 있었던 민족 수난 역사의 단초가 된 셈이다.

넷째, 정여립 사건은 당쟁을 한층 격화시키며 당색을 강화시키는 계기가 되었다. 당파에 따라 색목을 철저하게 구분하여 대대로 이어가면서 서로를 배척하는 행태를 나타내어 많은 역기능을 낳았다. 학문과 사상의 다양한 발전을 저해하였으며, 상대방을 무조건 부정하는 정치문화를 낳았다. 그리고 정파 간에 극한 대립으로 중간파의 존재를 용납지 아니하였다. 또한 정파가 서인西人, 남인南人 등으로 나뉘어 마치 정당과 같은 행태를 보이기는 하였으나, 아쉽게도 충군과 명분적인 대립에 치중하여 근대적 의미의 정당으로 발전하지는 못하였다.

정여립 사건이 발생한 후 곧 이어서 임진왜란과 병자호란이라는 엄청난 충격과 거센 서세동점西勢東漸의 물결이 밀려왔다. 이 같은 도전을 한국이 '우월한 자주적 역량에 의해 물리쳤느냐,' '지혜롭게 수용했느냐,' '아니면 무력하게 당하였느냐.'로 단순하게 나누어 본다면, 무력하게 당하였다는 것으로 볼 수밖에 없다. 그것은 정여립 사건으로 진보세력이 대거 몰락함으로써 자주적인 역량을 키우지 못한 때문이다. 따라서 정여립 사건은 한국정치사에서 가히 '조선 역사상 오백 년래 제일대 사건朝鮮 歷史上 五百 年來 第一大 事件'이라고 할 수 있는 것이다. 결국 오늘날 정여립이 우리에게 주는 메시지는 역시 확고한 사상에 바탕을 두고 자주역량을 키우라는 것이다.

우리 한국 민족에게는 외부의 강한 힘이 지나가면 내부 분열과 자기비하를 하게 되고, 그 분열과 혼돈들이 어느 정도 잠잠해지면 또 다시 외부의 힘이 들이닥치는 역사가 수천 년 동안 반복되지 않았던가? 모두 안주하고 체념한 나머지 외세를 극복할 수 있는 자주역량을 키우지 못한 때문이다. 16세기 임진왜란이 발생하기 전의 정치, 특히 정여립사건을 큰 교훈으로 삼을 경우 이 같은 수난의 역사 반복을 멈출 수 있는 실마리가 찾아진다고 여겨진다.

참고문헌

1. 經書類

"論語," "孟子," "大學," "詩經," "書經," "禮記," "書傳," "周易," "呂氏春秋," "老子," "墨子," "筍子."

2. 歷史書類

"三國史記"

"高麗史"

"朝鮮王朝實錄," 서울: 민족문화추진회, 1986.

"國譯 國朝寶鑑," 서울: 국사편찬위원회, 1994.

"燃藜室記述," 서울: 민족문화추진회, 1982.

"大東野乘," 서울: 민족문화추진회, 1984.

"己丑實錄," 和順本: 曺秉燁房, 1930.

"國朝文科榜目," 서울: 태학사, 1984.

"司馬榜目 : compact disc," 성남: 한국정신문화연구원, 1997.

."稗林," 서울: 탐구당, 1969.

"大東稗林" 서울: 국학자료원, 1994.

"史記," 서울 : 경인문화사, 1975.

"中國正史朝鮮傳," 國史編纂委員會(篇), 서울: 국사편찬위원회, 1990.

"紀年通攷," 서울: 溫知書堂, 1992.

"奇齊雜記," (필사본)

"黨議通略," 朝鮮黨爭關係資料集(2), 서울: 여강출판사, 1987.

"東南小史," 與猶堂全書補遺, 서울: 경인문화사, 1974.

"桐巢漫錄," 朝鮮黨爭關係資料集(15), 서울: 여강출판사, 1987.

"術略," (필사본, 작자 미상)

3. 地理書類

"國譯 韓國誌," 성남: 한국정신문화연구원, 1984.

"大東地志" 서울: 아세아문화사, 1972.

"新增 東國與地勝覽," 서울: 동국문화사, 1957.

"龍城誌," 吳炳武外(譯), 남원: 남원문화원, 1995.

"朝鮮時代私撰邑誌," 서울: 한국인문과학원, 1989.

李重煥, "擇理志," 盧道陽(譯), 서울: 삼경당, 1985.

"平壤誌," 金炳淵(編), 서울: 평남민보사, 1964.

"韓國近代邑誌," 서울: 한국인문과학원, 1991.

"韓國近代道誌," 서울: 한국인문과학원, 1991.

"鄭鑑錄," 金水山(編), 서울: 명문당, 1981.

"鄭鑑錄集成," 安春根(編), 서울: 아세아문화사, 1981.

4. 法典類
"經國大典," "大明律," "續大典," "大典後續錄."

5. 文集類
"龜峯先生文集," 서울: 민족문화, 1980.
"久菴遺稿," (목판 인쇄본)
"國譯 靜菴先生文集," 서울: 정암조선생기념사업회, 1978.
"國譯 勉菴集," 서울: 민족문화추진회, 1997.
"琴易堂集," 韓國文集總刊(74), 서울: 민족문화추진회, 1992.
"錦湖遺事," 나주: 금호사유연당, 1986.
"南冥先生文集," 진주: 덕천서원, 1980.
"魯西遺稿," 서울: 여강출판사, 1986.
"桃灘集," (목판 인쇄본)
"東岡集," 韓國文集總刊(86), 서울: 민족문화추진회, 1992.
"來庵先生文集," 서울: 경인문화사, 1994.
"萬竹憲遺稿," (목판 인쇄본)
"梅月堂集," 李佑成(編), 서울: 아세아문화사, 1995.
"明南樓全集," 서울: 여강출판사, 1986.
"眉巖日記草," 광주: 담양향토문화연구회, 1992.
"磻溪隧錄," 서울: 경인문화사, 1974.
"白沙集," 韓國文集總刊(74), 서울: 민족문화추진회, 1992.
"白湖全集," 서울: 창자과 비평사, 1997.
"宣廟日記," 古文書集成(17): 河回豐山柳氏篇, 성남: 한국정신문화연구원, 1994.
"星湖全書," 서울: 여강출판사, 1984.
"疎草," 古文書集成(三) : 海南尹氏篇(正書本), 성남 : 한국정신문화연구원, 1986.
"松江全集," 서울: 대동문화연구원, 1964.
"嘯浦遺稿," (목판 인쇄본)
"宋子大典," 韓國文集總幹(114), 서울: 민족문화추진회, 1990.
"鴉溪集," 서울: 한산문화원, 1981.
"譯解 思庵集," 전남 광산: 충주박씨문간공파문중, 1979.
"梧下記聞," 東學農民戰爭史料大系(1), 서울: 여강출판사, 1994.
"愚伏集," 韓國文集總幹(68), 서울: 민족문화추진회, 1990.
"雲岩雜錄," 古文書集成(17): 河回豐山柳氏篇, 성남: 한국정신문화연구원, 1994.
"月沙集," 韓國文集總刊(74), 서울: 민족문화추진회, 1992.
"栗谷全書," 성남: 한국정신문화연구원, 1986.
"林白湖集," 韓國文集總刊(78), 서울: 민족문화추진회, 1992.
"趙憲全書," 서울: 탐구당, 1974.
"答泉集," 韓國文集總刊(77), 서울: 민족문화추진회, 1992.
"澤堂集," 한국문집총간(88), 서울: 민족문화추진회, 1990.
"鶴峰集," 서울: 학봉김선생기념사업회, 1976.

"海左掌攷," 李佑成(編), 서울: 아세아문화사, 1980.
"海鶴遺書," 國史編纂委員會(編), 서울: 탐구당, 1974.
"花潭集," 韓國文集總幹(24), 서울: 민족문화추진회, 1989.

6. 單行本

康有爲, 李聖愛(譯), 大同書, 서울: 민음사, 1991.
姜周鎭, 嶺南人物考, 서울: 탐구당, 1967.
高承濟, 韓國 社會 經濟史論, 서울: 일지사, 1988.
權丙卓, 韓國經濟史, 서울: 박영사, 1984.
權仁浩, 朝鮮中期 士林派의 社會·政治思想, 서울: 한길사, 1995.
金舜東, 韓國故事大典, 대전: 회상사, 1969.
金漢植, 實學의 政治思想, 서울: 일지사, 1979.
R. N. Berki, 권응립·신연재(譯), 政治思想史, 서울: 녹두, 1982.
閔斗基, 中國 近代 改革運動의 硏究, 서울: 일조각, 1985.
朴忠錫·柳根鎬(共著), 朝鮮朝의 政治思想, 서울: 평화출판사, 1980.
邊太燮, 韓國史通論, 서울: 삼영사, 1996.
徐連達·吳浩坤·趙克堯, 中國史硏究會(譯), 中國通史, 서울: 청년사, 1989.
蕭公權, 崔明·孫文鎬(共譯), 中國政治思想史, 서울: 서울대학교출판부, 1998.
申福龍, 韓國政治史, 서울: 博英社, 1997.
____, 韓國 政治 思想史, 서울: 나남출판사, 1997.
____, 大同團實記, 서울: 양영각, 1982.
____, 東學思想과 甲午農民革命, 서울: 평민사, 1985.
____, 全琫準評傳, 서울: 지식산업사, 1996.
L. P. Baradat, 申福龍外(譯), 現代政治思想, 서울: 평민사, 1989.
申采浩, 丁海廉(譯), 申采浩 歷史 論說集, 서울: 현대실학사, 1995.
申鶴祥, 四溟堂의 生涯와 思想, 밀양: 미리벌, 1994.
吳洙彰, 韓國中世史의 解體期의 諸問題(上), 서울: 한울아카데미, 1987.
王處輝, 沈貴得·申河令(共譯), 中國社會思想史, 서울: 까치, 1992.
劉明鐘, 中國 思想史, 대구: 이문출판사, 1983.
柳永博, 韓國史, 서울: 삼영사, 1996.
陸軍士官學校, 韓國軍制史(近世朝鮮前期編), 서울: 한국군사연구실, 1968.
殷孟倫, 朴惠淑(譯), 사마천의 역사인식, 서울: 한길사, 1988.
李基伯, 歷代 韓國史 論選, 서울: 새문사, 1993.
李能和, 朝鮮 基督教 及 外交史, 서울: 학문각, 1968.
李丙燾, 國史大觀, 서울: 보문각, 1960.
____, 韓國儒學史, 서울: 아세아문화사, 1989.
李相喆, 여론선전론, 서울: 범우사, 1986.
李樹健, 嶺南學派의 形成과 展開, 서울: 일조각, 1995.
李離和, 人物韓國史, 서울: 한길사, 1988.

____, 朝鮮 後期 政治思想과 社會變動, 서울: 한길사, 1994.
李徹鉉, 社會主義原論, 서울: 박인사, 1995.
李泰鎭, 韓國 軍制史(近世朝鮮 後期編), 서울: 육군사관학교, 1977.
____, 朝鮮時代 政治史의 再照明, 서울: 범조사, 1985.
李鉉淙, 韓國史(9), 서울: 탐구당, 1990.
李炯錫, 壬辰戰亂史, 서울: 한국자치신문사, 1994.
全羅北道, 全北學硏究(Ⅰ), 전주: 전북대학교 전라문화연구소, 1997.
鄭次根, 東洋政治思想, 서울: 평민사, 1996.
曺点煥, 現代 社會主義, 서울: 문우사, 1989.
陳正炎·林其錟, 李成珪(譯), 中國의 유토피아사상, 서울: 지식산업사, 1993.
村山智順, 金禧慶(譯), 朝鮮의 占卜과 豫言, 서울: 동문선, 1991.
河炫綱, 韓國 中世史論, 서울: 신구문화사, 1989.
韓庸熙, 革命의 理論과 歷史, 서울 ; 대왕사, 1985.
許경진, 許筠의 詩話, 서울: 민음사, 1981.
湖南人物誌, 金鳳文(編), 서울: 이화문화사, 1991.
戶川芳郎·蜂屋邦夫·溝口雄三, 조성을·이동철(譯), 儒教史, 서울: 이론과실천, 1990.
洪潤植, 韓國 佛敎史의 硏究, 서울: 교문사, 1989.
黃善明, 朝鮮 宗敎史 硏究, 서울: 대한교과서, 1985.

7. 硏究 論文
姜萬吉, "日帝下 農村 貧民增加의 原因," 東洋學 14輯, 단국대학교 동양학연구소, 1984/10월.
高承濟, "16세기 賤民亂의 社會經濟的 背景," 학술원논문집(19), 1980.
具德會, "宣祖代 후반(1594-1608) 政治體制의 재편과 政局의 動向," 朝鮮後期 論文集選(23), 서울: 한국인문과학원, 1998.
琴章泰, "民本 儒敎의 再認識," 儒敎思想硏究, 유교학회, 1986.
金基承, "白巖 朴殷植의 思想的 變遷過程 : 大同思想을 중심으로," 歷史學報(第一百十四輯), 서울, 역사학회, 1987/6월.
金東洙, "16-17세기 湖南 士林의 存在形態에 대한 一考察," 歷史學硏究(Ⅶ), 광주: 전남대 사학회, 1977.
金盛祐, "朝鮮 中期 士族層의 成長과 身分構造의 變動," 고려대학교 박사학위논문, 1997.
金守中, "陽明學의 大同社會 意識에 관한 硏究," 서울대학교 박사학위논문, 1991.
金永謨, "朝鮮 後期의 身分構造와 그 變動," 조선후기논문집선(신분3), 서울: 삼귀출판사, 1994.
金龍德, "鄭汝立 硏究," 朝鮮後期 思想史硏究, 서울: 을유문화사, 1977.
____, "朋黨 政治論 批判-朝鮮時代 黨爭의 性格(29)," 정신문화연구, 1986/여름.
金필동, "朝鮮時代 契의 構造的 特性과 그 變動에 관한 硏究," 서울대학교 박사학위논문, 1989.
金漢植, "行狀을 통해본 栗谷의 思想世界," 한국정치학회보(제30집 4호), 1996/겨울.
____, "社會主義의 類型的 區分에 관한 一考," 國防硏究(제17권 제 1호), 국방대학원안보문제연구소, 1974/ 6월.
____, "民本主義의 現代的 이해: 栗谷의 경우를 중심으로," 정신문화연구, 1984/가을.
南達祐, "朝鮮前半期(1567-1591) 國王과 朋黨," 인하사학 제4집, 1987.

朴永哲, "마키아벨리의 공화주의론 연구," 동국대학교 박사학위논문, 인하대학교 사학회, 1993.

裵柄三, "다산 정약용의 정치사상에 관한 연구," 경희대학교 박사학위논문, 1993.

裵相賢, "龜峯 宋翼弼과 그 思想에 대한 硏究," 동국대학교논문집(제1집), 동국대학교 경주대학, 1982.

成樂薰, "韓國黨爭史," 韓國文化史大系(Ⅱ), 서울: 고려대학교 민족문화연구소, 1968.

孫승철, "朝鮮後期 韓日兩國의 相互認識 및 政策의 思想的 特質," 강원대학교 논문집(25), 1987.

宋兢燮, "退溪思想에서의 學의 槪念," 朝鮮前期論文集選(思想3), 서울: 삼귀문화사, 1996.

宋天恩, "休靜의 思想," 조선전기논문선집(사상11), 서울: 삼귀문화사, 1998.

申福龍, "鄭汝立의 生涯와 思想: 호남 phobia를 읽는 도구로서," 한국정치학회, 1997.

____, "韓國의 地域感情의 歷史的 背景: 호남 phobia를 중심으로," 한국정치학회, 1996.

申炳周, "17세기 中·後半 近畿南人학자의 學風: 許穆, 尹鑴, 柳馨遠을 중심으로," 韓國文化(19), 서울: 서울대학교 한국문화연구소, 1997.

申龍澈, "韓國에 있어 李卓吾(1527-1602)硏究," 韓國思想史學(4,5合集), 서울: 한국사상사학회, 1993.

愼鏞廈, "朴殷植의 儒敎求新論·陽明學論·大同思想," 歷史學報(第七十二輯), 서울: 역사학회, 1973/3월.

申瀅植, "韓國 古代史에 있어서 地震의 政治的 意味," 동양학(14집), 단국대학교 동양학연구소, 1984/10월.

矢澤康祐, "林巨正 叛亂의 社會的 背景," 朝鮮時代民衆史, 서울: 한국인문과학원, 1989.

安晉吾, "湖南 精神史의 흐름 : 湖南學, 그 精神史的 接近," 향토문화(제16집), 광주향토문화개발협의회, 1997.

吳洙昌, "仁祖代 政治勢力의 動向," 朝鮮後期 論文集選(21), 서울: 한국인문과학원, 1998.

禹仁秀, "鄭汝立 逆謀事件의 眞相과 己丑獄의 性格," 역사교육논문집(12), 서울: 역사교육학회, 1988.

元永煥, "朝鮮時代 交通路와 驛院制의 考察," 鄕土史硏究(제7집), 1995.

元昌愛, "朝鮮時代 文科及第者 硏究," 한국정신문화연구원 박사학위논문, 1997.

柳承國, "梅月堂의 儒學 및 道敎思想," 大東文化硏究(제13집), 서울: 성균관대학교 대동문화연구소, 1979.

柳一之, "朝鮮朝 己丑獄에 대한 考察," 대구: 청구대학논문집(2), 1959.

尹熙勉, "韓百謙의 東國地理志," 歷史學報(第93輯), 역사학회, 1982/3월.

李謙周, "壬辰倭亂前 朝鮮의 國防實態," 韓國史論, 국사편찬위원회, 1992.

李균영, "社會運動史紀行: 民亂, 農民戰爭, 傳統 이은 光陽의 共産主義 運動," 사회와 사상(11), 1989/7월.

李相協, "朝鮮前期 地方徙民에 관한 硏究," 성균관대학교 박사학위논문, 1991.

李相寔, "梅泉 黃玹의 歷史意識," 歷史學硏究(Ⅷ), 전남대학교 사학회, 1978.

李樹健, "朝鮮 初期 戶口의 移動現狀," 한국논총, 하성 이선근박사고희기념사업회, 1974.

李雲九, "退溪의 斥異論 小考," 한국전기논문선집(사상3), 서울: 삼귀문화사, 1996.

李載浩, "宣祖修正實錄 記事의 疑點에 대한 辨析: 특히 李栗谷의 10만 養兵論과 柳西厓의 養兵不可論에 대하여," 大東文化硏究 제19집, 서울: 성균관대학교 대동문화연구소, 1985.

李鍾一, "16-17세기 서얼소통 논의에 대하여," 조선후기논문선집(신분5), 서울: 삼귀문화사, 1996.

李春植, "朝鮮 中期 改革思想에 관한 研究," 서울: 단국대학교 박사학위 논문, 1994.
李泰鎭, "16세기 韓國史에 대한 理解의 方向," 조선학보, 1984.
李澤徽, "朝鮮朝 政治思想의 研究," 서울교육대학교논문집(제15집), 1983.
李海濬, "朝鮮後期 靈岩地方 洞契의 成立背景과 性格," 전남사학(제2집), 전남사학회, 1988.
李羲權, "鄭汝立 逆謀事件에 대한 考察," 서울: 창작과비평사, 1975/가을호..
田中敏昭, "壬亂前 豊信政權과 대마도주 宗氏의 朝鮮外交," 단국대학교 석사학위논문, 1996.
정병석, "徐花潭의 易學的 世界觀에 대한 一元論的 解釋," 哲學論叢 第8輯, 대구: 영남철학회, 1992/10월.
鄭文燁, "己丑獄遡考," 서울: 동래정씨종약소, 1987.
鄭求福, "韓百謙의 東國地理志에 대한 一考 : 역사지리학파의 성립을 중심으로," 전북사학(제2집), 전북대학교사학회, 1978/ 2월.
鄭玉子, "17세기 思想界의 再編과 禮論," 한국문화(10), 서울: 서울대학교 한국문화연구소, 1989.
정홍원, "조선 후기 문과급제자의 사회적 배경과 이동성," 행정사연구(Ⅰ), 한국행정학회 행정사연구회, 1993.
曺秉漢, "中國同盟會의 共和主義 研究," 서강대학교 박사학위논문, 1997.
趙湲來, "壬亂 湖南義兵에 관한 研究," 국민대학교 박사학위논문, 1991.
崔洵植, "百濟流民의 抵抗運動과 彌勒信仰의 變遷過程," 김제: 모악향토문화연구회, 1992.
崔永禧, "壬辰·丁酉亂時 연해민의 동태," 史叢(2), 고려대학교 사학회, 1957.
崔珍玉, "朝鮮時代 生員進士 研究," 한국정신문화연구원 박사학위논문, 1994.
宋天恩, "休靜의 思想," 조선전기논문선집(사상11), 서울: 삼귀문화사, 1998.
韓鄭陽明, "韓國 大同놀이 研究," 중앙대학교 박사학위논문, 1993.
韓榮國, "湖南에 실시된 大同法(上)," 歷史學報(第一十五輯), 歷史學會, 1961/9월.
_____, "朝鮮 中葉의 奴婢 結婚樣態," 歷史學報(第七十七輯), 歷史學會, 1978/3월.

8. 기타 자료

鄭寅樺, 東萊鄭氏大護軍公派譜(上), 金堤: 永衍閣, 1992.
鄭 柱, 東萊鄭氏賴庵公派譜, 서울: 보전출판사, 1981.
鎭安君史, 진안 : 진안군, 1992.
鎭安郡企劃室, 鎭安郡統計年譜, 진안: 진안군, 1994.
和田一郎, 朝鮮の土地制度及地稅制度調査報告, 서울, 1920.
A. Bloom, The Republic of Plato, New york: Basic Books Inc., 1968.
B. Fontana, The Theory of Modern Republicanism, London: Cambridge Univ. Press, 1994.
D. Wootton, Republicanism, Liberty, and Commercial Society(1649-1776), California: Stanford Univ. Press, 1994.
H. D. Lasswell, A. Kaplan, Power and Society, New Haven: Yale Univ. Press, 1950.
M. Mckenna, The Captive Republic: History of Republicanism in Australia(1788-1996), London: Cambridge Univ. Press, 1996.